एकमात्र उपाय : जागो

ओशो द्वारा विभिन्न प्रश्नोत्तर प्रवचनमालाओं में उपनिषद-सूत्रों, संस्कृत-सुभाषितों एवं वेद व ऋषि वाक्यों पर दिए गए प्रश्नोत्तर प्रवचनांशों के संकलन 'मेरा स्वर्णिम भारत' में से संकलित आठ (10 से 17) प्रवचन

एकमात्र उपाय : जागो

मनुष्य चौराहा है। चारों रास्ते यहां मिलते हैं। अगर तुम समझो, तो जीवन एक परम सौभाग्य है। अगर तुम जागो, तो मनुष्य होने से बुद्धत्व होने की तरफ मार्ग जा रहा है; तुम उसे चुन सकते हो।

लेकिन लोग शराब पीयेंगे! अगर दुखी होंगे, तो शराब पीयेंगे। क्यों आदमी शराब पीता है—दुखी होता है तो? भुलाने के लिए। पशु हो जायेगा शराब पीकर।

जो समझदार है, वह ध्यान करता है। वह ध्यान की शराब पीता है। वह समाधि की तरफ बढ़ता है। वह कहता है, ऐसे भुलाने से क्या होगा! भुलाने से दुख मिटता तो नहीं। फिर कल सुबह होश आयेगा। फिर दुख वहीं के वहीं पाओगे। और बड़ा हो जायेगा···

जिंदगी वैसे ही उलझी हुई थी, शराब से सुलझ नहीं जायेगी। गालियां दे दोगे। झगड़े कर लोगे। कुट जाओगे, पिट जाओगे। किसी को पीट दोगे, छुरा मार दोगे—पता नहीं बेहोशी में क्या कर गुजरोगे! इतना तय है कि चिंताएं कम नहीं होंगी; बढ़ जायेंगी। संताप गहन हो जायेगा। फिर और शराब पीना—इसको भुलाने के लिए! अब तुम पड़े दुष्ट-चक्र में।

एक ही उपाय है—जागो, होश से भरो।

अगर दुख हैं, तो उनका भी उपयोग करो। दुख का एक ही उपयोग किया जा सकता है—और वह यह है कि साक्षी बनो। और जितना साक्षी-भाव बढ़ेगा, उतना दुख क्षीण होता जायेगा। इधर भीतर साक्षी जगा कि रोशनी हुई, दुख कटा, अंधेरा कटा।

जिस दिन तुम परम साक्षी हो जाओगे, द्रष्टा मात्र, उस दिन जीवन में कोई दुख नहीं। उस दिन जीवन परमात्मा है!

ओशो

ओशो

एकमात्र उपाय : जागो

डायमंड पाकेट बुक्स

ISBN 81-7182-233-9
संकलन : मा प्रेम कल्पना / स्वामी राजेश भारती
संपादन : स्वामी दयाल भारती
संयोजन : स्वामी अमानो मनीष
टाइपिंग : मा कृष्ण लीला / मा देव साम्या / स्वामी प्रेम राजेंद्र
फोटोटाइपसेटिंग : ताओ पब्लिशिंग प्रा. लि., 50, कोरेगांव पार्क, पुणे-1
प्रकाशक : डायमंड पाकेट बुक्स प्रा. लि.,
एक्स-30, ओखला इंडस्ट्रियल एरिया,
फेज-2, नई दिल्ली-110 020

मुद्रक : **यंग आर्ट प्रेस दिल्ली**
संस्करण **2019**

अनुक्रम

भगवान श्री रजनीश
अब केवल 'ओशो' नाम से जाने जाते हैं।
ओशो के अनुसार उनका नाम
विलियम जेम्स के शब्द 'ओशनिक' से लिया गया है,
जिसका अभिप्राय है सागर में विलीन हो जाना।
'ओशनिक' से अनुभूति की व्याख्या तो होती है,
लेकिन वे कहते हैं कि अनुभोक्ता के संबंध में क्या?
उसके लिए हम 'ओशो' शब्द का प्रयोग करते हैं।
बाद में उन्हें पता चला कि ऐतिहासिक रूप से
सुदूर पूर्व में भी 'ओशो' शब्द प्रयुक्त होता रहा है,
जिसका अभिप्राय है: भगवत्ता को उपलब्ध व्यक्ति,
जिस पर आकाश फूलों की वर्षा करता है।

।।१।।

शील मुक्ति है, चरित्र बंधन

प्यारे ओशो!
संस्कृत में एक सुभाषित है कि यदि शील अर्थात शुद्ध चरित्र न हो
तो मनुष्य के सत्य, तप, जप, ज्ञान, सर्व विद्या और
कला सब निष्फल होते हैं—
सत्यं तपो जपो ज्ञानं सर्वा विद्याः कलां अपि।
नरस्य निष्फलाः संति यस्य शीलं न विद्यते।।
प्यारे ओशो! निवेदन है कि इस सूक्ति पर कुछ कहें।

आनंद किरण! सुभाषित शब्द तो बहुत प्यारा है। संभवतः दुनिया की किसी और भाषा में वैसा शब्द नहीं। उस शब्द से बहुत-सी बातों की ध्वनि उठती है—खिले हुए फूलों की, बजती हुई बांसुरी की, अमृत के स्वाद की, मिठास की। जीवन में यूं तो जहर है—लेकिन जो न पहचाने, न जाने, उसके लिए। जो पहचान ले, जान ले, जीवन ही अमृत भी हो जाता है। नासमझ तो घर को खाद से भर ले सकता है और तब दुर्गंध ही दुर्गंध हो जाएगी। समझदार खाद को घर में नहीं भरता, बगिया में फैलाता है। उसी खाद से फूलों की सुगंध उठती है। शब्द ही गालियां बन जाते हैं और शब्द ही सुभाषित।

सुभाषित हमने उन सूक्तियों को कहा है, जो बुद्धों ने कहीं, जाग्रतपुरुषों ने कहीं—जिनके शब्दों में शून्य की झंकार है। वे शून्य में ही मीठे नहीं, सुभाष ही नहीं, जीने में और भी मीठे हैं। इशारे हैं उनमें, इंगित हैं, दूर चांद की तरफ उठी हुई अंगुलियां हैं। जैसे फूल खिलता है—सुबह-सुबह कमल का खिला फूल; कीचड़ से निकलता है। कीचड़ को देखकर किसे भरोसा आये कि इससे कमल भी पैदा हो सकता है। कमल शब्द का ही अर्थ कीचड़ से पैदा हुआ, मल से पैदा हुआ।

कमल के लिए संस्कृत शब्द है : पंकज। 'पंक' का अर्थ होता है : कीचड़; 'ज' का अर्थ होता है : जन्मा। कीचड़ से जन्मा। संस्कृत की कुछ खूबियां हैं! क्योंकि जिन लोगों ने उसे रचा, बुना, उसे रूप दिया, रंग दिया, उनमें बहुतों के हाथ बुद्धों के हाथ थे। बांसुरी किसके हाथ में पड़ जाएगी, इस पर सब निर्भर है। बांसुरी तो पोली है, कौन गाएगा गीत...। बुद्धों ने शब्दों को छूकर भी समाधि का रूप दे दिया। कमल कीचड़ से खिलता है। कीचड़ से ही उठता है, कीचड़ से ही जन्मता है। कीचड़ में ही छिपा था। न तो कीचड़ को देखकर कोई कह सकता है कि कमल इसमें छिपा होगा और न कमल को देखकर कोई कह सकता है कि यह कीचड़ से पैदा हुआ होगा। मगर कमल और कीचड़ के बीच सारे जीवन की कथा है। पैदा तो हर एक व्यक्ति कीचड़ की तरह होता है, लेकिन संभावना लाता है कमल होने की।

फिर कमल झील पर तैरता है—फिर भी झील का जल उसे छू नहीं पाता। झील में होकर भी झील में नहीं। झील में तो होता है, लेकिन अछूता। झील में तो होता है, अस्पर्शित। कमल तो झील में होता है लेकिन झील कमल में नहीं हो पाती। यही संन्यासी की जीवनचर्या है।

और सुभाषित भी ऐसे ही हैं। शब्दों में हैं लेकिन शब्दों में मत पकड़ना नहीं तो चूक जाओगे। शब्दों से बहुत ज्यादा उनमें भरा है। शब्द को ही पकड़ा तो कुछ पकड़ में न आएगा। खोल ही हाथ लगेगी, भीतर का सार चूक जाएगा। खोल को तो अलग कर दो, शब्दों को तो हटा दो। शब्दों के जाल में मत उलझ जाना। उसी जाल में उलझे हुए लोगों का नाम पंडित है। शब्दों के भीतर झांको, उसमें मौन को सुनो, सन्नाटे को अनुभव करो। शब्द अगर विचारे तो दर्शन का जंगल है फिर, जिसका कोई अंत नहीं, झाड़ियों पर झाड़ियां। और रोज घनी होती जाती हैं। और उलझाव बढ़ता जाता है। शब्दों पर ध्यान करो!

सुभाषित ध्यान करने के लिए हैं। उनको पीओ! चुप, मौन, उनको भीतर उतरने दो। उन्हें मांस-मज्जा-हड्डी-खून बनने दो। वे तुम्हारे भीतर रसधार की तरह बहने लगें। यह एक अलग ही प्रक्रिया है। विचारना बुद्धि की बात है; पी जाना, पचा लेना अस्तित्वगत है, बौद्धिक नहीं। और तब ये छोटे-छोटे वचन—ये छोटे-छोटे फूल—इतना छिपाये हुए हैं। एक-एक सुभाषित में एक-एक वेद छिपा है।

'सत्यं तपो जपो ज्ञानं
सर्वा विद्याः कला अपि।
नरस्य निष्फलाः संति
यस्य शीलं न विद्यते।।'

जहां शील न हो वहां तप, सत्य, जप, ज्ञान, विद्या, कला सब व्यर्थ हैं। यह शील क्या है?

आनंद किरण, तुमने जहां से भी अनुवाद लिया, वहीं भूल है। अनुवाद में ही भूल आ गयी। पांडित्य आ गया। जिसने भी किया हो यह अनुवाद, चूक गया। निशाना ठीक जगह नहीं लगा। अनुवाद करनेवाले लोग शब्दों का अनुवाद करते हैं। काश, ये सुभाषित सिर्फ शब्द ही होते तो इनका अनुवाद बड़ा आसान था इनका अनुवाद तो केवल ध्यानी ही कर सकते हैं, समाधिस्थ ही कर सकते हैं। अनुवाद तुमने जो दिया है: 'शील अर्थात् शुद्ध चरित्र: यह जो 'अर्थात्' आ गया ओर 'शुद्ध चरित्र' आ गया, फिर सब भ्रांति हो गयी; फिर सब गड़बड़ हो गया; फिर तुमने गुड़ गोबर कर दिया; फिर कमल कीचड़ हो गया।

कहां शील और कहां चरित्र! जमीन-आसमान का फर्क है। उस भेद को ही समझो तो सुभाषित का अर्थ प्रगट होने लगेगा।

चरित्र होता है ऊपर से आरोपित। दूसरे सिखाते हैं तुम्हें जो, वह चरित्र और जो तुम्हारे अंतर से आविर्भूत होता है, वह शील। शील का अर्थ है: ध्यान से खुली हुई आंख, फिर तुम्हारा जो हलन-चलन है, गति है, तुम्हारे जीवन की जो विधि है, शैली है, वह शील। खुद की तो आंख बंद है, खुद तो अंधे हो, किसी ने लाठी पकड़ा दी है, किसी ने दिशा बता दी है, किसी ने कहा यूं जाना, यूं जाना, बाएं मुड़ जाना, दाएं मुड़ जाना—और चल पड़े हो। तुम्हें पक्का नहीं तुम क्या कर रहे हो, तुम्हें यह भी पक्का नहीं कि तुम ठीक चल रहे हो कि नहीं चल रहे हो, तुम्हें यह भी

पक्का नहीं है कि जिसका तुमने मार्ग-निर्देश लिया है वह भी अंधा था या आंखवाला था: कहीं ऐसा तो नहीं कि उसने भी किसी से निर्देश लिया हो! यूं सदियों-सदियों निर्देश चलते रहते हैं। नानक ने कहा है, अंधा-अंधम ठेलिया, दोनों कूप पड़ंत। अंधे अंधों को धक्के दे रहे हैं, अंधे अंधों को चला रहे हैं और दोनों कुएं में गिर रहे हैं।

अंधों की अपनी दुनिया है। अंधे अनुकरण ही कर सकते हैं। चरित्र है अनुकरण।

मुल्ला नसरुद्दीन गया था ईद की नमाज पढ़ने ईदगाह। जब नमाज करने झुका तो उसके कुर्ते का एक छोर पाजामे में अटका रह गया पीछे। उसके पीछे के आदमी ने देखा, शोभा योग्य नहीं था, तो उसने झटका देकर कमीज को पाजामे से छुटकारा दिला दिया। वह जो पाजामे में अटक गया था छोर, उसको मुक्त कर दिया। मुल्ला नसरुद्दीन ने सोचा, होगा जरूर इसमें कोई राज! नहीं तो क्यों पीछेवाला आदमी झटका देगा! होगा इसमें कोई रिवाज! सो उसने आगेवाले आदमी के कमीज को पकड़कर झटका दिया। आगेवाले आदमी ने भी सोचा कि शायद नमाज का यह हिस्सा है, सो उसने आगेवाले आदमी की कमीज को पकड़कर झटका दिया। आगेवाला आदमी चौंका, उसने कहा कि क्यों मेरी कमीज को झटका दे रहे हो? उसने कहा कि भाई, मुझसे न पूछो, पीछेवाले से पूछो। पीछेवाले से पूछा; उसने कहा, मुझसे न पूछो, यह मुल्ला नसरुद्दीन जो मेरे पीछे बैठा है! मुल्ला नसरुद्दीन ने कहा मुझे तो बीच में डालो ही मत! मेरे पीछे जो बैठा है इसी कमबख्त ने मेरी कमीज को झटका दिया। फिर यह सोचकर कि नमाज तो व्यवस्था से करनी चाहिए, मैंने भी झटका दिया । मेरा इसमें कोई हाथ नहीं।

और सदियों-सदियों से ऐसा तुम कर रहे हो। इस करने का नाम चरित्र है। चरित्र है: अनुकरण। न बोध है, न बुद्धि है: न सोचा है, न समझा है, न ध्याया है; और कर रहे हैं तो तुम भी कर रहे हो। किसी एक घर में पैदा हुए हो, वहां एक चरित्र की व्यवस्था थी तो तुम भी पूरा कर रहे हो। नहीं कर पाते हो तो अपराध अनुभव होता है और करते हो तो जीवन में कोई फूल नहीं खिलते।

चरित्र की यह दुविधा है—और यही उसकी पहचान भी।

पूरा करो, तो जीवन उदास-उदास। न पूरा करो, तो ग्लानि, आत्मग्लानि। हर हाल में मुसीबत! पूरा करो तो मुसीबत। तुम्हारे संतों को देखो, महात्माओं को देखो! उदास। न मुस्कुराहट है जीवन में, न हंसी की फुलझड़ियां हैं, न आनंद का उत्सव है, न दीये जलते हैं, न रंग है, न गुलाल है, न होली, न दीवाली। मरुस्थल की तरह रूखे-सूखे लोग, उनको देखकर किसी को भी विरक्ति पैदा हो जीवन से, उनको देखकर जीवन व्यर्थ मालूम पड़ने लगे इसमें कुछ आश्चर्य नहीं। और यही उनका उपदेश और उनका जीवन और उनके उपदेश का प्रमाण कि जीवन व्यर्थ है। और मैं तुमसे कहता हूं: जीवन व्यर्थ नहीं है। क्योंकि जीवन में ही छिपा है सत्य और जीवन में ही छिपा है मोक्ष और जीवन में ही छिपा है परमात्मा। जीवन में छिपा है सारा साम्राज्य शाश्वत का, सनातन का। एस धम्मो सनंतनो। यही जीवन तो सनातन धर्म। और यह जीवन कितने रंगों में, कितने रूपों में प्रगट हो रहा है।

मगर अगर तुम किसी की बात मानकर चलते रहे, मानकर ही चलते रहे, तो तुम्हें कभी इस जीवन से संबंध न जुड़ पाएगा, तुम टूटे-टूटे रह जाओगे, तुम उदास हो जाओगे। अनुकरण का

अर्थ है: थोथा हो जाना, नकली हो जाना; झूठा सिक्का, पाखंड। चरित्र तो पाखंड होता है। इसीलिए मैं कहता हूं: संन्यासी का कोई झूठा चरित्र नहीं होता। शील तो होता है, लेकिन चरित्र नहीं होता। चरित्र है बाह्य व्यवस्था। इसलिए हिन्दू का चरित्र अलग होता है, मुसलमान का अलग होता है, जैन का अलग होता है, बौद्ध का अलग होता है, सिख का अलग होता है, पारसी का अलग होता है। लेकिन शील तो अलग-अलग नहीं होते। बुद्ध का भी वही, कृष्ण का भी वही, महावीर का भी वही, लाओत्सु का भी वही, जरथुस्त्र का भी वही। शील तो अलग-अलग नहीं हो सकते। लेकिन आचरण तो अनंत प्रकार के हो सकते हैं।

दुनिया में ऐसी कोई चीज नहीं है जो कहीं किसी देश में, किसी जाति में, किसी काल में अनादृत न रही हो। और ऐसी भी कोई चीज नहीं है जो किसी देश में, किसी जाति में अनादृत न रही हो। पृथ्वी पर हजारों तरह के कबीले हैं। जो तुम सोच भी नहीं सकते, उसे करनेवाले लोग भी हैं। और जो तुम कर रहे हो, उस पर हंसनेवाले लोग भी हैं। चरित्र के साथ यह दुविधा रहेगी।

एक ईसाई मिशनरी को अफ्रीका के जंगलों में आदमखोर लोगों ने पकड़ लिया। ईसाई मिशनरी ने समझाने की कोशिश की कि तुम यह क्या कर रहे हो, आदमी को मार रहे हो, मुझे मार रहे हो! मुझे बचने की उतनी फिक्र नहीं, मगर तुम यह कर क्या रहे हो! क्या आदमी को खाना उचित है?

वे आदमखोर बोले—दूसरे महायुद्ध के जमाने की बात है—कि तुम और हमें सिखाते हो! लाखों लोग मारे जा रहे हैं, खबरें हम तक भी आती हैं, हम तुमसे यह पूछते हैं, इतने आदमियों को मारते हो तो करते क्या हो? अरे, खाने के लिए कोई मारे तो समझ में आता है। न खाना है, न पीना है, सिर्फ मारना है! यह बात निपट मूर्खतापूर्ण है। हम तो मारते हैं तभी जब खाना होता है। और तुम तो खाना भी नहीं होता और मारे चले जाते हो! और एक-दो नहीं, लाखों को मारते हो। और हमने तो सुन रखा है कि यही तुम्हारा इतिहास है। और हम को तुम कहते हो, अमानवीय! और तुम मनुष्य हो!

बात तो बड़ी सोचने जैसी है। तीन हजार साल में आदमी ने पांच हजार युद्ध लड़े हैं। और वह लोगों को काटा है! और यह काटनेवाले लोग सोचते हैं कि आदमखोर जो हैं, आदमियों को खानेवाले जो लोग हैं, यह पशु से भी गये-बीते हैं। और यह अरबों को मारनेवाले लोग ये ईसाई हैं, मुसलमान हैं, हिन्दू हैं, जैन हैं, बौद्ध हैं—ये धार्मिक लोग हैं!

महाभारत के युद्ध का अगर हम शास्त्रीय विवरण स्वीकार करें, जो कि करने योग्य नहीं है, तो अंदाजन सवा अरब आदमी महाभारत के युद्ध में मरे। सवा अरब आदमी! अभी भी पृथ्वी की कुल आबादी चार अरब है। सवा अरब आदमी उस युद्ध में मरे! और मारनेवाले लोग धर्म के नाम पर मार रहे थे...धर्मक्षेत्रे, कुरुक्षेत्रे! वह जो कुरुक्षेत्र था, वह धर्म का क्षेत्र था। धर्म की रक्षा के लिए मारकाट की जा रही थी। अरे, किसी और चीज के लिए मारकाट करो तो समझ में भी आ जाए, धर्म की रक्षा के लिए मारकाट! मारकाट से धर्म की रक्षा होगी! अधर्म से धर्म की रक्षा होगी!

ठीक कहा उस आदमखोर ने कि हम तो कभी-कभी खाते हैं, और हम तभी किसी को मारते हैं जब भूखे होते हैं, यूं हम नहीं मारते तुम्हारे जैसे! तुम हो पशुओं से गये-बीते! मिशनरी तो बहुत

हैरान हुआ इस तर्क से। बात में तो बल था। फिर भी अपनी जान तो बचाने के लिए उसे कोशिश और भी करनी जरूरी थी। उसने कहा कि तुम को धर्म का कोई भी स्वाद नहीं।

उन्होंने कहा, है जी! पहले भी हम दो मिशनरी खा चुके हैं! कोई तुम नये थोड़े ही हो। हम तो मिशनरियों की प्रतीक्षा ही करते हैं। हमें और धर्म का स्वाद नहीं! तुम्हें नहीं है। तुमने कभी मिशनरी खाया? पादरी-पुरोहित-पंडित तुमने कभी खाया? साधु? अरे हम सबको पचाये हैं। अनुभव से कहते हैं, सबका स्वाद लिया है। और तुम हमसे पूछ रहे हो कि धर्म का स्वाद है या नहीं!

आचरण तो अजीब-अजीब तरह के होंगे।

अफ्रीका का एक कबीला चींटे और चींटियों का भोजन करता है। एकदम चींटे-चींटियां इकट्ठा करता रहता है। छोटे-छोटे बच्चे चींटा दिखा कि गप्प कर जाते हैं और तुम्हारी तो सब्जी में भी चींटा दिख जाए, चींटा मिल जाए मरा हुआ, तो सब्जी भी खायी न जाए तुमसे! और वे इसको स्वादिष्ट मानते हैं। चींटे-चींटियों को इकट्ठा करते हैं, सुखाकर रखते हैं। मौके-बेमौके मेहमान आ जाएं तो चींटे-चींटियों का नाश्ता।

चीन में लोग सांप को खाते हैं। सांप की सब्जी बहुत बहुमूल्य सब्जी समझी जाती है। और साधारण आदमी ही नहीं खाते, बौद्ध भिक्षु भी खाते हैं।

प्रसिद्ध बौद्ध भिक्षु लिंची के संबंध में यह उल्लेख है कि कोई मेहमान आया हुआ था—प्रतिष्ठित; वजीर था, बड़े ओहदे पर था, धनपति था—उसके स्वागत में लिंची ने पूरे अपने आश्रम को भोजन दिया था। पांच सौ भिक्षु उसके साथ भोजन करने बैठे। लिंची के पास ही वजीर बैठा था। और जब रसोइयों ने आकर भोजन परोसा और प्रधान रसोइये ने आकर वजीर की और लिंची की थाली में सब्जी परोसी तो लिंची थोड़ा हैरान हुआ। उसने कुछ उठाकर दिखाया रसोइये को—यह क्या है?

सांप का मुंह था। मुंह नहीं डाला जाता, मुंह काटकर फेंक दिया जाता है, क्योंकि मुंह में जहर की ग्रंथि होती है। सब्जी बाकी शरीर की बनती है, मुंह को छोड़कर।

लेकिन यह कहानी झेन शास्त्रों में बहुत आदर से उल्लिखित है। आदर का कारण है।

जब उसने मुंह उठाकर दिखाया तो उस रसोइये ने क्या किया? वह भी भिक्षु था, आश्रम का रसोइया था उसने झट से मुंह हाथ में लिया, अपने मुंह में डाल दिया और कहा : धन्यवाद! गुरु तो बहुत प्रसन्न हुआ। न जरा झिझका, न जरा परेशान हुआ, सांप के मुंह को भी अपने मुंह में डाल दिया। बात को यूं पचा गया। किसी की समझ में ही नहीं आया, क्या हुआ! लोग यही समझे कोई मीठी चीज, कोई स्वादिष्ट भोजन प्रसादरूप में भिक्षु को मिला है।

लेकिन सांप की सब्जी खायी जाती थी। अब भी खायी जाती है।

अभी कल के अखबार में खबर थी कि एक आदमी रोज ही एक सांप खाता है चीन में। जिस दिन सांप नहीं मिलता उस दिन उसकी तबीयत ढीली हो जाती है, सुस्त हो जाता है। सांप चाहिए ही चाहिए। पौष्टिक आहार है। उसके बिना वह नहीं जी सकता। दुनिया में कहीं भी कोई सांप को खाने का खयाल न करे!

मगर बिच्छू को खानेवाले लोग भी हैं।

और जो जिस घर में पैदा हुआ है, जिस परिवार में, जिस संस्कार में, उसको ही पकड़ लेता है। और तो कुछ पकड़ने को होता भी नहीं। मां-बाप सिखा देते हैं; शिक्षक, गुरु, पंडित-पुरोहित, सब सिखा देते हैं; वह वैसा ही आचरण करना शुरू कर देता है। इस आचरण का नाम शील नहीं है। यह तो बिलकुल थोथी बात है। यह तो ऊपर से पहनाये गये वस्त्रों जैसी है। यह तो मुखौटा है। जैसे किसी ने चेहरे को रंग दिया हो, सुंदर बना दिया हो। यह तो पानी पड़ जाए एक तो बह जाए। बूंदाबांदी हो जाए तो सब राज खुल जाए।

इसलिए, आनंद किरण, शील का अर्थ शुद्ध चरित्र न करो। और तुम्हारा मन—या जिसने भी यह अनुवाद किया हो—सिर्फ चरित्र से ही न माना, उसमें शुद्ध और जोड़ दिया। चरित्र काफी नहीं, शुद्ध भी होना चाहिए। प्रेम काफी नहीं, शुद्ध प्रेम।...दूध काफी नहीं, शुद्ध दूध... मिलावटी दिमाग हो गया हमारा। हर चीज में मिलावट है। आजकल तो प्रेमी भी प्रेयसियों से कहते हैं कि बिलकुल खालिस प्रेम है, सौ टका। ऐसा मत समझना कि कुछ मिलावट है कि पानी वगैरह मिलाया हुआ है, बिलकुल शुद्ध प्रेम है, कोई फिल्मी नहीं है।

अब तो कोई चीज शुद्ध नहीं है। इसलिए शुद्ध का आग्रह बढ़ता जा रहा है। जब शुद्ध घी मिलता था तो दुकानों पर तख्तियां नहीं लगती थीं कि शुद्ध घी बिकता है। तब 'घी बिकता है' इतना ही काफी था। जब से शुद्ध घी नहीं मिलता, तब से 'शुद्ध घी बिकता है।'

अब तो हालत और बिगड़ गयी। अब तो शुद्ध डालडा भी बिकता है। अब तो डालडा भी शुद्ध कहां है? इसलिए अब शुद्ध डालडा की भी तख्ती लगी रहती है कि यहां 'शुद्ध डालडा मिलता है।' पहले डालडा यानी अशुद्ध ही चीज थी। अब डालडा शुद्ध चीज है, क्योंकि उससे भी रद्दी घी को मिलानेवाले लोग हैं। घी भी नहीं है, उसको भी मिलानेवाले लोग हैं। चर्बी मिला दें, कुछ भी मिला दें।

अब तो दवाओं का भी कोई भरोसा नहीं है। अब तो तुम इंजेक्शन ले रहे हो और सोच रहे हो इंजेक्शन है, हो सकता है सिर्फ पानी हो। और वह पानी भी जरूरी नहीं कि शुद्ध हो।

तो हम इतने से ही राजी नहीं होते कि चरित्र। चरित्र पर्याप्त है। चरित्र का अर्थ ही होना चाहिए : शुद्ध। और चरित्रहीनता का अर्थ होगा : अशुद्ध। शुद्ध चरित्र का क्या मतलब? लेकिन हमारे दिमाग में मिलावट घुस गयी है। एक तो चरित्र शील का अर्थ नहीं है—यह बाहरी आडंबर है—दूसरा इसमें भी 'शुद्ध' जोड़ रहे हो! आडंबर को और भी झूठा बना रहे हो।

शील का अर्थ होता है : ध्यान के शून्य में जिसने अपने अंतःकरण को पहचाना है; जिसने शून्य में अपने केन्द्र से संबंध जोड़े हैं; जो अपने प्राणों के प्राण से संयुक्त हुआ है; जिसने पहली दफा जाना है कि मैं परिधि ही नहीं हूं, केन्द्र भी हूं। और जिसकी परिधि केन्द्र से प्रभावित होने लगी है। उसका नाम शील है। शील है तुम्हारे भीतर से ऊगा हुआ और चरित्र है ऊपर से थोपा हुआ। जैसे कोई कागजी फूल लाकर वृक्षों पर अटका दे। हो सकता है राह चलते राहगीरों को धोखा हो जाए। मगर तुम किसको धोखा दे रहे हो? क्या मधुमक्खियों को धोखा दे पाओगे? कोई एक मधुमक्खी भी तुम्हारे कागज के फूल पर न बैठेगी। क्या तुम भंवरों को धोखा दे पाओगे? कोई भंवरा तुम्हारे कागज के फूलों के पास गुनगुन करके गीत न गाएगा। तुम किसे धोखा दे रहे हो? और तुम सबको भी धोखा दे दो, मगर तुम्हें तो पता ही रहेगा कि ये फूल कागजी

हैं। तुमने ही लटकाए हैं। तुम अपने को तो धोखा न दे पाओगे। तुम वृक्ष को तो धोखा न दे पाओगे। इन कागजी फूलों को वृक्ष रस नहीं देने लगेगा। और अगर दिया भी उसने रस तो ये गल जाएंगे। ये मर जाएंगे। वह जीवनदायी रस इनके लिए मृत्यु हो जाएगा। असली फूल वृक्ष में लगते हैं। उसका अंग होते हैं।

शील है : असली फूल—तुम्हारे भीतर ऊगा, तुम्हारे भीतर लगा। नकली नहीं है, बाजारू नहीं है, कागजी नहीं है। और तब इस सुभाषित का अर्थ खुल सकेगा। तो मै शील का अर्थ शुद्ध चरित्र नहीं करता हूं। यह 'अर्थात शुद्ध चरित्र' छोड़ दो! खयाल से भी हटा दो! इतना ही कहो कि शील न हो तो मनुष्य के जीवन में सत्य नहीं होता। क्या होगा? अगर सत्य हो तो शील ही होगा; अगर शील हो तो सत्य भी होगा। जिसने अपने ज़ीवन के केन्द्र को जान लिया, उस जानने को, उस पहचानने को ही तो सत्य का अनुभव कहते हैं। और जिसके जीवन में आत्म-अनुभव हो, उसके जीवन में तप होता है।

तप का क्या अर्थ होता है? तप शब्द को समझना चाहिए।

लोग सोचते हैं तप का अर्थ है अपने को सताना, गलाना, परेशान करना, हैरान करना। तब तो तप एक तरह की आत्महिंसा हो गयी। तो फिर दुनिया में दो तरह के लोग हैं : दूसरों को सतानेवाले और अपने को सतानेवाले। इनमें कुछ फर्क नहीं हैं, जहा तक सताने का संबंध है ये एक जैसे हैं। इनकी कोटियां अलग-अलग नहीं हैं। कोई दूसरे को अगर सताये तो हम उसको दुष्ट कहते हैं। और अपने को सताये तो उसको संत कहते हैं। गजब के लोग हैं! हम भी गजब के लोग हैं! हमारी कोटियां भी गजब की, हमारी व्याख्याएं भी अदभुत! अरे, दूसरे को जो सताये वह उतना दुष्ट नहीं है, क्योंकि दूसरा अपनी आत्मरक्षा भी कर सकता है। लेकिन जो खुद को सताये, वह तो बहुत ही दुष्ट है, क्योंकि खुद की अब कोई आत्मरक्षा करनेवाला भी नहीं है। अब तो जिसको हमने रक्षक समझा था, वही सता रहा है। अब तो जिससे हम बचना चाहते थे, वही मार रहा है। अब कौन बचाएगा? जिसको हमने सुरक्षा मानी थी, वही झूठी सिद्ध हो गयी। इसलिए जो कायर हैं और दूसरों को सताने में डरते हैं—क्योंकि दूसरों को सताने में खतरा है; दूसरों को छेड़ने में खतरा है! जैसे कोई मधुमक्खी का छत्ता छेड़ दे! दूसरे को छेड़ोगे तो दूसरा बदला लेगा, आज नहीं कल, कल नहीं परसों। और कौन जाने खतरनाक आदमी हो!

मुल्ला नसरुद्दीन चला जा रहा था एक रास्ते से, ऊपर से एक ईंट गिरी, उसकी खोपड़ी पर पड़ी। भनभना गया। तमतमा गया। उठायी ईंट और गुस्से में गया जीना चढ़कर ऊपर कि सिर खोल दूंगा! कौन हरामजादा है जिसने ईंट पटकी? देखता भी नहीं! उधर जाकर देखा तो एक पहलवान खड़ा था। अभी दंड-बैठक लगाकर ही उठा था। पहलवान को देखकर मुल्ला चौकड़ी भूल गये। पहलवान ने पूछा, कहो, क्या काम है? उसने कहा, कुछ नहीं, आपकी ईंट गिर गयी थी, वह वापिस करने आया हूं। अरे, कभी भी जरूरत हो तो पड़ोस में ही रहता हूं, आवाज दे दी। कोई चीज गिर जाए, कुछ हो तो उठाकर ला दूंगा। सेवा तो हमारा धर्म है!

भूल गये चौकड़ी! गये तो थे कि खोल दूंगा सिर, ईंट लौटाकर वापिस अपना सिर मलते आ गये।

एक दिन मुल्ला घर लौटा, देखा कि पत्नी के बिस्तर पर कोई सोया हुआ है। दोनों कंबल

के भीतर हैं। आगबबूला हो गया। सोचा कि निकाल लूं तलवार कि पिस्तौल। पर इसके पहले कि पिस्तौल निकालने जाऊं, जरा देख तो लूं कि कौन है? कंबल उठाया, वही पहलवान? जल्दी से कंबल उढ़ा दिया। पत्नी ने कहा, 'क्यों, क्या करते हो?' अरे, उसने कहा, 'बेचारे पहलवान को ठंड न लग जाए! और एक कंबल ले आऊं, भैया? शांति से सोओ!'

मगर दिल तो भनभना रहा था। यह तो हद हो गयी! ईंट भी ठीक थी, मगर अब जरा बात आगे बढ़ गयी बहुत! कंबल तो उढ़ाकर बाहर लौट आया, पहलवान का छाता रखा था, उसका छाता अपनी टांग पर रखकर तोड़ दिया और कहा कि हे प्रभु, अब ऐसा हो कि जमकर बरसे, पानी ऐसा बरसे कि कमबख्त को पता चल जाए! घर पहुंचने में मजा आ जाए इसको भी!

अब और क्या करोगे? उसका छाता तोड़कर परमात्मा से प्रार्थना कर रहे हैं।

जो लोग दूसरों को नहीं सता सकते, क्योंकि दूसरों को सताना खतरे से खाली नहीं है, जोखम का काम है, वह अपने को सताने लगते हैं। और मजा यह है कि यही कायर तुम्हारे महात्मा बन जाते हैं। यही तुम्हारे संत बन जाते हैं। इन्हीं के चरणों में तुम सिर झुका रहे हो। इन्हीं कायरों की पूजा चल रही है।

तप का यह अर्थ नहीं है। तप का अर्थ होता है—तप शब्द में ही अर्थ छिपा हुआ है : तप यानी तपिश—एक ऊर्जा, एक गर्मी। जैसे भीतर सूरज ऊग आया हो। जैसे जीवन की सारी ऊर्जा जाग्रत हो गयी हो। जैसे सोये स्रोत खुल गये हों। झरने फूट पड़े हों। एक दीप्ति, एक ओजस—जिस व्यक्ति ने स्वयं के सत्य को जाना है, उसके जीवन में एक गर्मी होगी—क्रांति की, बगावत की। उसके जीवन में एक आग्नेयता होगी। क्योंकि उसके भीतर आत्मज्योति का दीया जलेगा; उसके भीतर ठंडा बरफ जैसा हृदय नहीं होगा, मुर्दा हृदय नहीं होगा, जीवंत हृदय होगा। तप का अर्थ है : ऊर्जा, गर्मी। जैसे सूरज निकल आता है तो फूल जो बंद थे रातभर, खुल जाते हैं; पक्षी जो रातभर सोये रहे, जग जाते हैं; जिनके कंठ रातभर चुप थे, अचानक गीतों में फूट पड़ते हैं, वैसे ही सत्य के अनुभव के साथ तुम्हारे जीवन में ऊर्जा का पदार्पण होता है। सूरज ऊगता है, फूल खिलते हैं, जागरण आता है—और गीत और नृत्य और उत्सव।

तप अपने को सताना नहीं है, अपनी जीवन ऊर्जा को उसकी पराकाष्ठा पर प्रगट होने देना है। और जिसकी जीवन ऊर्जा पराकाष्ठा पर प्रगट होगी, निश्चित ही उसका अंतिम परिणाम सृजन होगा, कला होगी। क्योंकि ऊर्जा तुम्हें स्रष्टा बनाएगी। तुम गीत रचो कि मूर्ति रचो कि चित्र बनाओ कि तुम जो कुछ भी करोगे, उस सब में एक सौष्ठव होगा, उस सब में एक संस्कृति होगी। तुम मिट्टी छुओगे तो सोना हो जाएगी। और मिट्टी को छूकर सोना बना देने का काम ही कला है।

जब तक स्वयं के सत्य को नहीं जाना, शील को नहीं पहचाना, अपने भीतर के केन्द्र को अनुभव नहीं किया, तब तक सब झूठ है; उसके साथ ही सब सच हो जाता है। एक को जान लो तुम, स्वयं को, तो तुम्हारे जीवन में फूल ही फूल खिल जाते हैं कि तुमने कभी कल्पना भी न की थी। इतने गीत कि तुमने कभी सोचा भी न था कि तुम्हारे भाग्य में होंगे! इतना आनंद, इतना नृत्य, इतनी ऊर्जा कि नृत्य तो फूटेगा ही, आनंद तो जगेगा ही। ऊर्जा तो अपने-आप नाचती है। ऊर्जा बिना नाचे नहीं रह सकती! झरने फूट पड़ेंगे।

और तभी जप।

यह बैठकर जो रामनाम की चदरिया ओढ़े हुए और माला हाथ में लिए हुए जप कर रहे हैं, मुर्दों की भांति, इनके जप को कोई मूल्य नहीं है। लेकिन जप का अर्थ होता है : जब तुम्हारे जीवन में आनंद की पुलक आयी, लहर दौड़ी और तुम्हारे भीतर अनुग्रह का भाव उठा। परमात्मा को या परमात्मा शब्द को भी बीच में न लाओ तो भी चलेगा—अस्तित्व को जब धन्यवाद देने के लिए तुम झुके, उस झुकने का नाम जप है। फिर वह मौन भी हो सकता है, मुखर भी हो सकता है।

उस स्वानुभूति के पहले जो ज्ञान है, कचरा है, किताबी है, शास्त्रीय है। उस स्वानुभव के बाद ही ज्ञान है। ज्ञान एक ही है : अपने को जानना।

उपनिषदों ने बड़ी अनूठी व्याख्या की है। दुनिया में कभी ऐसी व्याख्या नहीं की गयी। जिसको आज हम विज्ञान कहते हैं, उसको उपनिषद अविद्या कहते हैं। बाहर का ज्ञान अविद्या। ये भूगोल और यह इतिहास और यह गणित और यह भौतिकी और यह रसायन—बाहर का सब ज्ञान उपनिषद अविद्या कहते हैं। और भीतर के ज्ञान को विद्या कहते हैं। तो ज्ञान तो एक ही बचा फिर : स्वयं को जानना, आत्मसाक्षात्कार। और शेष सब अविद्या हो गया। शेष सब कामचलाऊ है। उपादेयता है उसकी, लेकिन उससे कोई मुक्ति नहीं बनती। और उससे जीवन में कोई आनंद नहीं निर्मित होता और अमृत नहीं निचुड़ता। ज्ञान तो वह है जो मुक्तिदायी हो।

सा विद्या या विमुक्तये। वही है विद्या जो मुक्ति लाये। यह परिभाषा हुई विद्या की—जो मुक्ति लाये वह विद्या। जो बांध दे, वह विद्या नहीं। जो बांध दे, वह विद्या नहीं। जो खोल दे सारे बंधन, वही विद्या, वही ज्ञान।

'सत्यं तपो जपो ज्ञानं
सर्वा विद्याः कला अपि।
नरस्य निष्फलाः संति
यस्य शील न विद्यते।।'

शील न हो तो कुछ भी नहीं। भीतर अंधेरा हो तो कुछ भी नहीं। भीतर उजाला हो तो सब कुछ। इसलिए मेरा जोर एक ही बात पर है—सिर्फ एक बात पर कि कुछ भी हो, किसी भी कीमत पर हो, समाधि को पाना है। ध्यान को जगाना है। ध्यान की अंतिम चोटी को छू लेना है। वही समाधि है; संबोधि है, बुद्धत्व है। उसको छू लिया तो शेष सब रूपांतरित हो जाएगा। और उसको न छुआ, तो तुम लाख वीणा बजाओ—तकनीकी दृष्टि से तुम शायद वीणावादक हो जाओगे लेकिन तुम्हारे वीणा बजाने में प्राण नहीं होंगे। तार झनझनाएंगे, गीत भी ओठों से आएगा मगर हृदय से नहीं।

अकबर ने तानसेन से कहा था कि तेरा वीणावादन देखकर कभी-कभी यह मेरे मन में खयाल उठता है कि कभी संसार में किसी आदमी ने तुझसे भी बेहतर बजाया होगा या कभी कोई बजाएगा? मैं तो कल्पना भी नहीं कर पाता कि इससे श्रेष्ठतर कुछ हो सकता है। तानसेन ने कहा, क्षमा करें, शायद आपको पता नहीं कि मेरे गुरु अभी जिन्दा हैं। और एक बार अगर आप उनकी वीणा सुन लें तो कहां वे और कहां मैं!

बड़ी जिज्ञासा जगी अकबर को। अकबर ने कहा तो फिर उन्हें बुलाओ! तानसेन ने कहा, इसीलिए कभी मैंने उनकी बात नहीं छेड़ी। आप मेरी सदा प्रशंसा करते थे, मैं चुपचाप पी लेता था, जैसे जहर का घूंट कोई पीता है, क्योंकि मेरे गुरु अभी जिन्दा हैं, उनके सामने मेरी क्या प्रशंसा! यह यूं ही है जैसे कोई सूरज को दीपक दिखाये। मगर मैं चुपचाप रह जाता था, कुछ कहता न था, आज न रोक सका अपने को, बात निकल गयी। लेकिन नहीं कहता था इसीलिए कि आप तत्क्षण कहेंगे, 'उन्हें बुलाओ'। और तब मैं मुश्किल में पडूंगा, क्योंकि वे यूं आते नहीं। उनकी मौज हो तो जंगल में बजाते हैं, जहां कोई सुननेवाला नहीं। जहां कभी-कभी जंगली जानवर जरूर इकट्ठे हो जाते हैं सुनने को। वृक्ष सुन लेते हैं, पहाड़ सुन लेते हैं। लेकिन फरमाइश से तो वे कभी बजाते नहीं। वे यहां दरबार में न आएंगे। आ भी जाएं किसी तरह और हम कहें उनसे कि बजाओ तो वे बजाएंगे नहीं। तो अकबर ने कहा, फिर क्या करना पड़े, कैसे सुनना पड़े? तो तानसेन ने कहा, एक ही उपाय है कि यह मैं जानता हूं कि रात तीन बजे वे उठते हैं, यमुना के तट पर आगरा में रहते हैं—हरिदास उनका नाम था—हम रात चलकर छुप जाएं—दो बजे रात चलना होगा; क्योंकि कभी तीन बजे बजाएं, चार बजे बजाएं, पांच बजे बजाएं; मगर एक बार जरूर सुबह-सुबह स्नान के बाद वे वीणा बजाते हैं—तो हमें चोरी से ही सुनना होगा; बाहर झोपड़े के छिपे रहकर सुनना होगा। ...शायद ही दुनिया के इतिहास में किसी सम्राट ने, अकबर जैसे ब्रड़े सम्राट ने चोरी से किसी की वीणा सुनी हो! ...लेकिन अकबर गया।

दोनों छिपे रहे एक झाड़ की ओट में, पास ही झोपड़े के पीछे। कोई तीन बजे स्नान करके हरिदास यमुना से आये और उन्होंने अपनी वीणा उठायी और बजायी। कोई घंटा कब बीत गया—यूं जैसे पल बीत जाए! वीणा तो बंद हो गयी, लेकिन जो राग भीतर अकबर के जम गया था वह जमा ही रहा। आधा घंटे बाद तानसेन ने उन्हें हिलाया और कहा कि अब सुबह होने के करीब है, हम चलें! अब कब तक बैठे रहेंगे। अब तो वीणा बंद भी हो चुकी। अकबर ने कहा, बाहर की तो वीणा बंद हो गयी मगर भीतर की वीणा बजी ही चली जाती है। तुम्हें मैंने बहुत बार सुना, तुम जब बंद करते हो तभी बंद हो जाती है। यह पहला मौका है कि जैसे मेरे भीतर के तार छिड़ गये हैं। और आज सच में ही मैं तुमसे कहता हूं कि तुम ठीक ही कहते थे कि कहां तुम और कहां तुम्हारे गुरु!

अकबर की आंखों से आंसू झरे जा रहे हैं। उसने कहा, मैंने बहुत संगीत सुना, इतना भेद क्यों है? और तेरे संगीत में और तेरे गुरु के संगीत में इतना भेद क्यों है? जमीन-आसमान का फर्क है। तानसेन ने कहा, कुछ बात कठिन नहीं है। मैं बजाता हूं कुछ पाने के लिए; और वे बजाते हैं क्योंकि उन्होंने कुछ पा लिया है। उनका बजाना किसी उपलब्धि की, किसी अनुभूति की अभिव्यक्ति है। मेरा बजाना तकनीकी है। मैं बजाना जानता हूं, मैं बजाने का पूरा गणित जानता हूं, मगर गणित! बजाने का अध्यात्म मेरे पास नहीं! और मैं जब बजाता होता हूं तब भी इस आशा में कि आज क्या आप देंगे? हीरे का हार भेंट करेंगे, कि मोतियों की माला, कि मेरी झोली सोने से भर देंगे, कि अशर्फियों से? जब बजाता हूं तब भी नजर भविष्य पर अटकी रहती है, फल पर लगी रहती है। वे बजा रहे हैं, न कोई फल है, न कोई भविष्य, वर्तमान का क्षण ही सब कुछ है। उनके जीवन में साधन और साध्य में बहुत फर्क है, साधन ही साध्य है; और मेरे

जीवन में अभी साधन और साध्य में कोई फर्क नहीं है। बजाना साधन है। पेशेवर हूं मैं। उनका बजाना आनंद है, साधन नहीं। वे मस्ती में हैं। वे पीये हैं।

और जो परमात्मा को पीये है, उसके बजाने में जरूर वही शराब कुछ तो बह ही आएगी! उन तक भी बह आएगी जिन्होंने तौबा कर रखी है कि कभी न पीएंगे; उनके कंठों में भी उतर जाएगी। किसी सच्चे पीनेवाले के पास अगर बैठ गये, किसी पियक्कड़ के पास अगर बैठ गये तो तुम्हारी तौबा के जीने से ही उतर-उतरकर तुम्हारे हृदय तक शराब पहुंच जाएगी। तुम्हारी कसमों को तोड़ देगी। तुम्हारे नियम-व्रत-उपवास तोड़ देगी। आनंद तुम्हें बहा ले जाएगा। बह जाओगे तभी पता चलेगा कि अरे, कितनी दूर निकल आये? बहुत दूर निकल आये!

शील हो तो शेष सब आ जाता है। और शील न हो तो तुम जमाते रहो, बिठाते रहो सब साज-सामान, बस कचरा ही इकट्ठा कर रहे हो। मुक्ति नहीं होगी और कचरे से दब जाओगे। शील मुक्ति है। चरित्र बंधन है।

'लगन महूरत झूठ सब' प्रवचन 5 से
'मेरा स्वर्णिम भारत' में संकलित दसवां प्रवचन

॥२॥

स्वस्थ हो जाना उपनिषद् है

प्यारे ओशो!

तैत्तरीयोपनिषद् में एक कथा है कि गुरु ने शिष्य से नाराज होकर उसे अपने द्वारा सिखाई गयी विद्या त्याग देने को कहा। तो '*एवमस्तु*' कहकर शिष्य ने विद्या का वमन कर दिया, जिसे देवताओं ने तीतर का रूप धारण कर एकत्र कर लिया। वही तैत्तरीयोपनिषद् कहलाया।

प्यारे ओशो! इस उच्छिष्ट ज्ञान के संबंध में समझाने की कृपा करें।

जिनस्वरूप! इस संबंध में बहुत-सी बातें विचारणीय हैं। पहली तो बात यह है कि गुरु नाराज नहीं होता। दिखाए भला, अभिनय भला करे, नाराज नहीं होता। जो अपने से राजी हो गया, अब किसी और से नाराज नहीं हो सकता है। वह असंभावना है। इसलिए गुरु नाराज हुआ हो तो गुरु नहीं था।

'गुरु' शब्द बड़ा महत्त्वपूर्ण है। गुरु का अर्थ अध्यापक नहीं। गुरु का अर्थ शिक्षक नहीं, आचार्य नहीं। गुरु बनता है दो शब्दों से—गु और रु। गु का अर्थ होता है अंधकार, रु का अर्थ होता है दूर करनेवाला। और क्रोध तो अंधकार है। यह तो ऐसे ही हुआ कि कोई कहे कि दीए के पास अंधकार इकट्ठा हो गया। गुरु और नाराज हो जाए, क्रुद्ध हो जाए—यह स्वभाव के नियम के अंतर्गत आता नहीं। यह जीवन की आधारशिलाओं के विपरीत है।

लेकिन हम ऐसे गुरुओं के संबंध में सुनते रहे हैं, जो नाराज हो जाते हैं। दुर्वासा की कथाएं हैं। वे कथाएं केवल इतना ही कहती हैं कि हमने भूल से किसी शिक्षक को गुरु समझ लिया था। और यह भूल आसान है, क्योंकि शिक्षक वे ही शब्द बोलता है जो गुरु; शायद गुरु से भी ज्यादा सुसंबद्ध उसकी तर्कसरणी हो। गुरु तो थोड़ा अटपटा होगा। इसलिए अटपटा होगा कि जिसने सत्य को जाना है, उसके जीवन में सारे विरोधाभास एक ही ऊर्जा में लीन हो जाते हैं। उसके जीवन में जीवन और मृत्यु का मिलन हो जाता है। उसके अस्तित्व में पदार्थ और आत्मा का भेद नहीं रह जाता। उसकी चर्या में सार और असार में कोई चुनाव नहीं बचता। उसके लिए सोना—मिट्टी; और मिट्टी—सोना। उसके लिए संसार—मोक्ष; और मोक्ष—संसार।

झेन फकीर बोकोजू से किसी ने पूछा : 'मोक्ष के संबंध में कुछ कहें।'

बोकोजू ने कहा : 'संसार मोक्ष है।'

यह केवल कोई गुरु ही बोल सकता है; कोई शिक्षक बोलने की इतनी छाती कहीं रखता—इतनी विराट छाती कि जिसमें मोक्ष को संसार कहा जा सके, आसान मामला नहीं है। विराट के मिलन पर ही संभव हो सकती है यह अभूतपूर्व घटना।

यह जो तैत्तरीय उपनिषद् में कथा है, इसमें गुरु नहीं हो सकता, शिक्षक रहा होगा। सुंदर शिक्षक रहा होगा। शिक्षा देने की कला में निष्णात रहा होगा। और सौ गुरुओं में निन्यान्नबे केवल शिक्षक होते हैं। कोई गीता में पारंगत होता है, कोई वेद में, कोई कुरान में, कोई बाइबिल में—मगर ये सब शिक्षक हैं। गुरु तो वह जो परमात्मा को पीकर बैठा है। गुरु तो वह जिसके पीछे परमात्मा छाया की तरह चले। कबीर ठीक कहते हैं: 'हरि लागे पाछे फिरत कहत कबीर-कबीर!' कबीर कहते हैं: 'मैं तो फिक्र भी नहीं करता। क्या लेना-देना मुझे हरि से? मगर हरि मेरे पीछे लगे फिरते हैं। जहां जाता हूं वहीं लगे फिरते हैं—जागूं तो, सोऊं तो। और दिन-रात धुन लगाए रखते हैं—कबीर-कबीर!

भक्तों ने तो परमात्मा को बहुत पुकारा है, लेकिन यह छाती कबीर की किसी गुरु की हो सकती है जो कहे—'हरि लागे पाछे फिरत कहत कबीर-कबीर!' तैत्तरीय उपनिषद् का गुरु पहली तो बात गुरु नहीं है। गुरु और कैसा क्रोध! न तो गुरु गुरु है और न शिष्य शिष्य।

शिष्य और विद्यार्थी का भेद वैसे ही समझना जरूरी है जैसे गुरु और शिक्षक का भेद। शिक्षक के पास विद्यार्थी इकट्ठे होते हैं; गुरु के पास शिष्य। गुरु के पास विद्यार्थी पहुंच जाए तो भी टिक नहीं सकता—ज्यादा देर नहीं टिक सकता; टिके भी तो कुछ पाएगा नहीं।

गुणा ने एक प्रश्न पूछा है कि 'आपकी कुछ बातें तो बुद्धि को रुचती हैं, कुछ बातें नहीं रुचतीं। इसलिए समर्पण पूरा नहीं हो पाता।'

जैसे कि समर्पण भी पूरा और अधूरा हो सकता है! जैसे समर्पण के भी खंड हो सकते हैं! जैसे समर्पण का भी प्रतिशत हो सकता है—दस प्रतिशत, बीस प्रतिशत, पचास प्रतिशत, अस्सी प्रतिशत, निन्यान्नबे प्रतिशत! नहीं गुणा, समर्पण या तो होता है या नहीं होता। गुरु की बात शिष्य को जंचती ही है; दुनिया को न जंचे तो भी जंचती है। तर्क में न बैठे, बुद्धि की पकड़ में न आए, तो भी जंचती है। शिष्य वह है कि जिसके सामने अगर सवाल हो कि गुरु कि बात मानूं या अपने तर्क की, तो वह गुरु की मानता है, तर्क को कहता है, नमस्कार।

विद्यार्थी वह है जो वहां तक शिक्षक के साथ जाता है जहां तक उसका तर्क जाने देता है। विद्यार्थी कभी भी अपने तर्क से एक इंच दूर शिक्षक के साथ नहीं जाता। शिक्षक के साथ जाता ही नहीं, वह तो अपने तर्क का ही भरण-पोषण करता है। वह तो शिक्षक से कुछ ज्ञान, कुछ सूचना एकत्रित करके ले जाएगा। जीवन-रूपांतरण उसकी आकांक्षा नहीं, उसकी अभीप्सा नहीं।

गुणा तो बहुत वर्षों से मुझे जानती है। लेकिन दूरी वैसी की वैसी बनी है और लगता है वैसी की वैसी ही बनी रहेगी। मेरी तरफ से तो पूरी चेष्टा है कि तोड़ दूं दूरी, मगर अगर तेरी बुद्धि को अभी भी निर्णय करता है—कौन-सी बात जंचती है और कौन-सी नहीं जंचती—तो समर्पण असंभव है। जहां समर्पण नहीं वहां शिष्यत्व नहीं।

और यह खयाल रखना, गुरु जानकर बहुत-सी ऐसी बातें कहता है जो बुद्धि को जंचेगी नहीं। जानकर कहेगा, क्योंकि वही तो कसौटी है। वही तो परीक्षा है। उसको जो पार कर लेगा,

वह शिष्य; जो पार नहीं कर पाएगा, वह विद्यार्थी। गुरु अगर वही-वही कहता रहे जो तुम्हारी बुद्धि को जंचता ही है तो शिष्य और विद्यार्थी में भेद करना ही असंभव हो जाएगा।

विद्यार्थी शिष्य की गरिमा को नहीं पा सकता। विद्यार्थी घिसटता है शिक्षक के प्रति। शिष्य गुरु के आगे नाचता है। गुरु तो इशारा करता है और शिष्य यह गया वह गया! वह यह भी नहीं पूछता—'नक्शा कहां है, किस मार्ग से जाऊं, राह में कोई खतरे तो नहीं हैं? सारी सुविधाएं-सुरक्षाएं जुटा लूं, फिर जाऊंगा। पहले मेरा पूरा तर्क राजी हो जाए, फिर जाऊंगा। थोड़ा और सोच लूं, थोड़ा और विचार कर लूं।'

एक महानुभाव ने पूछा है : 'मैं संन्यास लेना चाहता हूं, लेकिन कुछ बातें अड़चन बन जाती हैं। जैसे कि आपने कहा था कि जब तक मैं रहना चाहूंगा, कोई छुरा भी मारे तो भी मुझे मिटा न सकेगा। और जिस दिन मैं न रहना चाहूंगा, उस दिन एक क्षण कोई लाख उपाय करे तो मुझे टिका न सकेगा।'

यह बात उनको जंची। संन्यास का भाव उठा होगा तब। फिर अब उनको अड़चन हो गयी, क्योंकि यहां वे देखते हैं कि संन्यासी सुरक्षा का आयोजन किए हैं, द्वार पर प्रत्येक व्यक्ति का निरीक्षण किया जाता है, पहरेदार हैं। तो अब उनको अड़चन आयी। अब बुद्धि को चिंता शुरू हुई कि मगर छुरा मारने से भी हटाया नहीं जा सकता, तो सुरक्षा का आयोजन क्यों?

उन्होंने बात को अधूरा ही सुना। हम उतना ही सुनते हैं जितना हम सुनना चाहते हैं। मैंने कहा था : 'छुरा मारकर मुझे उठाया नहीं जा सकता। सुरक्षा करके मुझे बचाया नहीं जा सकता। न तो मैं छुरा मारनेवालों को रोकने को कुछ कहूंगा और न सुरक्षा करनेवालों को रोकने को कुछ कहूंगा। जब छुरा मारनेवाले स्वतंत्र हैं तो सुरक्षा करनेवालों को क्यों बाधा देनी?'

इतनी अकल उनमें न उठी। इतनी अकल अकल में होती ही नहीं। अकल तो बेअकल है!

महात्मा गांधी की मृत्यु के समय उनके पटशिष्य सरदार वल्लभ भाई पटेल के हाथ में सारी सुरक्षा का आयोजन था। वे गृहमंत्री थे, उपप्रधानमंत्री थे। और सरदार को खबर मिली थी सुनिश्चित स्रोतों से कि गांधी की हत्या का आयोजन किया जा रहा है। एक-दो प्रयास भी हो चुके थे, असफल गए थे। तो सरदार ने जाकर महात्मा गांधी को पूछा कि हम सुरक्षा का आयोजन करें?

इस पूछने में ही बेईमानी है। क्योंकि जो बंदूक मारने आ रहे थे वे तो पूछकर आ नहीं रहे थे, जब दुश्मन नहीं पूछ रहा है, तो दोस्त क्यों पूछे? और इस पूछने में बेईमानी है इसलिए कि अगर महात्मा गांधी कहते कि हां सुरक्षा का आयोजन करो, तो सरदार वल्लभभाई पटेल की श्रद्धा ही महात्मा गांधी में खत्म हो जाती कि अरे, यह व्यक्ति कहता था कल तक कि राम जब उठाना चाहेगा तब उठाएगा और अब कहने लगा कि सुरक्षा का इंतजाम करो! सरदार की श्रद्धा ही खिसक गयी होती। सरदार अचेतन मन में तो यही आकांक्षा लेकर गए होंगे कि गांधी कहेंगे कि कोई सुरक्षा की आवश्यकता नहीं है। यह मैं सुनिश्चित रूप से कहता हूं कि वे यही आकांक्षा लेकर गए होंगे कि गांधी कहेंगे, 'सुरक्षा की क्या आवश्यकता है? परमात्मा सु

और वही गांधी ने कहा और सरदार प्रसन्न लौटे। विद्यार्थी के अनुकूल हो गयी बात और सारे देश को अच्छी लगी, कि यह है श्रद्धा! ईश्वर पर कैसी श्रद्धा है! कोई सुरक्षा की जरूरत नहीं!

मगर, नाथूराम गोडसे में जो आया था वह भी ईश्वर है। और सरदार वल्लभ भाई पटेल में जो आया था वह भी ईश्वर है। तुम ईश्वर-ईश्वर में चुनाव कैसे करते हो? नाथूराम गोडसे का ईश्वर कुछ ज्यादा ईश्वर मालूम होता है? मैं इसे श्रद्धा नहीं कहता। मैं तो मानता हूं यह विनम्रता के रूप में छिपा हुआ अहंकार है। मैं तो कहूंगा गांधी में अगर सच में ही श्रद्धा थी तो वे कहते: 'जो उसकी मरजी! अगर वह किसी को छुरा मारने भेजता है, किसी को गोली चलाने भेजता है और किसी से सुरक्षा करवाता है—जो उसकी मरजी! जो उसकी लीला! मैं तो द्रष्टा हूं, देखूंगा। उठ जाऊं तो ठीक, न उठूं तो ठीक। रहा तो उसका काम करूंगा, उठा तो उसका काम करते हुए उठूंगा।' मैं उसको श्रद्धा कहता।

गांधी श्रद्धालु नहीं हैं। गांधी हत्यारे में तो भरोसा करते हैं; लेकिन रक्षक में नहीं और सरदार पटेल बिलकुल निश्चिंत हो गए कि बिलकुल ठीक बात है। सच पूछो तो नाथूराम गोडसे से ज्यादा मोरारजी देसाई और सरदार वल्लभ भाई पटेल, ये दो आदमी महात्मा गांधी की हत्या के लिए जिम्मेदार हैं। क्योंकि मोरारजी देसाई महाराष्ट्र के मुख्यमंत्री थे और उनको भी खबर थी कि महाराष्ट्र से ही आयोजन चल रहा है हत्या का। और सरदार वल्लभ भाई पटेल केंद्र के गृहमंत्री थे और उनको भी पता था कि हत्या का आयोजन चल रहा है। लेकिन दोनों चुप बैठे रहे। और चुप बैठने के लिए एक सुंदर सुरक्षा का उपाय मिल गया कि गांधी कहते हैं: 'क्या करना सुरक्षा का? जब तक उसको रखना है रखेगा; जब हटाना है हटा लेगा।'

मैं कुछ और ढंग से सोचता हूं। जिनसे उसे हटवाना है उनसे हटवाएगा; जिनसे उसे रुकवाना है उनसे रुकवाएगा। न मैं किसी को कहता हूं कि आकर मुझे गोली मारो, न मैं किसी को कहता हूं कि जो गोली आकर मारे उसे रोको। मैं कौन हूं? जिसकी मरजी हो गोली मारे, जिसकी मरजी हो गोली रोके! मेरे लिए दोनों खेल हैं।

मगर जिन महानुभाव ने पूछा है, उनकी संन्यास की धारणा, संन्यास लेने की इच्छा डगमगा गयी कि कैसे संन्यास लेना! संन्यास बुद्धि से नहीं लिए जाते। समर्पण बुद्धि से नहीं होते। संन्यास और समर्पण पर्यायवाची हैं। और शिष्य वही है जो समर्पित है, जो संन्यस्त है—जो गुरु के साथ अगम्य में जाने को राजी है। और अगम्य का तुम कैसे पार पाओगे, तर्क से कैसे नापोगे, बुद्धि के तराजू पर कैसे तौलोगे?

...तो न तो यह गुरु था तैत्तरीय उपनिषद् का व्यक्ति और न उसके पास जो सीखने बैठा था वह शिष्य था। यह शिक्षक था, वह विद्यार्थी था। यह रटी हुई बातें दोहरा रहा था, वह उन बातों को रट रहा था, ताकि कल वह भी शिक्षक हो जाएगा और दूसरों को रटवाएगा। गुरु नाराज हो गया किसी बात से शिष्य पर।

गुरु नाराज नहीं होता शिष्य पर। यह तो असंभव है। शिष्य नाराज नहीं होता गुरु पर; वह भी असंभव है। गुरु की तो बात ही छोड़ दो कि वह नाराज होगा। अरे शिष्य भी नाराज नहीं होता! यह प्रेम की पराकाष्ठा है। यहां कहां नाराजगी का प्रवेश? यह तालमेल का आत्यंतिक रूप है। यहां स्वर टूटते नहीं, छूटते नहीं। यहां लयबद्धता समग्र है, सम्पूर्ण है।

लेकिन विद्यार्थी नाराज हो जाते हैं, जरा-जरा सी बात में नाराज हो जाते हैं। हजारों विद्यार्थी मेरे पास आए और गए—जरा सी बात में। उनको हटाने में देरी नहीं लगती। मुझे जिस दिन विद्यार्थियों को छांटना हो, एक क्षण में छांट देता हूं। अकसर छांटता रहता हूं, क्योंकि कचरा-कूड़ा इकट्ठा होता है तो उसे छांटना ही पड़ता है। कंकड़-पत्थर आ जाते हैं, उनको छांटना ही पड़ता है। और छांटना इतना आसान है, जिसका हिसाब नहीं। एक बात कह दो, वे नाराज हो जाएंगे। फिर जो भागे वे लौटकर न देखेंगे। फिर जिंदगीभर गालियां देंगे। यूं यहां चरणों में गिरने को उत्सुक बैठे थे, एक क्षण में उनका चरणों में गिरना गाली बन सकता है—एक क्षण में! उसमें देर ही नहीं लगती।

यह कथा कहती है, गुरु शिष्य से नाराज हो गया। और नाराज हो, तो गुरु करे क्या? गुरु तो था ही नहीं, करेगा क्या नाराज हो तो? उसने कहा : 'वापिस कर दे मेरी इस विद्या को, जो मैंने सिखायी है!' यह केवल शिक्षक ही कह सकता है, क्योंकि गुरु जो सिखाता है वह वापिस किया ही नहीं जा सकता, न वापिस मांगा जा सकता है। वह तो जीवन रूपांतरण है, उसको वापिस करने का कोई उपाय नहीं है। जिस भोजन को तुमने पचा लिया, जो तुम्हारा रक्त-मांस-मज्जा बन गया, जो तुम्हारी हड्डियों में प्रविष्ट हो गया, जो तुम्हारी आत्मा तक चला गया—उसका वमन कैसे करोगे? हां, जो अनपचा है, जो खून नहीं बना है, जो पत्थर की तरह पेट में पड़ा रह गया है, जो भार है—उसका वमन किया जा सकता है। उसका वमन करने से हल्कापन ही लगेगा। उसका वमन स्वास्थ्यप्रद है।

गुरु नाराज हुआ। उसने कहा : 'मेरी सिखाई विद्या वापिस कर दे।' ये बातें बचकानी हैं। ये गुरु के मुंह से शोभा नहीं देती। गुरु, पहली तो बात, कुछ सिखाता ही कहां है? गुरु तो तुम जो सीखे हो, उसको मिटाता है। गुरु शिक्षण नहीं देता। गुरु शिक्षण छीनता है। गुरु ज्ञान नहीं देता, गुरु ज्ञान छीनता है। गुरु तुम्हें ज्ञान से मुक्त करता है, निर्दोष करता है। शिक्षक ज्ञान देता है, तो शिक्षक छीन भी सकता है। जो दिया जा सकता है वह छीना भी जा सकता है। गुरु तो कुछ देता ही नहीं, छीनेगा क्या? गुरु तो साफ करता है, कूड़े-करकट से तुम्हें मुक्त करता है। वापिस लेने को तो कुछ है नहीं; दिया ही नहीं कभी।

जिनका मन लोभ से भरा है वे शिक्षकों के पास इकट्ठे होते हैं, क्योंकि वहां कुछ मिलेगा। सिर्फ निर्लोभी गुरु के पास बैठ सकते हैं, क्योंकि वहां कुछ खोना पड़ेगा। कुछ ही नहीं, अंततः स्वयं को खोना पड़ेगा। वहां शून्य होना पड़ेगा। जो शून्य हुआ वही शिष्य है। गुरु के पास से तुम रोज-रोज और-और खाली होकर लौटते हो। बुद्धि चली जाती, तर्क चला जाता, अहंकार चला जाता, इच्छाएं चली जाती हैं, महत्त्वाकांक्षाएं चली जाती हैं, अभीप्साएं चली जाती हैं। संसार ही नहीं, मोक्ष, निर्वाण, सब चला जाता है। कुछ बचता ही नहीं। गुरु कुछ छोड़ता ही नहीं। उठाता है तलवार और काटता चला जाता है। जब तुम्हारे भीतर सन्नाटा हो जाता है—न कोई शोर, न कोई आवाज—जब वैसी महाशांति तुम्हारे भीतर घनीभूत होती है, तब तुम योग्य हुए शिष्य कहलाने के। अब तुमसे छीनेगा क्या? जो छिनने का था वह तो छीन ही लिया गया।

और इस शून्य को कोई नहीं छीन सकता, क्योंकि शून्य तुम्हारा स्वभाव है। इसका वमन नहीं हो सकता। वमन तो उसका हो सकता है जो पर-भाव है। बाहर से डाला गया है, उसको तुम

फेंक सकते हो। लेकिन जो भीतर ही है, जो तुम्हारा अंतर्तम है, उसका वमन नहीं हो सकता।

जिनस्वरूप, तुमने यह कथा उठाकर ठीक किया। यह कथा महत्त्वपूर्ण है। इसमें न तो गुरु गुरु है, न शिष्य शिष्य है। और इसलिए शिक्षक नाराज हो गया विद्यार्थी से, उसने कहा कि लौटा दे मेरी विद्या। क्या बचकानी बातें हैं! क्या टुच्ची बातें हैं! क्या थोथे वक्तव्य हैं! 'लौटा दे।' जरा-जरा सी बात में—'मैंने दिया, वह लौटा दे।' यह देना भी सशर्त है कि छीन लूंगा अगर जरा गड़बड़ की; अगर जरा मेरे विपरीत गया, अनुकूल न हुआ तो छीन लूंगा, वापिस ले लूंगा! यह कैसी विद्या, जो वापिस दी जा सकती है!

इस जगत में जो तुमने ठीक-ठीक जान लिया है, उसे तुम कैसे वापिस करोगे? जैसे अंधे आदमी की आंख खुल गयी, उसने रोशनी देख ली, अब वह लाख उपाय करे, कैसे वापिस करेगा? वह कितना ही कहे कि मैंने नहीं देखी, मान लिया कि मैंने नहीं देखी; मगर देख तो ली है।

जीवन के परम सत्यों में एक सत्य यह है : जो जाना जाता है उसे फिर अनजाना नहीं किया जा सकता। और जिसे अनजाना किया जा सकता है उसे तुमने कभी जाना ही नहीं था। जो चीज तुम्हारे रग-रेशे में समा जाती है, उसका परित्याग असंभव है। कुछ चीजें तुम्हारे अनुभव में हैं, उनका मैं उल्लेख करूं तो समझ में आ जाए। क्योंकि जो तुम्हारे अनुभव में नहीं हैं, उसके उल्लेख करने से कुछ सार नहीं है। तुमने अगर तैरना सीखा है तो क्या तुम उसे कभी भूल सकते हो? अब तक दुनिया में ऐसा कभी नहीं हुआ कि कोई तैरना भूल गया हो। चाहे पचास साल न तैरे, तैरना कोई भूलता ही नहीं। असंभव। क्यों? तैरना भूलना असंभव क्यों है? इस पर गहन शोध की जरूरत है कि तैरना भूलना असंभव क्यों है, इसकी विस्मृति क्यों नहीं हो सकती? गणित भूल जाता, भूगोल भूल जाता, इतिहास भूल जाता, विज्ञान भूल जाता, हर चीज भूल जाती है—लेकिन तैरना! तैरना नहीं भूलता। राज है। असल में तैरना हम सीखते नहीं, केवल पुनःस्मरण करते हैं। हम उसे जानते ही हैं स्वभाव से। मां के पेट में बच्चा नौ महीने पानी में ही तैरता है। मां के पेट में समुद्र के जल जैसा जल इकट्ठा हो जाता है। वह जो पेट मां का इतना बड़ा दिखाई पड़ता है, उसमें बच्चे का होना तो कारण होता ही है, ज्यादा कारण होता है बच्चे के तैरने के लिए जल का इकट्ठा होना। और उस जल का जो रासायनिक रूप है, वह वही है जो समुद्र के जल का है। और बच्चे की जो पहली अभिव्यक्ति है वह मछली जैसी है। इसी से वैज्ञानिकों ने यह खोज की है कि मनुष्य का जन्म सबसे पहले समुद्र में हुआ होगा। करोड़ों वर्ष हो गए इस बात को हुए, लेकिन मनुष्य सबसे पहले मछली की तरह प्रगट हुआ होगा।

संभवतः हिंदुओं की मत्स्य अवतार के पीछे यही धारणा है। ईश्वर ने पहला अवतार मछली की तरह लिया। यह कहने का एक और ढंग है, मगर बात वही है कि जीवन पहली दफा मछली की तरह उतरा। और हर बच्चे को नौ महीने में, करोड़ों वर्षों में जो मनुष्य-जाति ने यात्रा की है, वह नौ महीने में त्वरा से, तेजी से पूरी करनी पड़ती है। बच्चे के नौ महीने के विकास के जो अलग-अलग अंग हैं, उनको समझकर हम मनुष्य-जाति के पूरे विकास को समझ सकते हैं। और तब चार्ल्स डारविन सत्य सिद्ध मालूम होता है, क्योंकि बच्चे के जीवन में एक घड़ी आती है मां के पेट में जब वह बंदर जैसा होता है, उसकी पूंछ भी होती है। फिर पूंछ गिर जाती है। नौ

महीने होते-होते वह मनुष्य की प्रतिकृति में आ पाता है। लेकिन शुरुआत होती है मछली से।

अगर करोड़ों वर्ष पहले आदमी का प्राथमिक जीवन मछली की तरह शुरू हुआ था तो उसके स्वभाव के अंतर्तम में तैरना है। हम भूल गए हैं भाषा, यह और बात है; लेकिन हमारा स्वभाव अभी भी उसे याद किए है।

और तैरने में हम करते भी क्या हैं! कोई तैरना सिखाता है! वस्तुतः किसी को भी पानी में फेंक दो, वह हाथ-पैर तड़फड़ाने लगेगा। वह जरा गैर-ढंग से हाथ-पैर तड़फड़ाता है, क्योंकि उसे अभी सलीका नहीं है। थोड़ा इन्हीं हाथ-पैर को ढंग से फेंकने लगे कि तैरना आ गया। जो तैरना सिखाता है वह सत्य को जानता है कि कुल काम इतना ही है कि तैरना सीखनेवाले को यह भरोसा बना रहे कि कोई मेरी रक्षा के लिए मौजूद है, घबड़ाने की कोई जरूरत नहीं; उसका आत्मविश्वास बढ़ जाए। तैरना तो उसके भीतर छिपा है, वह प्रगट हो जाएगा।

जापान के एक मनोवैज्ञानिक ने छह महीने के बच्चों को तैरना सिखाया है! और अब वह तीन महीने के बच्चों पर प्रयोग कर रहा है। छह महीने के बच्चे तैरने लगते हैं। कल्पनातीत मालूम होती है यह बात। छह महीने का बच्चा कैसे तैरेगा! लेकिन जब मां के पेट में नौ महीने बच्चा तैरता ही रहता है तो छह महीने का भी तैरेगा, तीन महीने का भी तैरेगा, तीन दिन का भी तैरेगा। तैरना हमारा स्वभाव है।

सच्ची विद्या वही है जो हमारे स्वभाव का आविष्कार है। गुरु के पास हमें कुछ सिखाया नहीं जाता, वरन हम जो विस्मरण कर बैठे हैं, उसकी सुरति दिलायी जाती है, उसकी याद दिलायी जाती है। भूली भाषा को गुरु हमारे भीतर पुनः जगा देता है। जो स्वर हमारे सोए पड़े हैं, गुरु के स्वरों की झनकार में झनझना उठते हैं। गुरु गाता है, उसकी अनुगूंज हमारे भीतर भी गुनगुनाहट बन जाती है। गुरु नाचता है। उसके पैरों की झनकार हमारे भीतर के घुंघरुओं को हिला देती है। गुरु सितार बजाता है, उसका तार का छेड़ देना हमारी हृदय-तंत्री पर एक आघात हो जाता है।

विद्या साधारण शिक्षा नहीं है। विद्या से वह जाना जाता है, जिसे हम जानते ही थे और भूल गए हैं। और शिक्षा से वह जाना जाता है, जिसे हम कभी जानते ही नहीं थे; इसलिए कभी भी भूल सकते हैं।

तो इस शिक्षक ने—मैं कहूंगा शिक्षक ने—विद्यार्थी से नाराज होकर कहा कि लौटा दे, मेरी विद्या लौटा दे। क्या करता विद्यार्थी भी! उसने 'एवमस्तु' कहकर विद्या का वमन कर दिया। यह कहानी बड़ी प्रीतिकर है। उसने उल्टी कर दी कि ले रख, अब और क्या कर सकता हूं? अनपचा तो था ही। बोझ ही हो रहा होगा। उसने उतारकर बोझ रख दिया। उसने कहा : 'सम्हाल अपना कचरा!' उसने हल्कापन ही अनुभव किया होगा।

'और देवताओं ने तीतर का रूप धारण कर उसे एकत्र कर लिया।' ये देवता भी गजब के लोग हैं! देवताओं से हमने ऐसे-ऐसे काम करवाए हैं जो कोई न करे। अब किसी ने उल्टी की है, इन्होंने तीतर बनकर उसकी उल्टी को भी इकट्ठा कर लिया! इसलिए हम देवताओं को कोई परम अवस्था नहीं मानते।

इस देश के हजारों साल के आध्यात्मिक अनुभवों का यह नतीजा और निष्कर्ष है कि मनुष्य

चौराहा है। और जिस व्यक्ति को भी मोक्ष की यात्रा पर जाना है, उसे मनुष्य से ही मोक्ष की यात्रा पर जाना होगा। देवता को भी मनुष्य होना पड़ेगा, तभी वह मोक्ष की यात्रा पर जा सकता है। देवता मनुष्य से ऊपर नहीं है; भिन्न है, मगर ऊपर नहीं है। मनुष्य से ज्यादा सुखी होगा। नर्क में जो हैं, वे मनुष्य से ज्यादा दुखी हैं। स्वर्ग में जो हैं, वे मनुष्य से ज्यादा सुखी हैं। स्वर्ग यूं समझो संपन्न है, समृद्ध है! नर्क यूं समझो, विपन्न है, दरिद्र है। लेकिन बहुत दरिद्रता का एक खतरा है कि आदमी दरिद्रता से राजी हो जाता है। हम पूरब के देशों में यह देख सकते हैं—लोग दरिद्रता से राजी हो गए हैं! न केवल राजी हो गए हैं, बल्कि अगर तुम उनकी दरिद्रता पर चोट करो तो वे नाराज होते हैं। वे तुमसे संघर्ष लेंगे। वे तुमसे लड़ेंगे। वे अपनी दरिद्रता को बचाएंगे। सदियों पुरानी प्राचीन दरिद्रता, सनातन दरिद्रता, उनका सनातन धर्म—कैसे छोड़ दें! इतनी आसानी से छोड़ दें? दरिद्र-नारायण होने को यूं छोड़ दें, यूं गंवा दें? मुफ्त में नारायण होकर बैठे हैं! कैसे छोड़ दें? नहीं छोड़ा जाता उनसे...!

अब तुम देखते हो, हरिजनों पर इतने अत्याचार होते हैं जिसका कोई हिसाब नहीं है।

एक मित्र ने पूछा है कि हरिजनों पर अत्याचार हो रहे हैं, उनकी बस्तियां जलायी जा रही हैं, उनके झोपड़े जलाए जा रहे हैं। हरिजन मारे जा रहे हैं। उनके कुओं में जहर डाल दिया जाता है। उनकी स्त्रियों के साथ बलात्कार किया जाता है। गर्भवती स्त्रियों के साथ बलात्कार किया जाता है। बलात्कार में उनके बच्चे गिर जाते हैं। यह सब हो रहा है। आप इसे रोकने के लिए कुछ क्यों नहीं करते?

जिन पर हो रहा है, वे कम से कम इतना तो कर सकते हैं कि हिंदू धर्म का त्याग कर दें। वे इतना नहीं करते तो मैं क्यों करूं कुछ? जिन मूढ़ताओं के कारण उनको सताया जा रहा है, उसी धर्म को वे पकड़े बैठे हुए हैं। मेरे करने से क्या होगा? जिन पंडित पुजारियों के द्वारा यह सारा का सारा उपद्रव आयोजित किया गया है सदियों-सदियों से, वे उन्हीं के चरण धोकर पी रहे हैं, वे उन्हीं की पूजा कर रहे हैं। इतना ही नहीं, वे उन्हीं मंदिरों में प्रवेश का आग्रह रखते हैं जिन मंदिरों के बैठे देवता उनकी सारी की सारी कठिनाइयों का कारण हैं।

मैं एक गांव में था, उस गांव के हरिजनों ने मुझसे आकर कहा कि आप आए हैं, आपकी लोग बात मानते हैं यहां, हमें मंदिर में प्रवेश का अधिकार दिला दो। मैंने कहा कि तुम अभी इनसे थके नहीं! इनके ही मंदिर में जाना चाहते हो? उसी मंदिर में जिस मंदिर में वे ही शास्त्र, वे ही देवता, वे ही पुजारी, वे ही पंडित हैं जिन्होंने तुम्हारे प्राणों का शोषण किया है सदियों-सदियों से? थूको इस मंदिर पर! अगर वे तुम से कहें भी कि मंदिर में आओ तो मत जाना। लात मारो इस मंदिर पर!

अरे—उन्होंने कहा—आप कैसी बातें रहे हैं! मंदिर पर और लात मारें, थूकें मंदिर पर! आप कहते क्या हैं? क्या आप नास्तिक हैं?

मैं नास्तिक हूं और ये आस्तिक हैं! और तुम मुझसे पूछते हो कि मैं इनके लिए कुछ क्यों नहीं करता? ये मूढ़ अपनी बीमारियों से, रोगों से चिपके हुए हैं? कौन इनको पकड़ रहा है? ये

छोड़ते क्यों नहीं? हटते क्यों नहीं? कौन इन्हें रोक रहा है? और तुम देखते हो, फौरन अंतर हो जाता है : वही हरिजन, जिसको तुम अपने साथ गद्दी पर न बिठालते, अगर ईसाई हो जाए और आए तो तुम उठकर खड़े होते हो। कहते हो : 'आइए साहब, बैठिए!' वही सज्जन अब गद्दी पर बिठालने के योग्य हो गए। वही मुसलमान हो जाए तो आप कहते हैं : 'आइए, मीर साहब!' नहीं तो सीढ़ियों के बाहर...।

मैं एक मित्र को जानता हूं, लियोनर्ड थियोलाजिकल कालेज जबलपुर के वे प्रिंसिपल थे—मैक्वान—गुजराती थे। एक दिन मुझे अपने घर ले गए। कहा कि मैं कुछ चीजें दिखाना चाहता हूं। उन्होंने अपनी मां से मुझे मिलाया। उनकी मां काफी उम्र की थी, कोई नब्बे वर्ष की होगी। और उन्होंने अपने पिता की तस्वीर मुझे दिखायी। फिर अपनी लड़की को बुलाया—सरोज मैक्वान को। वह अमरीका से अभी-अभी पी. एच. डी. होकर लौटी थी और एक अमरीकन युवक से शादी करके आयी थी। और कहा कि देखें मेरी ये तीन पीढ़ियां—यह मेरे पिता, यह मेरी मां, यह मैं, यह मेरी पत्नी, यह मेरी लड़की, यह मेरा दामाद। तीन पीढ़ियों में इतनी क्रांति हो गयी!

बाप उनका भिखमंगा था। वह एक टूटा-फूटा भिक्षापात्र लिए बैठा है—उसकी तस्वीर। वह भूखा ही रहा, भूखा ही जीया, भूखा ही मरा। उसने कभी जीवन में और कुछ न जाना। वह हरिजन था। उसे सिर्फ दुत्कारा गया। जब बाप मर गया तो मां परेशान हो गयी, भूख और परेशानी में ईसाई हो गयी। अभी भी उनकी मां के चेहरे पर दरिद्रता की सारी लकीरें हैं। अभी भी उनकी मां को पहचाना जा सकता है कि हिंदू सनातन धर्म की छाप गयी नहीं है।

मैंने उनसे पूछा कि तुम्हारी मां ईसाई हो गयी, तो अब तो ये हिंदू धर्म में कोई रस नहीं रखती? वे बोले : 'यह मत पूछो आप, अभी भी हनुमान चालीसा पढ़ती हैं। अभी भी बजरंग बली को मानती हैं।'

खुद एक बड़े कालेज के प्रिंसिपल हैं। पत्नी भी प्रोफेसर है। जोड़ना मुश्किल पड़ता है, क्योंकि जब मां ईसाई हो गयी तो ईसाइयों ने मैक्वान को पढ़ने के लिए अमरीका भेज दिया। वहीं वे बड़े हुए, वहीं उन्होंने शादी की। और उनकी लड़की को देखकर तो भरोसा ही न आएगा। सुंदरतम युवतियों में से एक जो मैंने देखी हैं। और ये तीन पीढ़ियों में इतनी क्रांति हो गयी।

हरिजनों को कौन रोक रहा है कि तुम हिंदू घेरे में रहो? इस सड़े घेरे को छोड़ो। जहां तुमने सिवाय दुख और पीड़ा के कुछ भी नहीं पाया, जहां सिवाय अपमान के, दुत्कार के, लातें खाने के तुम्हें कुछ और मिला नहीं—वहां किस आशा पर रुके हुए हो? जिस राम ने एक शूद्र के कानों में सीसा पिघलवाकर भरवा दिया, तुम उसी राम की अभी स्तुति कर रहे हो, गुणगान कर रहे हो? संकोच भी नहीं, शर्म भी नहीं! जिस मनु ने तुम्हारी गिनती मनुष्यों में नहीं की है, तुम उसी मनु महाराज के द्वारा निर्मित समाज-व्यवस्था के अंग बने हुए हो? जिन तुलसीदास ने तुम्हें पशुओं के साथ गिना है—ढोल, गंवार, शूद्र, पशु, नारी, ये सब ताड़न के अधिकारी—और कहा है कि तुम्हें ताड़ा ही जाना चाहिए, तुम इसके अधिकारी हो; तुम्हें सताया ही जाना चाहिए, यह तुम्हारा अधिकार है; सताया जाना तुम्हारा अधिकार है और हम तुम्हें सताएं यह हमारा अधिकार है—तुम इन्हीं तुलसीदास की चौपाइयां रट रहे हो! और उन्हीं के माननेवाले लोग तुम्हारी

पत्नियों के साथ व्यभिचार कर रहे हैं—गर्भपात कर रहे हैं, आग लगा रहे हैं, हत्याएं कर रहे हैं, गोलियां चला रहे हैं—और फिर भी तुम उन्हीं के घेरे में रुके रहना चाहते हो!

आदमी दुख से भी राजी हो जाता है, दुख को भी पकड़ लेता है। इसलिए नर्क से कोई छुटकारा नहीं। यह बड़े मजे की बात है कि आदमी सुख से ऊब जाता है, दुख से नहीं ऊबता, यह मनुष्य के मनोविज्ञान के संबंध में एक अपूर्व सत्य है कि मनुष्य दुख से नहीं ऊबता, सुख से ऊब जाता है। दुख में एक आशा रहती है कि शायद कल सुखी हो जाऊं; आज नहीं कल दुख कट ही जाएगा; आखिर कर्म-बंधन कभी तो क्षीण होंगे! लेकिन सुख में सब आशा खो जाती है।

स्वर्ग हमारी कल्पना है—सुखी लोगों की, जहां जिन्होंने खूब पुण्य-अर्जन कर लिया है वे लोग देवी-देवता हो जाते हैं। मगर वे ऊब जाते हैं। ऐसी कथाएं हैं, जिनमें देवता और देवियों ने प्रार्थना की है कि हम पृथ्वी पर वापिस जाना चाहते हैं। लेकिन मैंने ऐसी कोई अब तक कहानी नहीं सुनी न पढ़ी, जिसमें नरक में किसी ने कहा हो कि हम वापिस पृथ्वी पर जाना चाहते हैं। उर्वशी थक जाती है इंद्र के सामने नाचते-नाचते और प्रार्थना करती है कि कुछ दिन की छुट्टी मिल जाए। मैं पृथ्वी पर जाना चाहती हूं। मैं किसी मिट्टी के बेटे से प्रेम करना चाहती हूं। देवताओं से प्रेम बहुत सुखद हो भी नहीं सकता। हवा हवा होंगे। मिट्टी तो है नहीं, ठोस तो कुछ है नहीं। ऐसे हाथ घुमा दो देवता के भीतर से, तो कुछ अटकेगा ही नहीं। कोरे खयाल समझो, सपने समझो। कितने ही सुंदर ही सुंदर लगते हों, मगर इंद्रधनुषों जैसे।

स्वभावतः उर्वशी थक गयी होगी। स्त्रियां पार्थिव होती हैं। उन्हें कुछ ठोस चाहिए। नाचते-नाचते इंद्रधनुषों के पास उर्वशी थक गयी होगी, यह मेरी समझ में आता है। उर्वशी ने कहा कि मुझे जाने दो। मुझे कुछ दिन पृथ्वी पर जाने दो। मैं पृथ्वी की सौंधी सुगंध लेना चाहती हूं। मैं पृथ्वी पर खिलनेवाले गुलाब और चंपा के फूलों को देखना चाहती हूं। फिर से एक बार मैं पृथ्वी के किसी बेटे को प्रेम करना चाहती हूं।

चोट तो इंद्र को बहुत लगी, क्योंकि अपमानजनक थी यह बात। लेकिन उसने कहा : 'अच्छा जा, लेकिन एक शर्त है। यह राज किसी को पता न चले कि तू अप्सरा है। और जिस दिन यह राज तूने बताया उसी दिन तुझे वापिस आ जाना पड़ेगा।'

उर्वशी उतरी और पुरुरवा के प्रेम में पड़ गयी। बड़ी प्यारी कथा है उर्वशी और पुरुरवा की! पुरुरवा—पृथ्वी का बेटा; धूप आए तो पसीना निकले और सर्दी हो तो ठंड लगे। देवताओं को न ठंड लगे, न पसीना निकले। मुर्दा ही समझो। मुर्दों को पसीना नहीं आता, कितनी ही गर्मी होती रहे, और न ठंड लगती। तुमने मुर्दों के दांत किटकिटाते देखे? क्या खाक दांत किटकिटाएंगे! और मुर्दा दांत किटकिटाए तो तुम ऐसे भागोगे कि फिर लौटकर नहीं देखोगे। पुरुरवा के प्रेम में पड़ गयी। ऐसी सुंदर थी उर्वशी कि पुरुरवा को स्वभावतः जिज्ञासा होती थी—जिज्ञासा मनुष्य का गुण है—कि पुरुरवा उससे बार-बार पूछता था : 'तू कौन है? हे अप्सरा जैसी दिखाई पड़नेवाली उर्वशी, तू कौन है? तू आयी कहां से? ऐसा सौंदर्य, ऐसा अलौकिक सौंदर्य, यहां पृथ्वी पर तो नहीं होता!'

और कुछ चीजों से वह चिंतित भी होता था। उर्वशी को धूप पड़े तो पसीना न आए। उर्वशी

वायवीय थी, हल्की-फुल्की थी, ठोस नहीं थी। प्रीतिकर थी, मगर गुड़िया जैसी, खिलौने जैसी। न नाराज हो, न लड़े-झगड़े। जिज्ञासाएं उठनी शुरू हो गयीं पुरुरवा को। आखिर एक दिन पुरुरवा जिद ही कर बैठा। रात दोनों बिस्तर पर सोए हैं, पुरुरवा ने कहा कि आज तो मैं जानकर ही रहूंगा कि तू है कौन? तू आयी कहां से? नहीं तू हमारे बीच से मालूम होती। अजनबी है, अपरिचित है। नहीं तू बताएगी तो यह प्रेम समाप्त हुआ।

यह तो धमकी थी, मगर उर्वशी घबड़ा गयी और उसने कहा कि फिर एक बात समझ लो। मैं बता तो दूंगी, लेकिन बता देते ही मैं तिरोहित हो जाऊंगी। क्योंकि यह शर्त है।

पुरुरवा ने कहा : 'कुछ भी शर्त हो...।' उसने समझा कि यह सब चालबाजी है। औरतों की चालबाजियां! क्या-क्या बातें निकाल रही है! तिरोहित कहां हो जाएगी! तो उसने बता दिया कि मैं उर्वशी हूं, थक गयी थी देवताओं से। पृथ्वी की सौंधी सुगंध बुलाने लगी थी। चाहती थी वर्षा की बूंदों की टपटप छप्पर पर, सूरज की किरणें, चांद का निकलना, रात तारों से भर जाना, किसी ठोस हड्डी-मांस-मज्जा के मनुष्य की छाती से लगकर आलिंगन। लेकिन अब रुक न सकूंगी।

पुरुरवा उस रात सोया, लेकिन उर्वशी की साड़ी को पकड़े रहा रात नींद में भी। सुबह जब उठा तो साड़ी ही हाथ में थी, उर्वशी जा चुकी थी। तब से कहते हैं, पुरुरवा घूमता रहता है, भटकता रहता है, पूछता फिरता है : 'उर्वशी कहां है?' खोज रहा है।

शायद यह हम सब मनुष्यों की कथा है। प्रत्येक आदमी उर्वशी को खोज रहा है। कभी-कभी किसी स्त्री में धोखा होता है कि यह रही उर्वशी, फिर जल्दी ही धोखा टूट जाता है। हनीमून पूरा होते-होते ही टूट जाता है। जो बहुत होशियार हैं, हनीमून पर जाते ही नहीं, कि न जाएंगे हनीमून पर, न टूटेगा।

चंदूलाल का विवाह हुआ। बड़ा शोरगुल मचा रहे थे कि हनीमून पर शिमला जा रहे हैं, शिमला जा रहे हैं, शिमला जा रहे हैं! मैंने पूछा : 'कब जा रहे हो?'

उसने कहा कि बस एक-दो दिन में जाता हूं।

दो-चार दिन बाद मुझे फिर मिल गए, मैंने पूछा : 'चंदूलाल, शिमला नहीं गए?'

कहा कि पत्नी को भेज दिया है।

मैंने कहा : 'पत्नी को तुमने भेज दिया, हनीमून पर, अकेले ही!'

बोले : 'शिमला मैं तो पहले ही देख चुका हूं, अब दोबारा जाने की क्या जरूरत है? अब पत्नी देख आएगी।'

ऐसा हनीमून टिकेगा। मारवाड़ी का हनीमून टिक सकता है। गए ही नहीं तो टूटेगा क्या खाक! इसलिए विवाह टिकते हैं इस दुनिया में, प्रेम नहीं टिकता, क्योंकि प्रेम में एक छलांग है आकाश की तरफ। गिरना पड़ेगा। विवाह में छलांग ही नहीं है; जमीन पर ही सरकते रहते हैं, गिरेंगे कैसे? विवाह तो यूं है जैसे मालगाड़ी पटरियों पर दौड़ती हुई। प्रेम यूं है जैसे नदियों का प्रवाह; कब किस दिशा में मुड़ जाएगा, कुछ कहना कठिन है।

प्रत्येक उर्वशी को खोज रहा है। 'उर्वशी' शब्द भी बड़ा प्यारा है—हृदय में बसी, उर्वशी। कहीं कोई हृदय में एक प्रतिमा छिपी हुई है, जिसकी तलाश चल रही है। मनोवैज्ञानिक कहते हैं : प्रत्येक व्यक्ति के भीतर स्त्री की एक प्रतिमा है, प्रत्येक स्त्री के भीतर पुरुष की एक प्रतिमा है, जिसको

वह तलाश रहा है, तलाश रही है। मिलती नहीं है प्रतिमा कहीं। कभी-कभी झलक मिलती है कि हां, यह स्त्री लगती है उस प्रतिमा जैसी; बस लेकिन जल्दी ही पता चल जाता है कि बहुत फासला है। कभी कोई पुरुष लगता है उस जैसा; फिर जल्दी ही पता चल जाता है कि बहुत फासला है। और तभी दूरियां शुरू हो जाती हैं। पास आते, आते, आते, सब दूर हो जाता है।

स्वर्ग से तो कहानियां हैं देवताओं के उतरने की। तुमने बहुत-सी कहानियां सुनी होंगी कि देवता आते हैं, ऋषि-मुनियों की स्त्रियों को प्रेम कर जाते हैं। बेचारे ऋषि-मुनि, उनको समझा दिया है कि ब्रह्ममुहूर्त में स्नान करने जाओ, सो वे चले ब्रह्ममुहूर्त में स्नान करने और देवी-देवता ब्रह्ममुहूर्त की प्रतीक्षा करते रहते कि जब गए ऋषि-मुनि ब्रह्ममुहूर्त में स्नान करने, तब चंद्रमा, इंद्र इत्यादि-इत्यादि आकर दरवाजा खटखटाते हैं। ऋषि-पत्नी को क्या पता, वह सोचती है ऋषि महाराज लौट आए! और देवता हैं तो वे ऋषि का रूप धरकर लौट आते हैं; जटाजूटधारी बनकर। प्रेम-व्रेम करके नदारद हो जाते हैं। स्वर्ग से तो ऐसी कहानियां हैं पुराणों में कि देवता उतर आते हैं जमीन पर, अप्सराएं उतर आती हैं; मगर नरक से मैंने कोई कहानी नहीं सुनी। कारण साफ है। कारण बहुत मनोवैज्ञानिक है, गहरा है। दुख को आदमी छोड़ना नहीं चाहता, सुख को छोड़ दे। सुख से ऊब जाता है। सुख से धीरे-धीरे मन भर जाता है, ऊब पैदा हो जाती है। लेकिन दुख से मन नहीं भरता, क्योंकि आशा बनी रहती है। सुख में कोई आशा नहीं।

लेकिन चाहे नरक हो और चाहे स्वर्ग, हमारा सदियों का निरीक्षण यह है, मैं इस निरीक्षण से राजी हूं कि प्रत्येक व्यक्ति को मनुष्य के चौराहे पर लौट आना पड़ता है। मनुष्य चौराहा है। वहां से सब तरफ रास्ते जाते हैं—पशु की तरफ, पक्षियों की तरफ, नरकों की तरफ, देवताओं की तरफ। और अंतिम मार्ग भी वहां है—निर्वाण की तरफ, मोक्ष की तरफ—जहां सब खो जाता है; जहां योनि मात्र खो जाती है; जहां न तुम मनुष्य रह जाते, न पशु, न पक्षी, न देवता; जहां तुम केवल निर्विचार, शून्य चेतना मात्र रह जाते हो। वहां से कोई कभी नहीं लौटना चाहता। वहां से लौटने का कोई सवाल नहीं, लौटनेवाला ही नहीं बचता है।

विद्या तो वही है जो तुम्हें निर्वाण दे। विद्या तो वही है...'सा विद्या या विमुक्तये'! वही है विद्या जो तुम्हें मुक्त करे, मोक्ष दे। यह विद्या न रही होगी, तथाकथित ज्ञान रहा होगा। सूचना मात्र रही होगी। शिष्य ने उसका वमन कर दिया। और अभागे देवता, ये उस वमन को भी पचा गए। तीतर बनकर पचा गये! शायद सीधे-सीधे आना अच्छा न लगा होगा, छुपकर आए, आड़ में आए, तीतर बनकर आए। उस कूड़े-कचरे को, वमन किए हुए को, उस दुर्गंधयुक्त को ये फिर से लील गए। और उसी को इकट्ठा करके तैत्तरीय उपनिषद् बना।

तैत्तरीय उपनिषद् मत पढ़ना। अब यह देवताओं का वमन...वमन का वमन होगा। और सब कुछ करना, तैत्तरीय उपनिषद् मत पढ़ना।

मुझसे बहुत बार कहा गया है कि मैं तैत्तरीय उपनिषद् पर क्यों नहीं बोला? यही कहानी मुझे अटका देती है। इससे आगे ही बात नहीं बढ़ती। मैं तो तुम्हें उच्छिष्ट ज्ञान से मुक्त करना चाहता हूं और इसमें उच्छिष्ट ज्ञान का संग्रह है। मगर यह एक ही उपनिषद् की बात होती तो भी ठीक था; तुम्हारे अधिकतर उपनिषद्, तुम्हारे अधिकतर वेद, तुम्हारे कुरान, तुम्हारी बाइबिल, तुम्हारे तालमुद, इसी तरह के उच्छिष्ट ज्ञान से भरे हैं।

यह कहानी किसी हिम्मतवर आदमी ने जोड़ी होगी। रहा होगा कोई उपद्रवी मेरे जैसा, जिसने उपनिषद् के ऊपर यह कहानी लगा दी। और भोंदू पंडित ऐसे हैं कि आज तक किसी ने इस कहानी को ठीक-ठीक समझने की कोशिश भी नहीं की। यह कहानी पर्याप्त है यह बताने को कि कूड़ा-कचरा से बचो।

सब ज्ञान उच्छिष्ट है, अगर तुम्हारे अनुभव से नहीं आए।

'उपनिषद्' शब्द प्यारा है। उपनिषद् का अर्थ होता है : गुरु के पास बैठना, सिर्फ गुरु के पास बैठना। उप+निषद् यानी बैठना। गुरु के पास बैठना जिसने जाना है, उसके पास बैठना। उसकी श्वासों की श्वास बन जाना। उसकी श्वासों के साथ डोलना। उसके हृदय की धड़कन बन जाना। उसकी और तुम्हारी धड़कन के बीच का फासला समाप्त हो जाए, एक साथ हृदय धड़कने लगे। उसकी श्वास भीतर जाये तो तुम्हारी श्वास भीतर जाये। उसकी श्वास बाहर आए तो तुम्हारी श्वास बाहर आए। यह है उपनिषद्, तैत्तरीय उपनिषद् नहीं।

और यूं ही जिन्होंने जाना है, उन्होंने ही केवल जाना है। फिर उसे कोई छीन नहीं सकता, उसे कोई तुमसे वापिस नहीं ले सकता, क्योंकि वह तुम्हारा अपना स्वभाव है, तुम्हारे स्वभाव का आविष्कार है।

स्वस्थ हो जाना उपनिषद् है। वही वेद है। वेद यानी ज्ञान, बोध। वही कुरान है। कुरान यानी तुम्हारे प्राणों का गीत, तुम्हारे प्राणों की गुनगुनाहट। वही बाइबिल। बाइबिल यानी किताबों की किताब। किताब नहीं—सारी किताबों की किताब! सारे रहस्यों का रहस्य। तुम अपने हृदय में संजोए बैठे हो। तीतर वगैरह बनने की जरूरत नहीं। उच्छिष्ट इकट्ठा करने की आवश्यकता नहीं।

जिनस्वरूप, तुमने इस कहानी की याद दिलाकर ठीक किया। यही मेरा पूरा प्रयोग है यहां। तुम्हें मैं उच्छिष्ट कुछ भी नहीं देना चाहता। हालांकि तुम उच्छिष्ट के लिए बहुत आतुर हो, क्योंकि वह सस्ता है, मुफ्त मिल जाता है। तीतर बनना पड़े तो भी कोई हर्जा नहीं, तीतर बन जाएंगे, मुर्गा बन जाएंगे—तुम कुछ भी बन सकते हो, मुफ्त कुछ मिलता हो। लेकिन जहां कुछ चुकाना पड़ता है, जहां जीवन को दांव पर लगाना पड़ता है, वहां तुम्हारे प्राण कंपते हैं। मगर जीवन का जो राज है, वह जीवन को दांव पर लगाए बिना मिलता नहीं है। वह व्यापारियों के लिए नहीं है, वह केवल जुआरियों के लिए है।

मेरे संन्यासी को जुआरी होना सीखना ही पड़ेगा। वह व्यवसायी रहा तो विद्यार्थी रह जाएगा। जुआरी हो जाए तो शिष्य होने का अभूतपूर्व लोक तत्क्षण अपने द्वार खोल देता है।

'बहुरि न ऐसा दांव' प्रवचन 4 से
'मेरा स्वर्णिम भारत' में संकलित ग्यारहवां प्रवचन

।।३।।

श्रद्धा और सत्य का मिथुन

प्यारे ओशो!

ऐतरेय ब्राह्मण में यह सूत्र आता है :

श्रद्धया पत्नी सत्यं यजमानः।

श्रद्धा सत्यं तदित्युत्तमं मिथुनम्।

श्रद्धया सत्येन मिथुने न स्वर्गाल्लोकान् जयतीति।।

अर्थात् (जीवन-यज्ञ में) श्रद्धा पत्नी है और सत्य यजमान।

श्रद्धा और सत्य की उत्तम जोड़ी है।

श्रद्धा और सत्य की जोड़ी से मनुष्य दिव्य लोकों को प्राप्त करता है।

प्यारे ओशो! इस सूत्र का आशय समझाने की अनुकंपा करें।

आनंद मैत्रेय! यह सूत्र अत्यंत अर्थगर्भित है। संदेह से सत्य नहीं पाया जा सकता। संदेह से सत्य अकस्मात् मिल भी जाए, तो भी तुम चूक जाओगे। संदेह की दृष्टि सत्य को भीतर प्रविष्ट ही न होने देगी। सत्य द्वार भी खटखटाएगा तो भी तुम द्वार न खोलोगे। संदेह कहेगा : 'होगा हवा का झोंका।' संदेह, परमात्मा भी सामने खड़ा हो, तो उस पर भी प्रश्नचिह्न लगा देगा। जहां समस्या नहीं होती वहां संदेह समस्या बना लेता है, निर्मित कर लेता है। संदेह की एक ही कुशलता है : समस्या निर्माण करना। समाधान उसके पास नहीं है। और किसी तरह खींचतान कर तुम कोई समाधान बना भी लो तो तुम्हारा संदेह पुनः नयी समस्याएं निर्मित करता जाएगा।

संदेह में समस्याएं ऐसे ही लगती हैं, जैसे वृक्षों में पत्ते लगते हैं। लाख काटो, फिर-फिर लग जाएंगे। वृक्ष पर और पत्ते घने हो जाएंगे।

संदेह का अर्थ होता है कि मैं स्वीकार करने को राजी नहीं हूं; मेरे भीतर स्वीकार-भाव नहीं है; अस्वीकार, इनकार, निषेध! संदेह अर्थात् नकार; नहीं! और जो व्यक्ति नहीं में जीता है वह बंद हो जाता है—द्वार-दरवाजे बंद, खिड़कियां बंद। इतना ही नहीं, छोटे-छोटे रंध्र भी रह गये हों कहीं, छोटी-छोटी संधियां भी रह गयी हों , उनको भी संदेहशील व्यक्ति बंद कर देता है। वह जीते जी कब्र में समा जाता है। वह जीते जी मर जाता है। संदेह मृत्यु है। यूं चलोगे, उठोगे, काम-धाम करोगे, लेकिन एक अदृश्य कब्र तुम्हें घेरे रहेगी; सूरज से न जुड़ने देगी; हवाओं से न जुड़ने देगी; फूलों से न जुड़ने देगी; तारों से न जुड़ने देगी—जुड़ने ही न देगी। संदेह की प्रक्रिया है तुम्हें तोड़ लेने की।

संदेह एक दीवाल है, सेतु नहीं; जोड़ता नहीं, तोड़ता है। जहां संदेह आया, तत्क्षण संबंध विच्छिन्न हो जाता है, टूट जाता है। संदेह के गृह में तो सत्य अतिथि नहीं हो सकता, असंभव है। प्रवेश ही नहीं मिलेगा। संदेह आतिथेय नहीं बन सकता, मेजबान नहीं बन सकता। वह क्षमता तो श्रद्धा की है।

श्रद्धा का अर्थ विश्वास नहीं होता, खयाल रखना। वह पहली बात खयाल रखना, नहीं तो चूक हो जाएगी। विश्वास तो संदेह के विपरीत है और श्रद्धा विश्वास और संदेह दोनों के अतीत है। श्रद्धा बात ही और है। विश्वास तो सिर्फ संदेह को छिपाना है, ढांकना है। जैसे घाव तो है, लेकिन सुंदर वस्त्रों से ढांक लिया है। औरों को दिखाई नहीं पड़ेगा, मगर तुम कैसे भूलोगे? तुम नग्न हो, तुमने वस्त्र ओढ़ लिए; औरों के लिए नग्न न रहे, मगर अपने लिए तो नग्न ही हो। हर व्यक्ति अपने वस्त्रों में नग्न है। कैसे तुम यह बात भुला सकते हो कि तुम वस्त्रों के भीतर नग्न नहीं हो? यह तो असंभव है। हां, औरों के लिए तुम नग्न नहीं हो; क्योंकि तुम्हारे और औरों के बीच वस्त्र आ गए। मगर तुम्हारे स्वयं के लिए तो तुम नग्न ही हो। तुम्हारे लिए तो वस्त्र बाहर हैं। तुम्हारी नग्नता ज्यादा करीब है; वस्त्र नग्नता के बाहर हैं, दूर हैं।

विश्वास वस्त्रों जैसा है। तुम्हारे संदेहों को ढांक लेगा। औरों को लगेगा—तुम बड़े श्रद्धालु!

ये मंदिरों में घंटे बजाते हुए लोग, ये पूजा-पाठ करते हुए लोग, ये मसजिदों में नमाजें पढ़ते हुए लोग, ये गिरजाघरों में, गुरुद्वारों में जय-जयकार करते हुए लोग—ये सब विश्वासी हैं। काश, पृथ्वी पर इतनी श्रद्धा से भरे लोग होते तो ऐसी विक्षिप्त, ऐसी रुग्ण, ऐसी सड़ी-गली मनुष्यता पैदा होती? इतनी श्रद्धा होती तो इतने सत्य के फूल खिलते! अनंत फूल खिलते। फूलों से ही पृथ्वी भर जाती, सुगंध ही सुगंध से भर जाती। पृथ्वी स्वर्ग हो जाती।

लेकिन देखते हो, नमाज पढ़ने आदमी मसजिद जाता है और कहावत तो तुमने सुनी है, उसको चरितार्थ करता है—मुंह में राम, बगल में छुरी। मुरादाबाद की इस ईदगाह में जहा अभी-अभी हिन्दू मुसलिम दंगा हुआ और कोई डेढ़ सौ लोग मारे गए, नमाज पढ़ने लोग गए थे ईदगाह में। छुरे और बंदूकें किसलिए ले गए थे? फिर यह नमाज कैसी जो छुरे-बंदूकों के साथ हो रही हो? यह दंगा-फसाद करने की तैयारी थी। नमाज का क्या मूल्य रह गया? ऊपर के वस्त्र बड़े झीने हैं, भीतर की असलियत बहुत गहरी है। हिन्दू लड़ते हैं, मसजिदें जलाते हैं। मुसलमान लड़ते हैं, मंदिर जलाते हैं, मूर्तियां तोड़ते हैं। कुरान जलती है, गीता जलती है, बाइबिल जलती है। सारी पृथ्वीं तथाकथित धार्मिक लोगों के कारण इतनी पीड़ित है कि आश्चर्य होता है, हम कब जागेंगे, कब पुनर्विचार करेंगे?

मनुष्य के इतिहास में जितना पाप धर्मों के नाम पर हुआ है, किसी और चीज के नाम पर नहीं हुआ। राजनीति भी पिछड़ जाती है; धर्म ने वहां भी बाजी मार ली है।

निश्चित ही ये विश्वासी लोग हैं, लेकिन श्रद्धालु नहीं! श्रद्धालु हिंदू और श्रद्धालु मुसलमान और श्रद्धालु ईसाई और श्रद्धालु जैन में कोई भेद नहीं हो सकता। श्रद्धा का रंग एक, रूप एक, स्वाद एक। श्रद्धा एक ही अमृत है—जिसने पीया, फिर वह कौन है—कोई फर्क नहीं पड़ता। उस एक परमात्मा से जोड़ देती है। उस एक सत्य से जोड़ देती है। विश्वास जोड़ते नहीं, तोड़ते हैं। मैंने कहा संदेह तोड़ता है—और विश्वास भी तोड़ते हैं। इसलिए विश्वास केवल संदेह को छिपानेवाले वस्त्र हैं। विश्वास धोखा है। विश्वास को श्रद्धा मत समझ लेना।

वही भूल हो गयी है। हमने विश्वास को श्रद्धा समझ लिया है। हम हर बच्चे को विश्वास सिखा रहे हैं। बच्चा पैदा नहीं हुआ कि बस धार्मिक संस्कार शुरू हो जाते हैं। धार्मिक संस्कारों को क्या अर्थ है तुम्हारे? यही कि थोपो इस पर विश्वास—बनाओ इसे हिन्दू, बनाओ जैन,

बनाओ बौद्ध। इसे कुछ बनाकर रहो। तुम जो हो वही इसको बनाकर रहो। और कैसा आश्चर्य है, तुमने कभी यह भी न सोचा कि तुम जिंदगीभर हिन्दू थे, जैन थे, बौद्ध थे, तुमने क्या खाक पा लिया है! तुम्हारे हाथों में क्या है? तुम्हारे प्राणों में क्या है? न ही, कोई दीया जलता दिखाई पड़ता! न ही, तुम्हारे जीवन में कोई उत्सव है! कम से कम इस बच्चे को तो न बिगाड़ो, इसे तो सावधान करो। इसे तो कहो कि मैं जिंदगीभर एक विश्वासी की तरह जीया, कुछ भी पाया नहीं। तू विश्वासी की तरह मत जीना। तू श्रद्धा की तलाश कर। हम तो न पा सके। हमने तो जिंदगी गंवायी, मगर तू मत गंवा देना।

मगर उलटा मजा है, मां-बाप थोपते हैं अपने आग्रहों को बच्चों के ऊपर। धार्मिक शिक्षा के लिए बड़ी आतुरता रहती है कि जल्दी से धार्मिक शिक्षा हो जाए। मुसलमान बच्चा पैदा होता है, यहूदी बच्चा पैदा होता है—खतना करो इसका, जल्दी खतना करो! क्योंकि कहीं जवान यह हो जाए और इनकार करने लगे। और जवान होगा तो इनकार करेगा ही, कि अगर परमात्मा को खतना ही करके भेजना था तो उसने खतना कर ही दिया होता। तुम्हारे हाथ में खतना छोड़ा होता? जो भी जरूरी था शरीर के लिए, उसने करके भेजा है। जैसा उसने शरीर बनाया है, इसमें काट-पीट करने का तुम्हें क्या हक है? जवान हो जाएगा तो इनकार करेगा। जल्दी से खतना कर दो, देर न करो। जल्दी से जनेऊ पहना दो, यज्ञोपवीत संस्कार कर दो। क्योंकि बड़ा हो जाएगा तो संदेह उठाने लगेगा, प्रश्न खड़े करने लगेगा। फिर सुलझाना मुश्किल होगा। अभी ठूंस दो। अभी इसको कुछ होश नहीं है। अभी इसके सामने सवाल नहीं है। अभी यह असहाय है, तुम पर निर्भर है। अभी तुम जिलाओ तो जीएगा, तुम मारो तो मर जाएगा। अभी तुम्हारी मुट्ठी में है। कहीं अपने पैरों पर खड़ा हो गया और कहने लगे कि 'क्यों बांधूं यह रस्सी, नहीं बांधता, मुझे इसमें कुछ दिखाई नहीं पड़ता। क्यों तुम्हारे मंदिरों में जाकर सिर झुकाऊं? मुझे पत्थर दिखाई पड़ते हैं।' फिर मुश्किल हो जाएगी।

इसलिए सारे लोग बड़े आतुर होते हैं—जल्दी से धर्म की शिक्षा दो! और धर्म की शिक्षा पर क्या शिक्षा देते हैं? शिक्षा यही कि कुछ अंधविश्वास थोप दो—ऐसे थोप दो कि वे खून में मिल जाएं, मांस-मज्जा में सम्मिलित हो जाएं। बच्चा उनके साथ ही बड़ा हो, उसको याद भी न रहे कि कब किस घड़ी में ये विश्वास उसके भीतर डाल दिए गए। जब वह बड़ा हो, तो पाए कि विश्वासों के साथ ही बड़ा हुआ है। जैसे ये विश्वास लेकर ही आया हो परमात्मा के यहां से।

अगर विश्वास और संदेह में चुनना हो तो मैं कहूंगा: संदेह चुनना। क्योंकि संदेह स्वाभाविक है, विश्वास अस्वाभाविक है। और मेरा यह भी अनुभव है कि अगर कोई व्यक्ति ईमानदारी से संदेह चुने तो आज नहीं कल श्रद्धा को खोजना ही पड़ेगा, क्योंकि संदेह के साथ जीना असंभव है। संदेह यूं है जैसे छाती में तीर चुभा हो। उसे निकालना ही होगा। लेकिन विश्वास मलहम-पट्टी कर देता है। विश्वास खतरनाक है—संदेह से भी ज्यादा खतरनाक है। विश्वास से सावधान। विश्वास, तीर भी चुभा रहता है, मलहम-पट्टी भी कर देता है। क्लोरोफार्म की तरह है विश्वास। तुम सड़ते रहते हो और तुम्हें बेहोश रखता है। तुम्हें भरोसा दिलाए रखता है कि सब ठीक है, कुछ गलत नहीं है, सब ठीक है। इस सब ठीक होने की भ्रांति में, जो गलत है तुम उसके भी आदी हो जाते हो। धीरे-धीरे तुम घावों के भी आदी हो। तुम उन्हें

जीवन का अनिवार्य अंग मान लेते हो।

मैं चाहता हूं: संदेह को चुनना, अगर विश्वास और संदेह में चुनना हो। क्योंकि संदेह कम से कम परमात्मा का दिया हुआ है। और परमात्मा जो भी देता है, तुम जो भी जन्म के साथ लेकर आए हो, उसकी जरूर कोई सार्थकता है। संदेह से सत्य तो कभी नहीं मिलेगा, लेकिन संदेह में कोई जी नहीं सकता। संदेह में फांसी लग जाती है। और फांसी का फंदा कौन नहीं तोड़ना चाहेगा? फांसी का फंदा तोड़ा तुमने और श्रद्धा का आविर्भाव हुआ। संदेह के नीचे दबी है श्रद्धा और तुम संदेह के ऊपर थोप रहे हो विश्वास। खयाल रखना, तुम श्रद्धा से और भी दूर हो गए। एक पर्त तो संदेह की थी, एक चट्टान तो संदेह की थी, तुमने एक चट्टान और रख ली—विश्वास की। अब श्रद्धा और भी दूर हो गयी। अब खुदाई और भी करनी पड़ेगी।

एक बहुत बड़े संगीतज्ञ वेजनर के पास जब भी कोई संगीत सीखने आता था, वह पहली बात यही पूछता था कि तुमने कहीं और तो संगीत नहीं सीखा? अगर सीखा हो तो मेरी फीस दुगनी होगी। अगर बिलकुल नहीं सीखा है कहीं, क ख ग से शुरू करना है, तो फिर कोई बात नहीं। फिर उतनी ही फीस लूंगा जितनी मैं सभी से लेता हूं। फिर दुगनी नहीं होगी। स्वभावतः किसी ने आठ साल, दस साल संगीत का अभ्यास किया था, तो वह कहता, 'आप उलटी बातें कर रहे हैं। हम दस साल मेहनत करके आए हैं, संगीत सीखकर आए हैं। हमसे आपको कम फीस लेनी चाहिए। जो क ख ग से शुरू करेंगे उनसे ज्यादा फीस लेनी चाहिए।

वेजनर कहता कि मेरा अनुभव कुछ और है। मेरा अनुभव यह है कि तुम जो सीखकर आए हो, पहले मुझे वह भुलाना पड़ेगा। तब काम शुरू होगा। काम तो क ख ग से ही शुरू होगा। पहले तुम्हारी स्लेट की सफाई करनी पड़ेगी, फिर लिखावट हो सकेगी।

यह मेरा भी अनुभव है। मैं वेजनर से राजी हूं। वह ठीक कहता था। वह पश्चिम के बहुत बड़े संगीतज्ञों में से एक था। उसने बात पते की कही है, गहरी कही है। मेरा भी यह अनुभव है। जो विश्वासी मेरे पास आ जाते हैं उनके साथ ज्यादा मेहनत करनी पड़ती है। जो संदेहशील व्यक्ति आते हैं उनके साथ उतनी मेहनत नहीं करनी पड़ती, क्योंकि उनके पास एक ही चट्टान है जिसको तोड़ना है। विश्वासी के पास दोहरी चट्टानें हैं। पहले उसका विश्वास तोड़ो और विश्वास से वह चिपटता है, क्योंकि विश्वास में सांत्वना है। संदेह में तो कोई सांत्वना है ही नहीं। प्रत्येक व्यक्ति संदेह से मुक्त होना चाहता है। संदेह स्वाभाविक है, संदेह से मुक्त होने की आकांक्षा स्वाभाविक है। विश्वास अस्वाभाविक है, आरोपित है। और इसलिए विश्वास से मुक्त होने की कोई आकांक्षा भी नहीं है। क्योंकि कभी परमात्मा ने सोचा भी नहीं था कि तुम विश्वास में पड़ जाओगे। विश्वास पंडितों की, पुरोहितों की ईजाद है, बेईमानों की ईजाद है, शोषकों की ईजाद है, जो तुम्हारा लहू चूस रहे हैं उनकी ईजाद है।

विश्वास झूठा सिक्का है; श्रद्धा के नाम से चलता है, लेकिन झूठा सिक्का है। विश्वास का अर्थ होता है: उधार, बासा। और सत्य कभी बासा हो सकता है, उधार हो सकता है? विश्वास तो ऐसे है जैसे कभी-कभी किताबों में दबे हुए गुलाब के फूल मिल जाते हैं—सूखे मुर्दा। न उनमें गुलाब की गंध होती है, न रंग होता है। विश्वास ऐसा है—किताबों में दबा हुआ फूल। और श्रद्धा ऐसी है—अभी झाड़ी पर खिला हुआ फूल। अभी रसधार बह रही है उसमें।

अभी जीवंत है। अभी प्राण हैं उसमें। अभी सूरज की किरणें प्रवेश करती हैं। अभी हवाएं उसे दुलराती हैं। अभी वह सांस लेता है। अभी उसके हृदय में धड़कन है। अभी परमात्मा उसके भीतर विराजमान है।

श्रद्धा और विश्वास में वैसा ही फर्क है जैसे कागजी फूलों में और असली फूलों में; झूठे सिक्कों में और असली सिक्कों में। विश्वास में मत पड़ जाना। इसलिए मैं चाहता हूं : सौभाग्य का दिन होगा वह, जिस दिन हम अपने बच्चों को विश्वास देना बंद कर देंगे। हमें वस्तुतः अपने बच्चों को संदेह पर धार रखना सिखाना चाहिए। संदेह की तलवार पर धार रखो। संदेह का उपयोग करो, ताकि कोई विश्वास तुम्हें पकड़ न सके। संदेह को सजग रखो, ताकि किसी विश्वास के जाल में तुम उलझ न जाओ।

और संदेह की एक खूबी है। खूबी यह है कि संदेह तुम्हें बेचैनी में रखेगा, अशांत रखेगा, परेशान रखेगा। उसमें कोई सांत्वना नहीं है। उसमें कोई सुरक्षा नहीं है। कांटे ही कांटे पर जैसे कोई सोया हो, करवट भी नहीं बदल सकते।

विश्वास तो बड़ी सुखद शैया दे देता है। जी भरकर सोओ। घोड़े बेचकर सोओ। जागने का कोई सवाल ही नहीं है। विश्वास मूर्च्छित करता है। संदेह सजग रखता है। लेकिन संदेह से सत्य नहीं मिलता, पर संदेह से एक काम होता है, वह काम है कि संदेह तुम्हें अपने से मुक्त करने के लिए सदा उत्प्रेरित करता है। संदेह कहता है कि मेरे पार जाओ। संदेह के पार जाना ही होगा।

तुम जरा सोचो तो, तुम मानकर बैठ गए हो कि आत्मा अमर है; जाना नहीं। यह तुम्हारा मानना है कि आत्मा अमर है। बस आत्मा को अमर मान लिया तो अब आत्मा का अनुभव करने की क्या जरूरत रही! मान लिया सो बात खत्म हो गयी। जब मान ही लिया तो अब खोजना क्या है? हटा दो इस विश्वास को और तब प्राणों में एक तड़फ उठेगी, एक बेचैनी, एक तूफान, एक आंधी, एक झंझावात। सब कंप जाएगा। मौत द्वार पर दस्तक दे रही है, हर पल आ सकती है, कभी भी आ सकती है। और आत्मा है भी या नहीं, यह भी पता नहीं, अमरता की तो बात दूर। मौत के बाद होगी या नहीं, यह तो सवाल नहीं; अभी भी है या नहीं, यह भी संदिग्ध है। कैसे तुम बैठे रहोगे इस अंगारे पर। इस ज्वालामुखी पर, धधकते ज्वालामुखी पर ज्यादा देर नहीं बैठ सकोगे। यह संदेह तुम्हें अन्वेषण में ले जाएगा। यह संदेह ही तुम्हें खोज में गतिमान करेगा। और उसी खोज का अंतिम फल श्रद्धा है।

श्रद्धा है जानना, मानना नहीं। श्रद्धा है अनुभव। श्रद्धा है ध्यान, ज्ञान नहीं। ज्ञान विश्वास पैदा कर देता है। संदेह है अज्ञान। विश्वास है ज्ञान—उधार, बासा, शास्त्रीय, तोतारटंत। और श्रद्धा है स्वानुभव, साक्षात्कार, सत्य के साथ मिलन।

संदेह से श्रद्धा को खोजो। श्रद्धा तुम्हें सत्य से मिला देगी। यह सम्यक सूत्र है। संदेह को सीढ़ी बनाओ—श्रद्धा के मंदिर तक पहुंचने के लिए। तलवार की धार पर चलना है। मगर कोई और उपाय नहीं है, कोई और सस्ता मार्ग नहीं है। चलना ही होगा तलवार की धार पर। यूं ही निखार आता है। यूं ही जीवन में गत्यात्मकता आती है, प्रवाह आता है। यूं ही जीवन में ऊर्जा का आविर्भाव होता है। चुनौतियों में ही तो तुम जागते हो। संदेह चुनौतियां देता है।

संदेह का उपयोग करना सीखो। संदेह को दबाओ मत। मैं चाहता हूं कि तुम संदेह से जरूर

मुक्त होओ, लेकिन दबाकर कोई कभी मुक्त नहीं हुआ है। जिसको तुम दबा लोगे, उसे बार-बार दबाना पड़ेगा। उससे कभी मुक्ति नहीं होगी। वह भीतर बैठा रहेगा, वह भीतर पड़ा रहेगा। लाख दबाओ, फिर अवसर पाकर निकल आएगा। जैसे कोई बीज को जमीन में दबा दे, वर्षा आएगी, फिर अंकुरण हो जाएगा। लाख दबाए चले जाओ, फिर-फिर अंकुर आएंगे। फिर-फिर अवसर आएंगे। संदेह फिर खड़ा हो जाएगा।

संदेह दबाया नहीं जा सकता। हां, संदेह मिटाया जा सकता है। और मिटाने का उपाय है: संदेह को जीओ। संदेह को उसकी समग्रता से जीओ। डरना क्या है? भय क्या है? संदेह की सीढ़ी से पूरी तरह चलो। और तुम चकित होओगे यह जानकर कि संदेह श्रद्धा तक ले आता है। लोगों ने तुमसे उलटी बात कही है। तुम्हें अब तक यही समझाया गया है कि संदेह से तुम कभी श्रद्धा तक नहीं पहुंचोगे। यह बात गलत है। मैं पहुंचा हूं संदेह से ही श्रद्धा तक। इसलिए अपने अनुभव से कहता हूं कि यह बात बुनियादी रूप से गलत है। संदेह के अतिरिक्त कोई कभी श्रद्धा तक नहीं पहुंचा है। हां, यह जरूर सच है कि संदेह से कोई सत्य तक नहीं पहुंचता है। संदेह श्रद्धा तक ले आता है, बस। और जो श्रद्धा पर आ गया उसकी भूमिका तैयार है। सत्य तक जाना ही नहीं होता, सत्य खुद आता है। तुम्हारा काम है संदेह से श्रद्धा तक आ जाओ, फिर प्रतीक्षा करो। फिर धैर्यपूर्वक प्रतीक्षा करो। सत्य खुद आएगा।

कबीर ने कहा है: मैं खोज-खोज थक गया परमात्मा को, नहीं मिला, नहीं मिला। परमात्मा तुम्हारी खोज से नहीं मिलता। तुम खोजोगे भी कहां? किस दिशा में? काबा में कि काशी में कि कैलाश में, कहां खोजोगे? उसका कोई पता भी तो नहीं, उसका कोई ठिकाना भी तो नहीं। नाम-धाम भी तो नहीं। जाओगे कहां? कहां खोजोगे, क्या करोगे? शास्त्रों में भटकोगे और शास्त्रों में भटकना बीहड़ जंगलों में भटकना है, जहां भटक गए तो निकलना मुश्किल हो जाता है। गीता में खोजोगे, कुरान में खोजोगे, बाइबिल में खोजोगे और भटक जाओगे, अटक जाओगे। सत्य को खोजा नहीं जा सकता।

कबीर ठीक कहते हैं कि मैंने बहुत खोजा, नहीं पाया। मगर खोजते-खोजते एक बात घट गयी: मैं खो गया। उसे तो नहीं पाया, लेकिन मैं खो गया। और जिस दिन मैं खो गया, एक अपूर्व घटना घटी। उसी दिन से परमात्मा मेरे पीछे लगा फिरता है। हरि लागे पाछे फिरत कहत कबीर कबीर! हरि लागे पाछे फिरत...पीछे-पीछे हरि घूमते हैं मेरे और कहते हैं—कबीर, कबीर, कहां जाते! अरे सुनो भी, रुको भी! अब मुझे कुछ पड़ी नहीं—कबीर कहते हैं। अब मैं जानता हूं कि मैं मिट गया। भूमिका तैयार हो गयी।

जिस दिन संदेह मिटता है उस दिन मैं भी मिट जाता है। संदेह और मैं का संग-साथ है। श्रद्धा और मैं का कोई संग-साथ नहीं है। संदेह है अहंकार, श्रद्धा है निरअहंकारिता। जहां श्रद्धा आयी, भूमिका बन गयी। फिर परमात्मा स्वयं आता है, सत्य स्वयं आता है।

इसलिए यह ऐतरेय ब्राह्मण का सूत्र बड़ा प्यारा है: श्रद्धा पत्नी सत्यं यजमानः। श्रद्धा को स्त्री कहा। ठीक ही कहा। ये काव्यात्मक प्रतीक हैं। सत्य तो है पुरुष, श्रद्धा है स्त्री। इसलिए सत्य को यजमान कहा, अतिथि कहा। और मेजबान तो कोई स्त्री ही हो सकती है; पुरुष की वह क्षमता नहीं, क्योंकि पुरुष की वह प्रेम की पात्रता नहीं। श्रद्धा है प्रेम की पराकाष्ठा। श्रद्धा स्त्रैण है। इसलिए

जब कभी पुरुष में भी घटती है तो उसके व्यक्तित्व में भी स्त्रैण कोमलता आ जाती है।

तुम देखते हो, बुद्ध, महावीर, जैनों के चौबीस तीर्थंकर, राम, कृष्ण, इनमें से किसी की हमने दाढ़ी-मूंछ नहीं बनायी है। तुमने कोई प्रतिमा देखी जिसमें राम और कृष्ण की दाढ़ी-मूंछ हों? या बुद्ध की, या महावीर की? और क्या तुम सोचते हो, सब मुखन्नस थे, कि किसी को दाढ़ी-मूंछ थी ही नहीं? एकाध हो भी सकता है कि मुखन्नस हो, मगर चौबीस के चौबीस जैनों के तीर्थंकर... बुद्ध भी, राम भी, कृष्ण भी, सारे अवतार! इनकी दाढ़ी-मूंछ क्या हुई? और यूं भी नहीं कि सबके बचपन की तसवीरें हैं ये। बुद्ध बयासी वर्ष जीए, महावीर अस्सी वर्ष जीए। अस्सी वर्ष तक कम से कम दाढ़ी-मूंछ तो निकल ही आयी होगी। मगर क्या हुआ? हुआ यह कि हमने दाढ़ी-मूंछ अंकित नहीं की। हम इतिहास का उतना भरोसा नहीं करते। इतिहास दो कौड़ी की चीज है। हम समय का भरोसा नहीं करते, इतिहास का क्या भरोसा करें? हम कालातीत पर दृष्टि रखते हैं। हम, इतिहास से भी बड़ा कुछ सत्य है, उस पर हमारी नजर है। इतिहास में तथ्य होते हैं, सत्य नहीं होते। सत्य तो बड़ी और बात है। सत्य तो काव्य में होता है।

ये काव्यात्मक प्रतिमाएं हैं। यह दाढ़ी-मूंछ हमने हटा दी। दाढ़ी-मूंछ तो रही, निश्चित रही, इसमें कोई शक-शुबहा का कारण नहीं है। लेकिन हमने मूर्तियों से हटा दी। हटा दी इसलिए कि जब ये व्यक्ति परम श्रद्धा को उपलब्ध हुए तो इनके व्यक्तित्व में एक तरह की स्त्रैणता आ गयी। उस स्त्रैणता को कैसे हम सांकेतिक करें, किस तरह संकेत दें? पत्थर की प्रतिमा में कैसे लिखें इस बात को कि इनके व्यक्तित्व में स्त्रैण कोमलता आ गयी थी, श्रद्धा पराकाष्ठा को पहुंच गयी थी? दाढ़ी-मूंछ हटाकर हमने वह काम किया है।

फ्रेड्रिक नीत्शे ने अपनी बहुत-सी महत्त्वपूर्ण बातों में एक बात यह भी कही है... हालांकि उसने तो आलोचना के लिए कही है, खंडन के लिए कही है। वह कोई धार्मिक व्यक्ति नहीं था, नास्तिक था। उसने ही यह प्रसिद्ध सूत्र दिया है इस सदी को कि ईश्वर मर चुका है। यद्यपि उसने आलोचना में यह बात कही है, लेकिन मैं मानता हूं, इसमें थोड़ी सच्चाई है। मैं तो प्रशंसा में मानता हूं इस बात को। मेरी व्याख्या और है। उसने कहा है कि बुद्ध और जीसस स्त्रैण हैं और उन्होंने सारी मनुष्यता को स्त्रैण कर दिया। उसने तो निंदा के लिए कहा है। वह तो उसी तरह कहा है, जैसे तुम किसी को कह देते हो—नामर्द, स्त्रैण। तुम तो निंदा के लिए, किसी को गाली देना चाहते हो, तब यह कहते हो। ऐसा ही उसने कहा है, क्योंकि उसके लिए पुरुष की जो पौरुषता है, जो कठोरता है, उसके प्रति बड़ा समादर है।

उसने लिखा है : मैंने अपने जीवन में जो सबसे सुंदरतम अनुभव किया है, जो सबसे सुंदर मैंने दृश्य देखा है, वह सूर्योदय का नहीं है, सूर्यास्त का नहीं है, चांद-तारों का नहीं है, किसी सुंदर स्त्री का नहीं है, गुलाब के फूलों का नहीं है, कमल के फूलों का नहीं है—वह सुंदर दृश्य क्या है? वह सुंदर दृश्य है—उसने कहा—एक सुबह सैनिकों की एक टुकड़ी अपनी चमकती हुई संगीनें लेकर कवायद कर रही थी। सूरज की धूप में संगीनों की चमक, जूतों की खटाखट आवाज, लयबद्ध, सैनिकों का वह प्रखर रूप! वह मेरे मन को भा गया है। उससे ज्यादा सुंदर दृश्य मैंने कभी दूसरा नहीं देखा है।

अब किसी आदमी के लिए यह सौंदर्य है—संगीनों की धूप में चमक, सिपाहियों के बूटों

की खनक, सिपाहियों के अकड़े हुए शरीर और उनकी कवायद में जिसको संगीत सुनाई पड़ रहा है, वीणा में नहीं, सितार में नहीं, पिआनो में नहीं, बांसुरी में नहीं—जूतों की आवाज में जिसे संगीत सुनाई पड़ रहा है, लयबद्धता जिसे पहली बार अनुभव हुई है—उस आदमी के लिए जीसस और बुद्ध को स्त्रैण कहने का मतलब साफ है। वह यह कह रहा है कि इन्होंने मनुष्य को बरबाद ,कर दिया। इन्होंने पुरुष-जाति को नपुंसक कर दिया। इन्होंने प्रेम की शिक्षा दे-देकर—अहिंसा, प्रेम, क्षमा, अक्रोध, अपरिग्रह—आदमी को मार ही डाला। उसकी सारी जीवन-ऊर्जा नष्ट कर दी। उसका सारा अभियान खंडित कर दिया।

नीत्शे तो यह निंदा के लिए कह रहा है, लेकिन मैं इसमें सत्य का एक कण पाता हूं। वह कण यह है कि जरूर जीसस और बुद्ध के व्यक्तित्व में एक स्त्रैणता है, एक नाजुकता है, फूलों जैसी नाजुकता। वह अपरिहार्य है। जब श्रद्धा पूर्ण होती है तो पुरुष मिट जाता है, क्योंकि पौरुषता मिट जाती है, कठोरता मिट जाती है, आक्रामक भाव चला जाता है। ग्राहक भाव पैदा होता है, ग्रहणशीलता पैदा होती है। स्त्रैण भी एक प्रतीक है।

तुमने खयाल किया, कोई स्त्री किसी पुरुष के पीछे नहीं भागती। और अगर भागे तो पुरुष फिर बिलकुल ही भाग खड़ा होगा। उस स्त्री से कोई भी पुरुष बचेगा, जो उसका पीछा करे। स्त्री कभी किसी पुरुष से प्रेम का निवेदन भी नहीं करती। पूरी मनुष्य-जाति के इतिहास में किसी स्त्री ने कभी किसी पुरुष से प्रेम-निवेदन नहीं किया। ऐसा नहीं कि स्त्री को प्रेम अनुभव नहीं होता; पुरुष से ज्यादा अनुभव होता है। पुरुष का अनुभव प्रेम का बहुत छोटा है, आंशिक है। स्त्री का अनुभव प्रेम का बहुत बड़ा है और बहुत समग्र है। मगर निवेदन नहीं करती, क्योंकि निवेदन में थोड़ा आक्रमण है। 'मैं तुमसे प्रेम करता हूं'—यह बात कहना भी आक्रमण है। यह एक तरह का आरोपण है। यह एक तरह की जबरदस्ती है। यह काम पुरुष ही कर सकता है। यह पुरुष को ही करना पड़ता है। यह निवेदन पुरुष को ही करना पड़ता है।

इसलिए हर स्त्री अपने पति को कहती सुनी जाती है कि 'कोई मैं तुम्हारे पीछे नहीं पड़ी थी, तुम ही मेरे पीछे पड़े थे। तुम्हीं लिखते थे प्रेम-पत्र।' वह सम्हालकर रखती है प्रेम-पत्र, वक्त आने पर दिखा देती है कि ये देख लो, क्या-क्या तुमने लिखा था। और तुम ही मेरे बाप के चरण छूते थे आ-आकर। और तुमने ही चाहा था, कोई मैं तुम्हारे पीछे नहीं पड़ी थी।

ऐसे मुल्ला नसरुद्दीन से उसकी पत्नी एक सुबह-ही-सुबह कह रही थी। बस चाय की टेबल पर शुरू हो जाती है कथा। चाय क्या है—श्रीगणेशाय नमः ! बस फिर कथा शुरू। वहीं से झगड़ा शुरू हो गया। और मुल्ला के मुंह से निकल गया कि तूने मेरी जिंदगी बर्बाद कर दी। बस स्त्री तुनक गयी। उसने कहा कि मैं तुम्हारे पीछे नहीं पड़ी थी। मैं तुम्हारे घर नहीं आयी थी। मैंने तुम्हारे बाप की खुशामद नहीं की थी। तुम्हीं मेरे बाप के पास आए थे। तुम्हीं हाथ जोड़े फिरते थे। तुम्हीं चिट्ठियां लिखते थे। तुम्हीं संदेश भेजते थे। तुम्हीं रास्ते में खड़े होकर सीटियां बजाते थे। किसने गाए थे वे गीत मेरी खिड़की के पास?

मुल्ला ने कहा, 'ठीक है। मैं भी स्वीकार करता हूं कि यह बात सच है। मगर यह उसी तरह सच है जैसे कि चूहे को पकड़ने के लिए चूहेदानी तो बैठी रहती है, कोई चूहों के पीछे नहीं दौड़ती। चूहे खुद ही मूरख उसमें फंस जाते हैं। मैं ही फंसा, यह सच है।'

मगर चूहेदानी बैठी रहती है, रस्ता देखती रहती है कि आओ। इंतजाम सब कर देती है चूहादानी। रोटी के टुकड़े पड़े हैं, मक्खन पड़ा है, चीज़ पड़ा है, मिठाई रखी है। सब इंतजाम है। आओ। और तुमने देखा, चूहेदानी की एक खूबी होती है, उसमें भीतर आने का उपाय होता है, बाहर जाने का उपाय नहीं होता है। आ गए कि आ गए। आए तो आए ही क्यों? अब वह जो भीतर आ गया, इस खयाल में था कि बाहर जाने का रास्ता भी होगा। बाहर जाने का रास्ता ही नहीं होता।

मजाक एक तरफ, लेकिन पुरुष आक्रामक होता है, वह हमला करता है। प्रेम भी करे तो भी उस प्रेम में उसकी आक्रामकता होती है। यह पुरुष का स्वभाव है। इसमें कुछ कसूर नहीं है। स्त्री अनाक्रामक होती है, ग्रहणशील होती है, स्वागत करती है, अंगीकार करती है। लेकिन उसका बुलावा भी आवाज में नहीं दिया जाता है—चुपचाप, मौन में, इशारों में। सच तो यह है कि वह नहीं-नहीं ही कहे चली जाती है।

सारी दुनिया के प्रेमियों का अनुभव है कि स्त्री के 'नहीं' पर भरोसा मत करना। उसकी 'नहीं' में 'हां' छिपी होती है। जरा गौर से खोदना, कुरेदना। तुम उसकी 'नहीं' में 'हां' पाओगे।

सेठ चंदूलाल मारवाड़ी एक स्त्री के प्रेम में थे। एक दिन बहुत उदास बैठे थे। मुल्ला नसरुद्दीन, उनके मित्र ने पूछा, 'क्या हो गया, इतने क्यों विषाद में पड़े हो? क्या लुट गया...!'

चंदूलाल ने कहा कि मैं जिस स्त्री के प्रति आशा लगाए बैठा था, वह सब खंडित हो गयी।

मुल्ला ने कहा, 'अरे इतनी जल्दी निर्णय न लो। स्त्री लाख नहीं कहे, उसका मतलब हां होता है। तुम घबड़ाओ मत। तुम तो पूछे ही चले जाओ, कहे ही चले जाओ।'

चंदूलाल ने कहा, 'नहीं कहती तो ठीक था। उसने 'नहीं' नहीं कहा।'

तो मुल्ला नसरुद्दीन ने कहा, 'उसने ऐसा क्या कह दिया फिर? या तो नहीं कहेगी या हां कहेगी।'

'अरे'—उसने कहा—'न उसने नहीं कहा, न हां कहा। कहने लगी अरे मर्दुए, जाकर अपनी शक्ल आईने में देख! अब इसमें से मैं क्या समझूं? तुम तो कहते हो नहीं कहे तो हां समझो, नहीं कहती तो मैं भी हां समझता। हां कहती तो भी हां समझता। लेकिन न नहीं कहा न हां कहा। कहने लगी कि जा और अपनी शक्ल आईने में देख। अब इसमें से मैं क्या समझूं? नहीं कहती तब तो कुछ बात थी, तो उसमें से हां निकाल लेते।'

स्त्री नहीं कहती है तो वह भी स्वीकार है। अनाक्रामकता इतनी होती है कि वह हां भी भरे तो भी अशोभन मालूम होता है। उसकी लाज, उसकी लज्जा, उसका संकोच हां भी नहीं भरने देता। वह भी थोड़ा अभद्र मालूम होता है। वह नहीं ही कहती है, लेकिन इशारों से हां कहती है। स्वीकार है उसे। तुम उसके चेहरे पर, उसकी भावभंगिमा में पढ़ सकते हो कि हां। लेकिन ओठों से नहीं कहेगी। हां कहना भी थोड़ा-सा आक्रामक है, जल्दी है।

सत्य के प्रति व्यक्ति को स्त्रैण होना होता है—ग्राहक, ग्रहणशील। द्वार खुले हैं। बंदनवार लगा है। स्वागतम् लिखा है। हार्दिक स्वागतम् लिखा है। हार्दिक स्वागतम् है। सत्य आए तो प्राणों में ले लेने की तैयारी है। न आए तो प्रतीक्षा की तैयारी है। धैर्य होता है, प्रतीक्षा होती है। और एक मौन निमंत्रण होता है।

इसलिए ठीक कहा ऐतरेय ब्राह्मण ने कि *श्रद्धया पत्नी, सत्यं यजमानः।* जीवन-यज्ञ में श्रद्धा पत्नी है और सत्य यजमान।

और यह जीवन यज्ञ है। यह पूरा जीवन यज्ञ है। यह आग जलाकर और घी फेंकना और गेहूं फेंकना और चावल फेंकना, यह पागलपन है। यह जीवन-यज्ञ की जगह थोथे यज्ञ पैदा करना है। यह पूरा जीवन ही यज्ञ है। इसमें अगर कुछ आग में डालना है तो अहंकार डालना है। और अहंकार तुमने डाला कि तुम्हारे जीवन में तत्क्षण श्रद्धा पैदा हुई। तुम गए कि फिर संदेह करनेवाला ही न बचा, तो संदेह कैसे बचेगा? जड़ से ही बात कट गयी। न रहा बांस, न बजेगी बांसुरी। श्रद्धा को मैंने कहा : प्रेम की पराकाष्ठा। उस पराकाष्ठा पर व्यक्तित्व चाहे पुरुष का हो चाहे स्त्री का, स्त्रैण हो जाता है। एक नाजुकता आ जाती है, एक कोमलता आ जाती है—फूलों की कोमलता, तितलियों के पंखों की कोमलता, इंद्रधनुषों की कोमलता।

और सत्य है पुरुष। इसलिए पुराना प्रतीक है कि सिवाय परमात्मा के और कोई पुरुष नहीं।

मीरा के जीवन में यह कथा है कि मीरा मथुरा गयी, वृंदावन गयी। कृष्ण के प्रेम में दीवानी थी। सो जहां कृष्ण के चरण पड़े थे, जहां कृष्ण की बांसुरी बजी थी, जिन बंसीवटों में, जिस यमुना-तट पर, वह सब उसके लिए तीर्थ था, महातीर्थ था। उन-उन जगहों पर जाना चाहती थी, वहां की मिट्टी भी पवित्र हो गयी थी। वहां की मिट्टी सोना थी उसके लिए। लेकिन वृंदावन में एक मंदिर था कृष्ण का, बड़ा मंदिर, जिसका पुजारी स्त्रियों को नहीं देखता था।

यह पागलपन कुछ स्वामी नारायण संप्रदाय में ही नहीं है! यह पागलपन बड़ा पुराना है। स्वामी नारायण संप्रदाय के जो महंत हैं, प्रमुखजी महाराज, वे स्त्री को नहीं देखते। हवाई जहाज में भी यात्रा करते हैं तो उनकी सीट के चारों तरफ परदा बांध दिया जाता है—बुर्के के भीतर। वे अकेले ही आदमी हैं जमीन पर, जो बुर्के में चलते हैं। क्या मजा है! हाथी पर जुलूस निकलता है, मगर छाता ऐसा उनके ऊपर लगाया जाता है कि उनकी आंखें छाते की छाया में रहें, कोई स्त्री दिखाई न पड़ जाए। स्त्री से ऐसा भय है, ऐसी घबड़ाहट!

ऐसा ही वह पुजारी रहा होगा। या यही प्रमुखजी महाराज पिछले जन्म में रहे हों, क्योंकि ऐसे लोग तो भटकते रहते हैं। ऐसे लोगों की मुक्ति का तो कोई उपाय है नहीं। ये तो यहीं-यहीं चक्कर मारते हैं। ये जाएंगे भी कहां! जो स्त्री से बचेगा, स्त्री की कोख से फिर पैदा होगा, क्योंकि उसके चौबीस घंटे स्त्री ही खोपड़ी में समायी रहेगी। इधर मरा नहीं कि उसने स्त्री खोजी नहीं, कि गया स्त्री के गर्भ में, फिर गिरा गर्त में!

मीरा जब उस मंदिर पर पहुंची तो मीरा के आने की खबर तो पहुंच गयी थी, उसके गीतों की, उसकी वीणा की लहर तो पहुंच गयी थी। पुजारी सावधान था। तीस साल से उस मंदिर में कोई स्त्री प्रवेश नहीं कर सकी थी। उसने द्वार पर पहरेदार लगा रखे थे कि देखो, मीरा को भीतर मत घुसने देना। मगर मीरा जब आयी और द्वार पर नाचने लगी तो पहरेदार उसके नाच में खो गये। कौन नहीं खो जाएगा? मीरा नाचे! 'पद घुंघरू बांध मीरा नाची रे!' कौन मीरा के नृत्य में न खो जाएगा! 'मैं तो प्रेम दीवानी!' वह किसको दीवाना न कर देगी! वह स्वयं तो दीवानी थी ही, लेकिन उसके आसपास भी दीवानेपन का एक माहौल चलता था। वह खुद तो मस्त थी, मस्ती लुटाती भी थी। वे भी झूमने लगे। पहरेदार भी झूमने लगे। भूल ही गये कि इसको रोकना है।

पहले तो वह वहीं गीत गाती रही द्वार पर मस्त होकर, तो अभी सवाल ही न उठा था रोकने का। और जब वे बिलकुल डूब गये, मस्त हो गये और डोलने लगे, तो मीरा नाचती हुई मंदिर में प्रवेश कर गयी। रोकें—रोकें कि वह तो भीतर थी।

मीरा तो बिजली की चमक थी। कहां पकड़ पाओगे? जब तक उन्हें होश आया तब तक बात ही खतम हो चुकी थी, वह तो भीतर पहुंच गयी थी। और पुजारी प्रार्थना कर रहा था, आरती उतार रहा था। उसने स्त्री को देखा। उसके हाथ से आरती छूटकर गिर पड़ी। यह तीस साल की पूजा और तीस साल की आरती! और कृष्ण के सामने होते हुए मीरा दिखाई पड़ गयी और कृष्ण दिखाई क्या खाक पड़े होंगे इसको तीस साल में! यह नाहक ही मेहनत कर रहा था, नाहक कवायद कर रहा था। थाली गिर गयी, थाल गिर गया। और क्रोधित हो उठा। और कहा कि 'ऐ स्त्री, क्या तुझे द्वारपालों ने नहीं रोका? क्या तुझे मालूम नहीं है? सारी दुनिया जानती है, वृंदावन का बच्चा-बच्चा जानता है कि इस मंदिर में स्त्री का प्रवेश निषिद्ध है। द्वार पर बड़े-बड़े अक्षरों में लिखा है कि स्त्री-प्रवेश निषिद्ध है। तूने प्रवेश कैसे किया? मैं स्त्री को नहीं देखता हूं। तूने मेरी तीस साल की तपश्चर्या नष्ट कर दी।'

मीरा ने चुपचाप सुना और कहा कि मैं तो सोचती थी कि तुम कृष्ण के भक्त हो, लेकिन मैं गलती में थी। क्योंकि कृष्ण का भक्त तो मानता है एक ही पुरुष है—वह परमात्मा, वह कृष्ण। बाकी तो हम सब गोपियां हैं। तो तुम सोचते हो दुनिया में दो पुरुष हैं—एक कृष्ण और एक तुम? और क्या खाक तुम पुरुष हो। कृष्ण तो स्त्रियों से नहीं डरे। स्त्रियां नाचती रहीं उनके चारों तरफ। राधा की कमर में हाथ डालकर वे बांसुरी बजाते रहे। उनके तुम भक्त हो, जरा मूर्ति तो देखो! वहां भी राधा खड़ी थी मूर्ति में कृष्ण के बगल में ही। बांसुरी बज रही है, राधा नाच रही है। कृष्ण के तुम भक्त हो और स्त्रियों से ऐसा भय! यह क्या खाक भक्ति हुई? चलो, अच्छा हुआ मैं आ गयी। यह तो पता चल गया कि दुनिया में दो पुरुष हैं—एक परमात्मा और एक तुम।

बड़ी चोट पहुंची पुजारी को। गिर पड़ा पैरों पर। माफी मांगी कि मुझे क्षमा कर दो। यह तो मुझे खयाल ही न रहा कि पुरुष तो एक ही है।

भक्ति के शास्त्र का यह सारसूत्र है कि परमात्मा पुरुष है। वह आएगा। हम सिर्फ द्वार खोलकर प्रतीक्षा करें। वह मेहमान होगा। हम मेजबान बनें। हम आतिथ्य के लिए तैयार हो जाएं। अतिथि जरूर आएगा। कभी ऐसा नहीं हुआ कि न आया हो। जब भी किसी का हृदय आतिथ्य के लिए तैयार हुआ है, वह जरूर आया है।

तो जैसा मैंने कहा, श्रद्धा प्रेम की पराकाष्ठा है, स्त्रैणता की पराकाष्ठा है—वैसे ही सत्य ध्यान की पराकाष्ठा है। श्रद्धा प्रेम की पराकाष्ठा है और सत्य ध्यान की पराकाष्ठा है। तुम श्रद्धा पैदा कर लो और तुम्हारे जीवन में तत्क्षण सत्य उतर आएगा, ध्यान उतर आएगा, समाधि उतर आएगी।

यह सूत्र भक्ति का है। इस सूत्र में सारी भक्ति का शास्त्र समा गया।

'श्रद्धा और सत्य की उत्तम जोड़ी है।' इससे उत्तम जोड़ी तो कुछ हो भी नहीं सकती। संस्कृत का सूत्र तो और भी अद्‌भुत है। हिंदी में अनुवाद में कुछ खो गया। जिसने अनुवाद किया होगा

हिंदी में, भय के कारण कुछ बात छोड़ गया। संस्कृत का सूत्र है—*'श्रद्धा सत्यं तदित्युत्तमं मिथुनम्।'* यह सिर्फ जोड़ी की ही बात नहीं है; इन दोनों के बीच जो संभोग होता है, जो मिथुन होता है, उसको छोड़ दिया है हिंदी सूत्र में। अकसर मैंने देखा है कि संस्कृत के बहुमूल्य सूत्र हिंदी में अनुवादित होते-होते खराब हो जाते हैं क्योंकि हिंदी अब कमजोरों की भाषा है। संस्कृत बलशाली लोगों की भाषा थी। उन्होंने हिम्मत से सत्य कहे थे—जैसे के वैसे कहे थे। उन्हें कुछ कहने में कठिनाई न थी, कि इन दोनों के संभोग से...। मिथुन का अर्थ: संभोग। इन दोनों का संभोग, परम संभोग है क्योंकि वही समाधि है। जहां श्रद्धा और सत्य का संभोग होता है, उस संभोग से ही मोक्ष का जन्म होता है, कैवल्य का जन्म होता है, निर्वाण का जन्म होता है।

लेकिन हिंदी में सूत्र जरा साधारण हो गया—'श्रद्धा और सत्य की उत्तम जोड़ी है।' जोड़ी में वह मजा न रहा। जोड़ी में बात खो गयी। जोड़ी बड़ी साधारण बात हो गयी। यह वैसी हो गयी जैसे राम मिलाई जोड़ी, कोई अंधा कोई कोढ़ी। राम भी क्या-क्या जोड़ियां मिलाता है! जब मिलाता है, गलत ही मिलाता है। असल में राम को तुम मिलाने ही नहीं देते, तुम तो ज्योतिषियों से मिलवा आते हो! कहते हो—राम मिलाई जोड़ी! मिलाते ज्योतिषी हैं। राम को मिलाने दो तो एक जोड़ी गलत न हो। मगर ज्योतिषियों से मिलवाते हो, सब गलत हो जाता है। इनकी खुद की जोड़ी तो देखो। जरा इनकी देवीजी को तो देख लो। फिर तुम समझ जाना, फिर इनसे जोड़ी मिलवाना। अपनी मिला न पाए, तुम्हारी मिला रहे हैं। और चार-चार आठ-आठ आने में, रुपये दो रुपये में मिला रहे हैं। जोड़ी मिला रहे हैं। जीवनभर का निर्णय दो रुपये में करवा लेते हैं!

मैं जबलपुर में था तो मेरे पड़ोस में एक ज्योतिषी रहते थे। उनके पास बड़ी भीड़ लगी रहती थी, बहुत भीड़। साथ-साथ हम घूमने जाते थे सुबह, तो उनसे धीरे-धीरे पहचान हो गयी। मैंने पूछा, 'आपके पास बड़ी भीड़ लगी रहती है। और भी ज्योतिषी हैं, मगर उनके पास इतनी भीड़ नहीं रहती।' उन्होंने कहा, 'इसका कारण है। अरे जिस की लग्न-कुंडली, जन्म कुंडली कोई न मिला सके उसकी मैं मिला देता हूं। अरे मिलाना अपने हाथ में है। सो जिनकी नहीं मिला पाता कोई, वे सब यहां आते हैं। और सस्ते में मिला देता हूं। एक रुपये में। दूसरे ज्योतिषी कोई दस मांगते हैं, कोई पंद्रह मांगते हैं, मैं तो एक रुपये में, मेरी तो निश्चित फीस है। मोल तोल करना ही नहीं। इधर एक रुपया रखो, इधर मिलाओ। और हमेशा मिलाता हूं, आज तक मैंने कभी ऐसा कुछ किया ही नहीं कि न मिलाया हो। जो भी आ जाए उसकी मिला देता हूं। अरे अपने हाथ में है। इधर का खाना उधर बिठाया, इधर की बात उधर समझायी, मिला-मिलूकर निपटाया। एक रुपये में और चाहते भी क्या हो? और जो आदमी एक रुपया दे रहा है, उसको एक रुपये का फल भी मिलना चाहिए, सो मिलता है फल।'

रुपये दो रुपये में जोड़ी मिलवा रहे हो! फिर अंधे कोढ़ियों को मिलवा देते हैं वे। राम से जोड़ी तो प्रेम के द्वारा मिलती है, ज्योतिषी के द्वारा नहीं मिलती। मगर प्रेम को तो हम होने नहीं देते। सो हमें ईजाद करनी पड़ी हैं नकलें—ज्योतिषी से मिलवाओ, मां-बाप मिलाते हैं। प्रेम से तो हम मिलने नहीं देते। पता नहीं क्यों प्रेम से कैसी दुश्मनी है! प्रेम भर से सब दुश्मन हैं। और सब तरह से राजी हैं। धन पैसे का हिसाब करेंगे, कुलीनता का हिसाब करेंगे, धर्म का, जाति का, वर्ण का, सब विचार कर लेंगे। जनम के समय तारे कहां थे, क्या थे, इस सबका भी हिसाब

लगा लेंगे। मगर दो हृदयों से नहीं पूछेंगे कि तुम्हें मिलना भी है भाई कि नहीं! सारी दुनिया मिला लेंगे, इन दो को भर छोड़ देंगे। इनसे नहीं पूछना है।

राम से मिलवाना हो तो इनसे पूछो। राम इनके भीतर से बोलेगा। और तो उसके पास बोलने का कोई उपाय नहीं है। इनके हृदय में धड़केगा।

इसलिए जब प्रेम होता है तो तुम किसी ज्योतिषी के कारण प्रेम में नहीं पड़ते, कि फलां ज्योतिषी ने कहा कि स्त्री के प्रेम में पड़ जाओ, तो पड़ गये। कि फलां ज्योतिषी ने कहा, क्या करें, प्रेम करना ही पड़ेगा! प्रेम जब होता है तो तुम्हें पता ही नहीं चलता कि क्यों। तुम जवाब भी नहीं दे पाते कि क्यों। तुम कहते हो, पता नहीं! कंधे बिचकाते हो—हो गया! यह है राम मिलाई जोड़ी!

सूत्र में तो है : इन दोनों का मिथुन, इन दोनों का संभोग—श्रद्धा का और सत्य का। सत्य है पुरुष, श्रद्धा है स्त्री। श्रद्धा है स्त्रैणता की पराकाष्ठा। सत्य है पुरुष की पराकाष्ठा। और जहां इन दोनों का मिथुन होता है, जहां इन दोनों का संयोग होता है, जहां इन दोनों का प्रेम होता है, जहां इन दोनों का ऐसा मिलन हो जाता है कि द्वैत समाप्त हो जाता है—मिथुन का वही अर्थ है जहां द्वैत समाप्त हो जाए, अद्वैत रह जाए; जहां दोनों मिलकर एक हो जाते हैं, एक साथ हृदय धड़कता है जहां—बस वहीं निर्वाण है, महापरिनिर्वाण है।

'श्रद्धा और सत्य की जोड़ी से मनुष्य दिव्यलोकों को प्राप्त करता है।' दिव्य लोक अर्थात् समाधि, समाधान—जहां कोई समस्या न रही; जहां जीवन एक उल्लास है।

संस्कृत का सूत्र फिर समझ लेने जैसा है : *'श्रद्धया सत्येन मिथुने।'* दुबारा दोहराया है कि कहीं चूक न जाओ। *'श्रद्धया सत्येन मिथुने न स्वर्गोल्लोकान् जयतीति।'* बिना इनके मिथुन के स्वर्ग का जो आलोक है, जो उल्लास है, स्वर्ग का जो आनंद है उसकी उपलब्धि नहीं।

श्रद्धा की तैयारी करो, सत्य आएगा। श्रद्धा के बीज बोओ, सत्य के फूल लगेंगे। श्रद्धा के द्वार खोलो, सत्य का सूरज तुम्हारे भीतर प्रवेश कर जाएगा। और जहां श्रद्धा और सत्य का मिथुन होगा, संभोग होगा...!

मेरी किताब 'संभोग से समाधि की ओर' को बहुत गालियां दी गयी हैं। शब्द से ही गालियां दी गयी हैं। किताब तो कोई पढ़ता ही नहीं। बस शीर्षक लोगों को खटक गया। शीर्षक ही पढ़कर लोग समझ जाते हैं कि बस रुक जाओ। इन सब बुद्धुओं को मैं कहता हूं, जरा अपने शास्त्रों को देखो। ये हिम्मतवर लोग थे। ये ऐतरेय ब्राह्मण का ऋषि हिम्मतवर व्यक्ति रहा होगा। सीधी-सीधी बात कह दी कि सत्य और श्रद्धा का संभोग हो तो समाधि पैदा होती है। तो स्वर्ग है। तो मुक्ति है, कैवल्य है।

वेद के ऋषि की एक प्रार्थना है —

यत्रानंदाश्चय मोदाश्च मुदः प्रमुदास्ते
कामस्य यत्राप्ताः कामाः तत्र मामृतं कुरु।

'हे प्रभु, मुझे वह अमृतत्व दे, जिसमें मोद-प्रमोद प्राप्त होता है, जहा कामनाएं स्वयं पूर्ण तृप्त हो जाती हैं।'

ये हिम्मतवर लोग थे। ये डरपोक कायर तुम्हारे तथाकथित साधु-संत और महात्माओं जैसे

नहीं थे। सीधी प्रार्थना है कि हे प्रभु, मुझे वह अमृत दे, दे मुझे वह राज, वह कीमिया, कि जिसे पीकर मैं मोद-प्रमोद को प्राप्त हो जाऊं। मोद-प्रमोद का क्या अर्थ होता है? तुम तो गाली देते हो। तुम तो मोद-प्रमोद करनेवाले लोगों को संसारी कहते हो। और यह ऋषि प्रार्थना कर रहा है—'मोद-प्रमोद को प्राप्त हो जाऊं।'

मेरे संन्यासियों को सारे जगत में गालियां पड़ती हैं। कहा जाता है कि ये तो अधर्म फैला रहे हैं। संन्यासी को तपस्वी होना चाहिए, त्यागी होना चाहिए, भूखा मरना चाहिए, उपवास करना चाहिए, शरीर को गलाना चाहिए, कांटों पर लेटना चाहिए, धूप-ताप में खड़ा होना चाहिए, शीर्षासन, सिर के बल खड़ा होना चाहिए। ऐसे कुछ उल्टे-सीधे उपद्रव करने चाहिए। मोद-प्रमोद!

मोद-प्रमोद तो वही हुआ, जिसके कारण हमने चार्वाकों को गाली दी है, कि चार्वाक मानते हैं: खाओ, पीओ, मौज करो। मोद-प्रमोद का अर्थ यही हुआ: खाओ, पीओ, मौज करो। तथाकथित धार्मिक आदमी इसको गाली देता है। और तब मैं चकित होता हूं कि जो वेदों की पूजा भी करते हैं, वे भी वेदों को उठाकर देखते हैं या नहीं देखते! नहीं तो मेरा संन्यासी उपनिषद् और वेदों की अंतर्दृष्टि के ज्यादा करीब है, बजाय तुम्हारे तथाकथित त्रिदंडी साधुओं के, शंकराचार्य के शिष्यों के, तुम्हारे जैन मुनियों के। क्योंकि मैं उत्सव सिखा रहा हूं। नाचो, गाओ! यह जीवन परमात्मा की इतनी बड़ी भेंट, इसे यूं न गंवाओ। इसे अहोभाव से स्वीकार करो। इसके ऊपर और भी आनंद हैं, पर इसे जो पाएगा वही इसके ऊपर के आनंद को पाने का हकदार होता है।

उमर खैयाम का एक वचन है। कुरान कहती है कि स्वर्ग में शराब के चश्मे हैं। उसी को आधार मानकर उमर खैयाम ने कहा है: अगर स्वर्ग में शराब के चश्मे हैं तो हमें यहां पीने दो, थोड़ा अभ्यास तो करने दो। नहीं तो वहां पीएंगे एकदम चश्मों में से, तो खतरा होगा, बिलकुल बहक जाएंगे। थोड़ा अभ्यास तो करने दो; थोड़ी तैयारी तो करने दो जन्नत में आने की। यहां तो कुल्हड़ से पी जाती है। यहां कोई नदियें तो नहीं बह रही हैं। और जिन्होंने जिंदगीभर अपने को दबाया और दमन किया, कभी पीया नहीं, वे एकदम जन्नत में पहुंचकर क्या करेंगे? जैसे मोरारजी देसाई क्या करेंगे? एकदम पीने में लग जाएंगे। जिंदगीभर तो खुद भी नहीं पीया, दूसरों को भी नहीं पीने दिया। और पीया भी तो क्या पीया—जीवन जल पीया! एक बात तो पक्की है स्वर्ग में इनको जीवन-जल नहीं पीने दिया जाएगा। कौन घुसने देगा इनको जीवन-जल पीने के लिए स्वर्ग में? लोग खदेड़कर बाहर कर देंगे कि अगर जीवन-जल पीना है तो वापिस भारत में जाओ, यह काम वहीं चल सकता है। वहां तो शराब के चश्मे हैं।

उमर खैयाम एक सूफी फकीर है। उमर खैयाम कोई शराबी नहीं, जैसा कि लोगों ने समझ लिया है। उमर खैयाम एक सूफी फकीर है, एक सिद्ध पुरुष है—उसी कोटि का जिसमें बुद्ध और महावीर; उसी कोटि का जिसमें उपनिषद के ऋषि। मगर उसके प्रतीकों के कारण गलती हो गयी। उसके प्रतीक सूफी प्रतीक हैं। सूफियों के लिए शराब का अर्थ है: उल्लास, आनंद, मस्ती। वह सिर्फ प्रतीक है। वह यही नहीं कह रहा है कि शराब पीयो। वह यह कह रहा है: लेकिन आनंदित होना है, इसका थोड़ा अभ्यास तो करो। वे स्वर्ग में जो शराब के झरने बहते हैं, उसका भी मतलब यही है कि वहां आनंद के झरने बह रहे हैं।

और तुम्हारे साधु-संत, उनकी शकलें तो देखो—उदास, मुर्दा...। ये अगर पहुंच भी गये वहां तो करेंगे क्या? आनंद उल्लास के उस जगत में, जहां अप्सराएं नाचती होंगी, श्री प्रमुखजी महाराज क्या करेंगे? एकदम बुर्का ओढ़कर बैठ रहेंगे। स्वर्ग भी गये और बुर्का ओढ़े रहे। क्या खाक दीदार होगा! और कहीं भूल-चूक से परमात्मा स्त्री हुआ तो बड़ी मुश्किल हो जाएगी। और इस बात का पूरा खतरा है कि हो। क्या पता! अरे परमात्मा का क्या भरोसा! अगर न भी हो तो कम से कम प्रमुखजी महाराज के सामने तो स्त्री-रूप में प्रगट होगा, यह मैं कहे देता हूं। इनके सामने तो वह स्त्री-रूप में ही प्रगट होगा। इतना व्यंग्य तो परमात्मा भी समझता होगा। इतना मजा तो वह भी लेगा! अब प्रमुखजी आ ही गये तो थोड़ा... इतना खेल, इतनी लीला तो वह भी रचाएगा। लीलाधर है; इतनी लीला तो करेगा कि प्रमुख जी को थोड़ा नचाएगा। डमरू थोड़ा बजाएगा कि जमूरे नाच!

स्वर्ग में आनंद है। आनंद का नाम ही स्वर्ग है। मेरे संन्यासियों को कोई अड़चन न आएगी। वे यहीं अभ्यास कर रहे हैं स्वर्ग का। उनके लिए स्वर्ग में कुछ मौलिक भेद नहीं हो जाएगा। हां, गुणात्मक भेद होगा, परिमाणात्मक भेद होगा; मगर कुछ तो बूंदें उन पर यहां भी पड़ गयी हैं। बूंदाबांदी तो यहां हो गयी, चलो वहां मूसलाधार वर्षा होगी। मगर उनकी थोड़ी पहचान रहेगी। कुल्हड़ से उन्होंने यहां शराब पी ली, वहां झरनों में तैर लेंगे और झरनों से पी लेंगे। यहां मस्त रहे, वहां भी मस्त रहने को उनको कला आएगी।

तुम्हारे तथाकथित साधु-संन्यासी तो बड़ी मुश्किल में पड़ जाएंगे। उदासी उनका अभ्यास है। उदासीनता उनकी तपश्चर्या है। अपने को गलाना, सड़ाना, भूखा मारना...। असल में यह सब अत्याचार है—इस निरीह शरीर पर, इस बे-जुबान शरीर पर, इस निहत्थे शरीर पर। ये आत्मघाती प्रवृत्तियां हैं। पहली तो बात : इनको स्वर्ग में जगह नहीं मिल सकती। भूल-चूक से ये घुस जाएं तो निकाले जाएंगे। न निकाले जाएं तो इनको स्वर्ग रास न आएगा। इनको लगेगा, ये तो सब भ्रष्ट! ये तो वही रजनीशी संन्यासी यहां जमे हुए हैं! वही नाच-गान चल रहा है! हम तो सोचते थे वे ही लोग भ्रष्ट हैं; उन्होंने तो पूरा स्वर्ग भ्रष्ट कर रखा है। इससे तो नर्क भला, कम से कम वहां उदासीनता तो बचा सकेंगे अपनी, सिर के बल खड़े हो तो सकेंगे। यहां तो सिर के बल खड़े होंगे, कोई अप्सरा ही धक्का मार देगी, कि यह क्या कर रहे हो? यह कोई ढंग है? स्वर्ग में खड़े होने का यह कोई ढंग है? तुम परमात्मा का अपमान कर रहे हो। वहां उदास बैठेंगे, मुश्किल हो जाएगा। गंधर्व इनके आसपास वीणा बजाएंगे, बांसुरी बजाएंगे। अप्सराएं इनको गुदगुदाएंगी कि भैया, हंसो, थोड़ा प्रसन्न होओ, थोड़ा अब तो आनंदित होओ!

यह ऋषि का वचन सुनो—'हे प्रभु, मुझे अमृत दे, जिसमें मोद-प्रमोद प्राप्त होता है।' यह जिंदा कौम रही होगी तब। तब इसे मोद-प्रमोद की भाषा में कोई निंदा नहीं मालूम होती थी। तब इसे मोद-प्रमोद में कोई नास्तिकता नहीं मालूम होती थी। इसे जीवन का तब स्वीकार-भाव था। तब इसके लिए जीवन ही परमात्मा था। 'जहां कामनाएं स्वयं पूर्ण तृप्त हो जाती हैं। दे मुझे वह अमृत, जहां सारी कामनाओं की तृप्ति है।'

मेरे अनुभव में, इन दो-ढाई हजार वर्षों में भारत की मनोदशा इतनी विकृत हो गयी है कि आज इसे अपने ही सूत्रों को समझना मुश्किल हो गया है। मैं जो कह रहा हूं, वह सनातन धर्म

है—एस धम्मो सनंतनो! मगर मेरी बात जहर की तरह लगती है उन लोगों को, जो सनातनधर्मी हैं। वे सोचते हैं—मैं धर्म को भ्रष्ट कर रहा हूं, मैं सभ्यता को भ्रष्ट कर रहा हूं, मैं संस्कृति को भ्रष्ट कर रहा हूं। उनको अपने वेद, अपने उपनिषद, अपने ब्राह्मणग्रंथ उठा कर देख लेने चाहिए। वे बहुत चौंकेंगे। मेरे समर्थन में उन्हें बहुत सूत्र मिलेंगे, उनके समर्थन में उन्हें कोई सूत्र नहीं मिलेगा। लेकिन जाना होगा उन्हें कम से कम ढाई हजार साल के पहले, तब उन्हें मेरे समर्थन में सूत्र मिलने शुरू होंगे। तब उल्लास था एक। तब इस देश ने पहली पहली बार धर्म का आविष्कार किया था, अनुभव किया था। तब बात ताजी थी।

फिर बासी पड़ती गयी। फिर उस पर राख जमती चली गयी, धूल जमती चली गयी। फिर इतनी धूल जम गयी व्याख्याओं की कि अब सूत्रों का पता ही चलना मुश्किल हो गया है। अब तो व्याख्याओं पर व्याख्याएं हैं और तुम व्याख्याओं में ही भटके रहते हो। और व्याख्याएं तो अपनी-अपनी मर्जी की हैं, जिसको जैसी करनी हों।

कृष्ण की एक गीता है। निश्चित ही कृष्ण का एक ही अर्थ रहा होगा। कृष्ण कोई पागल नहीं थे। लेकिन हजारों टीकाएं हैं। और सब टीकाओं में विरोध है। अगर कृष्ण ठीक हैं तो ज्यादा से ज्यादा एक टीका सही हो सकती है। ये हजारों टीकाएं सही नहीं हो सकतीं। लेकिन जिसको जो मतलब निकालना हो... शंकराचार्य कृष्ण की गीता में से ज्ञानयोग निकाल लेते हैं। और रामानुजाचार्य गीता में से भक्तियोग निकाल लेते हैं। और बालगंगाधर तिलक गीता में से कर्मयोग निकाल लेते हैं। गीता न हुई, भानुमति का पिटारा हो गया। कहीं का ईंट कहीं का रोड़ा, भानुमति ने कुनबा जोड़ा! और इसमें से तुम जो चाहो निकाल लो। यह तो कोई जादू की पिटारी हो गयी, कि रूमाल डालो, कबूतर निकालो; कबूतर डालो, रूमाल निकालो। जो मर्जी।

इतना असत्य इन ढाई हजार वर्षों में बोला गया है। इसलिए मेरी बात तुम्हें अड़चन की मालूम पड़ रही, क्योंकि ढाई हजार वर्षों की दीवालें बीच में खड़ी हैं। अन्यथा मैं जो कह रहा हूं वह शाश्वत धर्म है, वह ऋत् है। मैं जो सूत्रों का अर्थ कर रहा हूं, वह सीधा-साफ है, वह किसी पंडित का अर्थ नहीं है। वह मेरा अनुभव है। मैं तुमसे कहता हूं कि यहां आनंदित होओ तो तुम स्वर्ग के अधिकारी बनोगे। यहां प्रफुल्लित होओ तो आगे भी प्रफुल्लता है। तुम यहां जो हो, वही तुम आगे भी होओगे। हां, बहुत बड़े पैमाने पर होओगे। लेकिन यहां कुछ होना पड़ेगा। आंगन आकाश हो जाएगा, मगर आंगन तो हो। आंगन ही न होगा तो क्या खाक आकाश होगा?

इसलिए मेरे इन सूत्रों के जो अर्थ हैं, बहुत ध्यानपूर्वक सुनना। काश, इन सूत्रों का ठीक-ठीक अर्थ तुम्हारे खयाल में आ जाए तो इस देश का पुनर्जन्म हो सकता है। और इस देश के पुनर्जन्म के साथ सारी मनुष्यता के लिए एक सौभाग्य का उदय हो सकता है, सूर्योदय हो सकता है।

'ज्यूं मछली बिन नीर' प्रवचन 7 से
'मेरा स्वर्णिम भारत' में संकलित बारहवां प्रवचन

।।४।।

वर्तमान क्षण की धन्यता

प्यारे ओशो!

भविष्यं नानुसन्धत्ते नातीतं चिन्तयत्यसौ।
वर्तमान निमेषं तु हसन्नेवानुनर्तते।।

'भविष्य का अनुसंधान नहीं, न अतीत की चिन्ता।
हंसते हुए वर्तमान में जीना।' लगता है,
योगवासिष्ठ का यह श्लोक आपकी देशना का संस्कृत अनुवाद है।
इसे हमें फिर एक बार समझाने की कृपा करें।

सहजानंद! मन या तो अतीत होता है—या भविष्य। वर्तमान में मन की कोई सत्ता नहीं। और मन ही संसार है, इसलिये वर्तमान में संसार की भी कोई सत्ता नहीं। और मन ही समय है; इसलिये वर्तमान में समय की भी कोई सत्ता नहीं।

अतीत का वस्तुतः कोई अस्तित्व तो नहीं है, सिर्फ स्मृतियां हैं। जैसे रेत पर छूटे हुए पग-चिह्न। सांप तो जा चुका—धूल पर पड़ी लकीर रह गई। ऐसे ही चित्त पर, जो बीत गया है, व्यतीत हो गया है उसकी छाप रह जाती है। उसी छाप में अधिकतर लोग जीते हैं। जो नहीं है उसमें जीयेंगे तो आनंद कैसे पायेंगे! प्यास तो है वास्तविक और पानी पीयेंगे स्मृतियों का! बुझेगी प्यास? धूप तो है वास्तविक और छाता लगायेंगे कल्पनाओं का! रुकेगी धूप उससे?

अतीत का कोई अस्तित्व नहीं है। अतीत जा चुका, मिट चुका—मगर हम जीते हैं अतीत में। और इसलिये हमारा जीवन व्यर्थ, अर्थहीन, थोथा। इसलिये जीते तो हैं मगर जी नहीं पाते। जीते तो हैं मगर घिसटते हैं—नृत्य नहीं, संगीत नहीं, उत्सव नहीं।

और अतीत रोज बड़ा होता चला जाता है! चौबीस घन्टे फिर बीत गये—अतीत और बड़ा हो गया। चौबीस घन्टे और बीत गये, अतीत और बड़ा हो गया। जैसे-जैसे अतीत बड़ा होता है, वैसे-वैसे हमारे सिर पर बोझ बड़ा होता है। इसलिये छोटे बच्चों की आंखों में जो निर्दोषता दिखाई पड़ती है, जो संतत्व दिखाई पड़ता है वह फिर बूढ़ों की आंखों में खोजना मुश्किल हो जाता है। हजार तरह के झूठ इकट्ठे हो जाते हैं।

सारा अतीत ही झूठ है!

जीसस एक सुबह-सुबह झील पर रुके। सूरज अभी उगा नहीं। बस उगने को है। और एक मछुए ने जाल फेंका है। जीसस ने उस मछुए के कंधे पर हाथ रखा; मछुए ने लौटकर देखा। सूरज की पहली फूटती हुई किरणें पूरब से जीसस के चेहरे पर पड़ीं। उस मछुए की आंख जीसस की आंख से मिली—और बात हो गई। बिना बात किये बात हो गयी, आंख से आंख की मुलाकात हो गयी। क्षणभर सन्नाटा रहा और जीसस ने कहा, 'छोड़ यह जाल। पकड़ लीं तूने

मछलियां बहुत। करेगा भी क्या मछलियां पकड़-पकड़कर? जीवन में कुछ और पकड़ना है या बस मछलियां ही पकड़ना है? इनकी दुर्गंध से अभी ऊबा नहीं? छोड़ जाल। मेरे पीछे आ। मैं तुझे परम धन खोजने का सूत्र दूं। ऐसा जाल फेंकना सिखाऊं कि परमात्मा ही फंसे उस जाल में! उससे कम को क्या फांसना?'

मछुआ हिम्मतवर रहा होगा। पंडित होता, होशियार होता, ब्राह्मण होता—हजार बातें निकालता—कि अभी कैसे चलूं! अभी तो अड़चनें हैं। पहले मां से तो जाकर आज्ञा ले आऊं! पहले पिता से तो पूछ लूं। पत्नी क्या कहेगी! बच्चों का क्या होगा? मगर जीसस की आंखों का जादू! जैसे सब भूल गया! छोड़ दिया जाल उसने पानी में ही। खींचा भी नहीं पानी के बाहर! जीसस के पीछे हो लिया।

वे दोनों गांव के बाहर निकलते ही थे कि एक आदमी भागा हुआ आया और उस मछुए को कहा, 'पागल! तू कहां जा रहा है? और इस पागल आदमी के साथ कहां जा रहा है? तेरे पिता की मृत्यु हो गयी! मैं तुझे खोजने झील पर गया, वहां इस घटना का पता चला कि एक पागल जो आसपास गांव के कई बार देखा गया है, उसने तेरे कंधे पर हाथ रखा और तू उसके पीछे चल पड़ा है! वापस चल। तेरे पिता का अंतिम संस्कार करना है या नहीं। उस युवक ने जीसस से कहा, 'मुझे क्षमा करें। मैं जाकर अंतिम संस्कार कर आऊं। तीन दिन बाद लौट आऊंगा।'

जीसस ने उससे कुछ बातें कहीं, जो सोचना। पहली तो बात जीसस ने यह कही कि 'एक पल का तो भरोसा नहीं है—कल का भरोसा कहां! और तू तीन दिन का वायदा करता है! आ सकेगा! तेरे पिता को पक्का पता था कि आज मर जायेंगे? तुझे ही पक्का पता होता, तो तू आज झील पर मछली पकड़ने न गया होता। तू कल भी जिंदा होगा? तीन दिन बाद भी तू आ सकेगा? यह भी मान लें कि तू जिंदा होगा, तो तीन दिन बाद यह साहस रह जायेगा, जो आज तुझमें जगा है?... यह जो किरण तुझमें आज फूटी है? और तीन दिन बाद तू आ भी जाये, यह भाव भी रह जाये, तो मैं बचूंगा? मैं भी बच जाऊं, यह भाव भी रह जाये, तीन दिन बाद तू आ भी जाये—तो हमारा फिर मिलन होगा? अनंत-अनंत काल में पहली बार हम मिले हैं! दुबारा का क्या भरोसा!' उस युवक ने कहा, 'बात तो आपकी ठीक है, जवाब तो मेरे पास नहीं। मगर मेरे पिता का अंतिम संस्कार भी तो करना है!'

जीसस ने कहा, 'इसकी फिक्र छोड़। क्योंकि गांव में बहुत मुरदे हैं, वे मुरदे को दफना देंगे! गांव में कुछ मुरदों की कमी है? अब यही आदमी आया है, यह खुद ही मुरदा है। यह ही दफना देगा। मुरदे मुरदे को दफना देंगे। मुरदों को दफना लेने दे मुरदों को। फिर जो मर ही चुका, अब दफनाओ न दफनाओ; ऐसा दफनाओ वैसा दफनाओ, जमीन में गड़ाओ कि आग लगाओ—क्या फर्क पड़ता है! पंछी तो उड़ चुका। पींजड़ा पड़ा रह गया है। तू मेरे पीछे आ। यह अवसर खोने का नहीं है। पीछे की तरफ लौटकर मत देख, क्योंकि वही आदमी की बुनियादी भूल है।'

और हम सब पीछे लौटकर देखते हैं! हम पीछे से ही जीते हैं। हम हिसाब ही लगाते रहते हैं—यह हुआ, वह हुआ। काश, ऐसा हो जाता, काश वैसा हो जाता!

फिर इस अतीत के उपद्रव से भविष्य का उपद्रव पैदा होता है। उपद्रव निस्संतान नहीं होते!

उपद्रव संतति-नियमन नहीं मानते! उपद्रव भारतीय होते हैं। एक उपद्रव दस-पंद्रह बच्चे पैदा करता है; इससे कम नहीं।

मैंने सुना है, जनगणना करनेवाले अधिकारी ने एक द्वार पर दस्तक दी। और थोड़ा चौंका और थोड़ा हैरान हुआ। आंख पर भरोसा भी न आया! गौर से पुनः देखा। लेकिन बात सच थी—भरोसा आये या न आये। जिस स्त्री ने दरवाजा खोला था, बिलकुल नग्न थी! चौंक गया। पूछा, 'आप नग्न क्यों हैं?'

उस स्त्री ने कहा, 'चौंको मत। मैं न्यूडिस्ट हूं! मैं दिगम्बरत्व में विश्वास करती हूं!'

वह आदमी समझदार था। सोचा—अपने को क्या लेना देना। इसकी यह जाने। जिस काम के लिये आया हूं, वह मैं करूं और अपने रास्ते पर लगूं। उसे तो कुछ जानकारियां लेनी थीं जनगणना के लिये, सो उसने जरूरी प्रश्न पूछकर अपनी बही में लिखे। उन्हीं प्रश्नों में एक था : 'आपके कितने बच्चे हैं।' सो उसने पूछा।

उस स्त्री ने कहा, 'बाईस'!

फिर वह आदमी चौंका। उसने कहा, 'बाई, क्या आप वाकई न्यूडिस्ट हैं या आपको कपड़े पहनने की फुर्सत नहीं मिलती!'

ये जो उपद्रव हैं, इनकी बड़ी संतानें होती हैं। कहावत है कि मुसीबत अकेली नहीं आती; साथ में भीड़-भड़क्का लाती है! मुसीबत तो यूं समझो कि कुम्भ का मेला! एक क्या आयी—और आती होंगी। एक आयी तो यूं समझो कि बस खबर आयी।

कहते हैं : एक फूल खिल जाये, तो समझो कि बसंत आ गया। फूलों के संबंध में सच हो या न हो, मगर एक मुसीबत आ गयी, तो समझ लो कि अब मुसीबतों ही मुसीबतों के जाल फैल जानेवाले हैं।

सबसे बड़ी मुसीबत जो अतीत लाता है, वह है भविष्य। भविष्य तुम्हारे अतीत की ही छाया है। वह तुमने जो जीया है, उसमें से कुछ काट-छांटकर तुम भविष्य की कल्पना करते हो। जो प्रीतिकर नहीं था, उसे छांटते हो। जो प्रीतिकर था, उसे फैलाते हो, बढ़ाते हो, विस्तीर्ण करते हो।

भविष्य है क्या? भविष्य का तुम्हें पता तो नहीं है। जिसका पता हो, वह भविष्य नहीं। भविष्य तो अज्ञात है। लेकिन अतीत ज्ञात है। ज्ञात से अज्ञात के संबंध में हम अनुमान लगाते हैं। और ज्ञात में से ही चुनाव करते हैं। सुखद को चुनते हैं, दुखद को छोड़ते हैं। ऐसे हम भविष्य के रंगीन सपने संजोते हैं। कांटे-कांटे अलग कर देते हैं; गुलाब-गुलाब बचा लेते हैं। हालांकि यह हमारी भ्रांति है, क्योंकि कांटे और गुलाब साथ-साथ होते हैं। यह असंभव है कि तुम जो-जो गलत था, उसे छोड़ दो और जो-जो ठीक था, उसे बचा लो। गलत और ठीक संयुक्त था, जुड़ा था। आयेगा, तो साथ आयेगा। जायेगा तो साथ जायेगा। वे एक ही सिक्के के दो पहलू हैं। तुम एक पहलू को बचा न सकोगे।

तो एक तो अतीत का बोझ; उसकी चट्टानें हमारी छाती पर रखी हैं। और फिर भविष्य का बोझ। अतीत का रोना, कि ऐसा क्यों न हुआ। और फिर जल्दी ही भविष्य के लिये रोओगे, क्योंकि वह भी नहीं होनेवाला है। न अतीत तुम्हारे मन के अनुकूल हुआ, न भविष्य तुम्हारे मन के अनुकूल होगा। इन दो पाटों के बीच में आदमी पिसता है। और दोनों का ही कोई अस्तित्व नहीं है।

अतीत वह जो जा चुका—अब नहीं। और भविष्य वह, जो आया नहीं—अभी नहीं। दोनों के मध्य में छोटा सा बिंदु है अस्तित्व का। बस, बूंद की भांति है। अगर होश न रहा, तो चूक जाओगे।

यह सूत्र प्यारा है। यह संन्यास की परिभाषा है।

'*भविष्यं नानुसन्धत्ते*—भविष्य का अनुसंधान न करो।' जो नहीं है, उसके पीछे न दौड़ो।

मगर साधारण आदमियों की तो बात छोड़ दो, जिनको तुम असाधारण कहते हो, जिनको तुम पूजते हो, वे भी जो नहीं है उसके पीछे दौड़ते हैं। राम भी स्वर्ण-मृगों के पीछे दौड़ते हैं। औरों की तो बात छोड़ दो। हाथ की सीता को गंवा बैठते हैं। इसमें कसूर रावण का कम है। रावण को नाहक दोष दिए जाते हो। अगर कहानी को गौर से देखो, तो रावण का कसूर न के बराबर है। अगर कसूर है किसी का तो राम का। स्वर्ण-मृग के पीछे जा रहे हैं! बुद्धू से बुद्धू आदमी को भी पता है कि मृग स्वर्ण के नहीं होते।

साधारण से साधारण आदमी कहता है कि सारा जग मृगमरीचिका है। देखते हो मजा! साधारण आदमी भी कहता है : जग मृगमरीचिका है। और राम सोने के मृग के पीछे चल पड़े! और क्या मृगमरीचिका होगी? इससे बड़ा और क्या भ्रमजाल होगा?

सीता को गंवा बैठे!

जब भी मैं राम, लक्ष्मण और सीता की तसवीर देखता हूं, तो मुझे लगता है कि यह भविष्य, वर्तमान और अतीत की तसवीर है। राम हैं आगे, लक्ष्मण हैं पीछे, मध्य में हैं सीता। राम हैं अतीत—जो बीत गया, जो जा चुका, उसके पूजक। इसलिए तो दशरथ की मानकर चल पड़े। न सोच किया, न विचार किया, न पूछा, न प्रश्न उठाया।

दशरथ की बात मानने योग्य थी ही नहीं। दशरथ की बात विद्रोह के योग्य थी। काश, राम ने विद्रोह किया होता, तो भारत की कथा और होती। तो भारत के जीवन का अर्थ और होता, इतिहास और होता। काश, राम ने विद्रोह किया होता, तो भारत इस तरह गुलामी में न जीता, इस तरह की पीड़ा में न जीता। लेकिन राम ने एक ऐसी बात को स्वीकृति दे दी, जो कि बुनियादी रूप से गलत थी। जिसमें कहीं भी कोई न्याय नहीं था। चौदह साल का वनवास अकारण!

दशरथ बूढ़े थे। बुढ़ापे में जो विवाह किया था, जो चौथी पत्नी थी, वह जवान! अकसर बूढ़े पति जवान पत्नियों के चक्कर में होते हैं! बूढ़े हैं—चक्कर में होना ही पड़ता है। अरे, जवानों को होना पड़ता है, तो बूढ़ों की तो बात ही क्या!

तो इस बुढ़ापे में जवान स्त्री ने जो कहा, वह मान लिया! यह भी अत्यंत मूर्च्छा की बात थी।

और राम हैं परंपरा के पूजक। 'रघुकुल रीति सदा चलि आयी।' वे तो रघुकुल की रीति—रीति और रिवाज, परंपरा—उसके पोषक हैं। तो अन्याय हो, तो भी चलेगा। अन्याय के संबंध में भी बगावत नहीं है, विद्रोह नहीं है। और जहां अन्याय को पूजनेवालों को पूजा जाता हो, फिर स्वभावतः उस देश का दुर्भाग्य सुनिश्चित है। वे अतीत के प्रतीक हैं—राम।

लक्ष्मण भविष्य के लिये आतुर हैं। तुम्हें याद होगा : स्वयंवर जब सीता का रचा गया, तो लक्ष्मण उचक-उचक पड़ते हैं! उनको रोकना पड़ता है बार-बार। वे धनुष तोड़ने को एकदम आतुर हो रहे हैं। वे इसकी फिक्र नहीं करते कि बड़े भैया मौजूद हैं—इनका भी कुछ खयाल करें!

ऋषि-मुनि उनको रोकते हैं—कि रुको। इन ऋषि-मुनियों का काम भी खूब है! अरे, तोड़ लेने दो बेचारे को, तोड़ना है तो! मगर उनको रोकते हैं कि तू मत तोड़ना!

वे एकदम आगे के लिए आतुर हैं; भविष्योन्मुख हैं। जल्दबाजी में हैं।

राम हैं अतीत उन्मुख। और सीता हैं दोनों के मध्य में। और वह कोमल सी सीता—वही है वर्तमान।

इस सूत्र में वर्तमान के लिए जो शब्द उपयोग हुआ है—*वर्तमान निमेषं*—निमिष-मात्र! 'निमिष' शब्द को समझना उपयोगी है। निमिष उस हिस्से को कहते हैं समय के, जिसको तौला न जा सके, मापा न जा सके—सैकेंड नहीं, मिनट नहीं। निमिष का अर्थ होता है, जो तुलना के बाहर है, इतना छोटा है! जैसे कि भौतिकशास्त्री कहते हैं कि परमाणु का जब विस्फोट करते हैं और इलेक्ट्रान हमारे हाथ लगते हैं, तो उनमें कोई वजन नहीं; वे तौले नहीं जा सकते। जो तौला नहीं जा सकता, उसको तो पदार्थ ही नहीं कहना चाहिये।

अंग्रेजी में शब्द है पदार्थ के लिए 'मैटर'। मैटर शब्द बड़ा महत्वपूर्ण है। पदार्थ से ज्यादा महत्वपूर्ण शब्द है। क्योंकि पदार्थ का तो अर्थ होता है—जिस पद में अर्थ हो। 'मैटर' बनता है 'मीटर' से। मीटर यानी जिससे तौला जाये, जो तुल जाये। मैटर का अर्थ होता है—जो तौला जा सकता है। लेकिन इलेक्ट्रान तो तौला नहीं जा सकता, मापा नहीं जा सकता—न तराजू पर, न इंच फिटों में; कोई उपाय नहीं है। इतना छोटा है, कि हमारे तौलने के साधन सब मोटे हो जाते हैं, सब स्थूल रह जाते हैं। वह हमारी तुलना के बाहर हो जाता है। ऐसे ही समय के उस अंतिम हिस्से को निमिष कहते हैं; जो तुलना के बाहर है, जो तौल के बाहर है; जिसकी कोई मात्रा नहीं होती; जो आया—और गया! जो आया नहीं, कि गया नहीं!

दो शिकारी, नये-नये, शिकार खेलने गये थे, दोनों बड़े तत्पर थे बिलकुल बंदूक लिये हुए और तभी एक खरगोश छलांग लगाया; एक झाड़ी से दूसरी झाड़ी में चला गया। दोनों बिलकुल तत्पर थे, लेकिन फिर भी चूक गये। एक ने दूसरे से पूछा कि 'मामला क्या हुआ? मैं भी तैयार, तुम भी तैयार; बंदूक के घोड़ों पर हाथ रखे थे; हुआ क्या? बात क्या हुई?'

उस दूसरे शिकारी ने कहा, मैं कहूं क्या! जब खरगोश निकल गया, तब मुझे दिखाई पड़ा! इतनी तेजी से निकला कि जब निकल रहा था तब तो मैं चूक ही गया। जब निकल गया, तब मुझे याद आयी कि अरे! मगर तब तक तो देर हो चुकी थी! तब तो गोली चलाने का कोई अर्थ ही न था।

ऐसा निमिष है। तुम्हें जब दिखाई पड़ता है, तब तक जा ही चुका होता है। जैसे ही तुम्हें याद आती है—यह वर्तमान! गया। अतीत हो गया। पहचाना—कि अतीत हो गया। सिर्फ जीया जा सकता है—जाना नहीं जा सकता। या कि यूं कहो कि जीना ही जानने का एक मात्र उपाय है। क्योंकि तुमने अगर जानने की कोशिश की, तो अतीत हो जायेगा। या अगर जल्दबाजी की, तो भविष्य रहेगा। अगर जरा-सी देर की, तो अतीत हो जायेगा। और देर करनी ही पड़ेगी, क्योंकि मन में इतनी गति नहीं है।

यूं तो मैंने सुना है बहुत कि मन की बहुत गति है, मगर वह जो वर्तमान का क्षण है—मन से भी बहुत तीव्र गति से जाता है। मन उसके सामने कुछ भी नहीं। बहुत पिछड़ जाता है।

यह सूत्र संन्यास की आधारशिला है। '*भविष्यं नानुसन्धत्ते... ।*' न तो भविष्य का अनुसंधान करना; दौड़ना मत भविष्य के पीछे। यह भविष्य बस, स्वर्ण-मृग है। मगर हम सब दौड़ रहे हैं भविष्य के पीछे। अलग-अलग स्वर्ण-मृग हैं। कोई धन के पीछे, कोई पद के पीछे, कोई मोक्ष के पीछे, कोई परमात्मा के पीछे—मगर भागे हुए हैं लोग! कोई 'यहां' नहीं है। सब की आंख 'वहां' टिकी हैं। और होना है 'यहां' और आंखें हैं वहां! इसलिए तुम्हारे और तुम्हारी आंख में ही तालमेल नहीं हो पाता; उन दोनों में ही टूट हो जाती है। चलते हो कहीं, देखते हो कहीं!

यूनान की बड़ी प्रसिद्ध कथा है। एक बहुत बड़ा ज्योतिषी रात तारों का अध्ययन करता हुआ एक कुएं में गिर पड़ा। कुएं पर कोई घाट न था, कोई पाट न था। और उसकी आंखें अटकी थीं दूर आकाश के तारों पर। तो गिर पड़ा कुएं में। जब गिर पड़ा, तब होश आया। चिल्लाया।

रात थी अंधेरी, रास्ता निर्जन, गांव पीछे छूट गया। वह तो खेत में एक झोपड़े में रात और कोई तो न था, एक बूढ़ी औरत सोयी थी। वह भी रखवाली के लिए थी। आवाज सुनी तो आयी। बामुश्किल उस वृद्धा ने रस्सी डालकर उस ज्योतिषी को बाहर निकाला।

ज्योतिषी ने उसे बहुत-बहुत धन्यवाद दिया, बहुत अनुग्रह किया और कहा कि 'सुन, तुझे शायद पता भी न हो कि मैं यूनान का सब से बड़ा ज्योतिषी हूं। तारों के संबंध में और तारों के माध्यम से मनुष्य के भविष्य के संबंध में मेरी घोषणाएं कभी गलत नहीं हुईं। बड़े-बड़े सम्राट दूर-दूर से अपना भविष्य पूछने मेरे पास आते हैं। हजारों रुपया मेरी फीस है। लेकिन तेरा भविष्य मैं मुफ्त बता दूंगा, क्योंकि तूने मेरा जीवन बचाया।'

वह बूढ़ी स्त्री हंसने लगी। उसने कहा, 'बेटा, तू फिक्र मत कर! मैं तुझे कष्ट न दूंगी।'

उसने कहा, 'नहीं-नहीं। कष्ट की कोई बात नहीं। तू कल आ जाना। यह मेरा पता रहा। तो तू किसी से भी पूछ लेगी एथेंस में, तो कोई भी मेरे घर का पता बता देगा। बच्चा-बच्चा जानता है।'

'पर', उस बुढ़िया ने कहा, 'मुझे आना नहीं बेटा। तुझसे क्या अपना भविष्य पूछूंगी! तुझे एक कदम आगे का कुआं तो दिखाई पड़ता नहीं! तू मेरे संबंध में क्या बतायेगा! तुझे अपना भविष्य पता नहीं है कि आज कुएं में गिरना है; कि आज जरा सम्हलकर चलूं; कि आज चलूं ही नहीं—कि घर में ही रहूं। तू मुझे क्या भविष्य बतायेगा!'

और कहानी अद्‌भुत है, क्योंकि उस ज्योतिषी को इससे इतनी चोट लगी और बात इतनी साफ हो गयी कि उसने ज्योतिषी का धंधा छोड़ दिया। बात तो सच थी।

ऐसा हुआ : जयपुर में मेरे पास एक ज्योतिषी को लोग ले आये। एक हजार एक रुपया उनकी फीस थी। उससे कम वे हाथ भी नहीं देखते थे। मुझसे बोले कि 'आपको मेरी फीस पता है?'

मैंने कहा, 'जो भी फीस होगी... ।'

उन्होंने कहा, 'नहीं। मैं आपको बता दूं। एक हजार एक।'

मैंने कहा, 'तुम फिक्र छोड़ो। मैं एक हजार दो दूंगा! अब तुम आ ही गये हो; इतना कष्ट किये, तो खाली हाथ जाना उचित नहीं। तुम मजे से मेरे हाथ का अध्ययन करो।'

कुछ बातें यहां-वहां की उन्होंने कीं, जो कि बंधी हुई बातें हैं, जो कि ज्योतिषी सभी को कहते

हैं, जो कि सभी के संबंध में सही होती हैं। थोड़ा बहुत हेर फेर करना पड़ता है। और बातें इस ढंग से कहनी होती हैं कि उनमें हेर फेर करने की सुविधा होती है; गोलमाल करनी होती है।

फिर चलने का वक्त आया, तो वे राह देखें कि उनकी फीस मिले! मैंने कहा, 'अब आप जाइये भी। मैं कुछ और काम करूं!'

उन्होंने कहा, 'मैं तो जाऊं, लेकिन मेरी फीस!'

मैंने कहा, 'यह तो आपको पहले ही सोच लेना था! अपना हाथ देखकर घर से निकलना चाहिये!'

उन्होंने कहा, 'आपका मतलब?'

मैंने कहा, 'मेरा मतलब यह है कि मैं तो फीस देनेवाला नहीं हूं। तुम्हें मेरा हाथ देखते से समझ लेना था कि इस आदमी से फीस नहीं मिलनेवाली! सच तो यह है, कि तुमने मेरा इतना समय खराब किया, इसकी फीस तुम मुझे दो। और तुम निपट बुद्धू हो, क्योंकि तुम्हें यह भी पता नहीं कि आज किसका हाथ देखने जा रहे हो; उससे फीस मिलनेवाली नहीं है!'

लेकिन यह ज्योतिषी एथेंस के उस ज्योतिषी जैसा बुद्धिमान नहीं था। मैंने सुना, वे अभी भी वहीं धंधा कर रहे हैं! उस एथेंस के ज्योतिषी ने तो धंधा छोड़ दिया। बात तो साफ हो गई कि मेरी आंखें तारों पर अटकी हैं; मुझे एक कदम आगे का तो पता नहीं चलता; कुएं में गिर जाता हूं; क्या जानूंगा भविष्य!

भविष्य वह है जो जाना ही नहीं जाता और अतीत वह है जो जाना गया है। तो तुम भविष्य के संबंध में जो दौड़धूप करते हो, आपाधापी करते हो, वह अतीत के ही आधार पर करते हो। अतीत से ही सीढ़ियां बनाते हो। और इन दोनों के बीच में वह निमिषमात्र छोटा-सा पल है, जो भागा जा रहा है—इतनी तेजी से कि अगर तुम अतीत और भविष्य में उलझे रहे, तो उससे चूकते ही जाओगे, चूकते ही जाओगे। और वही है सत्य।

भविष्यं नानुसन्धत्ते नातीतं चिन्तयत्यसौ।...

और न अतीत की चिन्ता। जो बीत गया—बीत गया। अब उधेड़बुन क्या! अब उसको अन्यथा तो किया नहीं जा सकता। अब तुम लाख उपाय करो, तो भी रत्तीभर उसे बदला नहीं जा सकता। जिसे बदला ही नहीं जा सकता, उसके संबंध में चिन्ता कैसी! क्यों समय खराब कर रहे हो उसके संबंध में? और जो आया नहीं है अभी—अभी कुछ किया नहीं जा सकता। और हम दोनों में ही उलझे हैं। इन दोनों का नाम संसार है।

संसार बाजार नहीं है—न दुकान है, न परिवार है। अतीत और भविष्य—इनका जो विस्तार है...। अतीत अर्थात स्मृति; भविष्य अर्थात कल्पना। इन दोनों के बीच में तुम मरे जा रहे हो। यही तुम्हारा संसार है।

मैं भी अपने संन्यासियों से कहता हूं कि संसार छोड़ो, लेकिन उस संसार को छोड़ने को नहीं कहता, जिसको पुराने संन्यासी छोड़कर भागते रहे हैं। वे तो भगोड़े हैं। वे तो पलायनवादी हैं। वे तो कायर हैं। उन्होंने तो पीठ दिखा दी। उन्होंने तो जीवन का अवसर खो दिया।

मैं कहता हूं : इस संसार को छोड़ो—मन संसार है। अतीत, भविष्य संसार है—इसको छोड़ दो; और वर्तमान में जीओ—अभी—यहीं।

थोड़ा सोचो, इस सौन्दर्य को, इस अपूर्व प्रसाद को—यहीं और अभी होने को। सब जैसे ठहर जाये। अतीत नहीं भविष्य नहीं, तो वह जो ठहराव है, वह जो थिरता है—वही ध्यान है, वही संन्यास है। उस थिरता में निर्मलता है, निर्दोषता है। उस थिरता में अहोभाव है, आश्चर्य है, रहस्य है। उस थिंरता में परमात्मा का दर्शन है, मुक्ति है, निर्वाण है।

और योगवासिष्ठ का यह सूत्र इसलिये और भी महत्वपूर्ण है, इससे तुम्हें जाहिर होगा कि यह मेरे संन्यास की परिभाषा ही हो सकती है—पुराने संन्यास की परिभाषा नहीं। क्योंकि पुराना संन्यासी तो न केवल भविष्य की सोच रहा है...। साधारण संसारी से तुम्हारा संन्यासी तो और भी बड़े भविष्य की सोच रहा है ! मृत्यु के बाद क्या होगा; स्वर्ग में क्या होगा! कितने स्वर्ग हैं? मोक्ष मिलेगा कि नहीं मिलेगा? किन पुण्यों के करने से स्वर्ग में प्रवेश मिलेगा? परमात्मा की उपलब्धि कब होगी?

धन की दौड़ तो यहीं है; उसकी तो सीमा है—मौत। मगर यह जो मोक्ष की और परमात्मा की और ब्रह्म-अनुभव की खोज में दौड़ रहा है, इसकी तो कोई सीमा ही नहीं। इसका भविष्य तो बड़ा असीम है! यह तो और भी बड़ा संसारी है, मेरे हिसाब से; क्योंकि इसका तो मन और भी बड़ा है। और तुम्हें तो इसी जन्म की फिक्र है। मगर यह तुम्हारा जो संन्यासी है, इसको पिछले-पिछले जन्मों की भी फिक्र पड़ी है, कि पिछले जन्मों में जो पाप किये थे, कर्म किये थे, उनका भी निपटारा करना है, उनका भी हिसाब करना है।

तुम्हारा भविष्य भी सीमित है—और अतीत भी। अतीत तुम्हारा जन्म से अब तक; और भविष्य तुम्हारा अब से मृत्यु तक। कोई बहुत ज्यादा नहीं! सत्तर साल जियोगे, तो समझ लो कि आधा भविष्य—आधा अतीत। अगर पैंतीस साल की उम्र है अभी, अगर अभी बीच में खड़े हो तो। मगर तुम्हारा जो संन्यासी है, जिसको तुम धार्मिक कहते हो, उसकी मुसीबत तो सोचो! वह तो कह रहा है: चौरासी करोड़ योनियों में होकर आया हूं! चौरासी करोड़ योनियों में उन्होंने क्या-क्या काम नहीं किये होंगे! उन सब का हिसाब, उन सब का निपटारा करना है! एक-एक रत्ती-रत्ती कृत्य का चुकतारा करना होगा। इसका अतीत तो बहुत बड़ा है! यह तो कभी सुलझ पायेगा, इसकी संभावना न समझो। इतने उलझाव को कैसे सुलझायेगा?

और उलझाव आदमी का ही नहीं है; सब तरह के जानवरों का है। यह मछली भी रहा; यह केंचुआ भी रहा। अब इसने क्या-क्या उपद्रव न किये होंगे!

मैंने सुना है: एक केंचुए ने एक दूसरे केंचुए को देखकर कहा, अहा! पहली नजर का प्रेम इसको कहते हैं! मुझे तो तुझसे प्रेम हो गया!

दूसरे केंचुए ने कहा: 'अरे मूरख, मैं तेरा ही दूसरा हिस्सा हूं! नाहक की बकवास न कर!' क्योंकि केंचुए के दो मुंह होते हैं। वह उन्हीं का दूसरा हिस्सा था। उसने कहा, 'मूरख, व्यर्थ की बकवास न कर!'

अब केंचुए भी रहे होओगे। न मालूम कैसी-कैसी नजरों के प्रेम हुए होंगे! कभी-कभी खुद से भी प्रेम हुआ होगा। खुद ही से प्रेम के वार्तालाप हो गये होंगे। जंगली जानवर भी रहे होओगे। क्या-क्या नहीं रहे होओगे! चौरासी करोड़ योनियों में सब तो आ गया होगा। पत्थर से लेकर आदमी तक की लंबी यात्रा—इस सब का हिसाब किताब करना है! इसलिए तो तुम्हारा साधु

इतना उदास हो जाता है! इतना चिंतित हो जाता है; इतना व्यथित हो जाता है। न दिन चैन, न रात चैन। कहां विश्राम उसे! और मैं बात कर रहा हूं—अनहद में बिसराम की। उसको कहां विश्राम? उसको तो उधेड़बुन ही उधेड़बुन है।

और फिर उसका भविष्य यहीं खत्म नहीं होता; मौत पर कोई समाप्ति नहीं होती। फिर आगे चलते ही जाना है। इन दोनों अनंत यात्राओं के बीच में उसका निमिष—पल मात्र का जो वर्तमान है, वह तो यूं दबकर पिस जायेगा कि जैसे दो चट्टानों के बीच में किसी ने जुही के फूल को दबा दिया हो! पता भी न चलेगा। कभी खबर भी न मिलेगी।

नहीं। यह सूत्र मेरे ही संन्यास की बात कर रहा है।

छोड़ो अतीत को; छोड़ो भविष्य को।

और दूसरी बात भी मेरे संन्यासियों पर ही लागू हो सकती है: *'वर्तमान निमेषं तु हसन्नेवानुनर्तते।'* हंसो। आनंदित होओ। प्रफुल्लित होओ। मग्नचित्त होकर जीओ। यह तो पुराने संन्यासी पर लागू नहीं हो सकता।

'हंसते हुए वर्तमान में जीना।' पुराना संन्यासी तो कहेगा कि यह योगवासिष्ठ भी भ्रष्ट है। मैं तो भ्रष्ट हूं ही।

योगवासिष्ठ को लोग पढ़ते रहते हैं, लेकिन इसके अर्थ को नहीं समझते। न मालूम कितने शास्त्रों को पढ़ते रहते हैं, जिनके अर्थ नहीं समझते। अगर उनको अर्थ समझ में आ जाएं, तो बहुत चौंकें। बहुत हैरानी उन्हें हो। क्योंकि उनकी जीवन धारणाओं में, और उन शास्त्रों के मौलिक अर्थों में भेद होगा। होना ही चाहिये। क्योंकि शास्त्र तो उनसे जन्मे हैं, जिन्होंने जाना।

अब जिसने जाना है, उसने यह बात कही होगी। अज्ञानी तो नहीं कह सकता। वर्तमान के क्षण में जो मस्त होकर जी रहा है...। अलमस्त, प्रमुदित, प्रफुल्लित। जिसका रोआं-रोआं नृत्य में लीन है, और जिसके कण-कण में गीत उठ रहा है—वैसा व्यक्ति ही संन्यासी है।

लेकिन तुम्हारे तथाकथित संन्यासियों को तुम देखो। उनकी शकलों पर बारह बज रहे हैं! हमेशा मातमी! हंसना तो जैसे सदियों से भूल गये हैं। और हंसें भी तो कैसे हंसें? चौरासी करोड़ योनियों का बोझ! कितना हिसाब-किताब निपटाना है! कर्मों के कितने जाल इकट्ठे हो गये हैं, और रोज होते जा रहे हैं। और रोज भूल पर भूल होती जा रही है। और अभी आगे भी बहुत यात्रा पड़ी है। धूल यूं ही बहुत जम गयी है और अभी यात्रा बहुत शेष है! और धूल जमेगी।

उनका संकट तो देखो! उनके प्राण कैसी विडम्बना में न पड़े होंगे! कहां हंसे, कैसे हंसे? हंस तो वही सकता है, जिसका कोई अतीत नहीं, कोई भविष्य नहीं—वर्तमान ही जिसके लिए सब कुछ है। उसके लिए क्या चिंता, क्या बोझ, क्या पीड़ा, क्या मातम? उसके लिए जीवन उत्सव है।

निश्चित ही, सहजानंद! योगवासिष्ठ का यह श्लोक मैं जो कहता हूं, उसकी तरफ ही इशारा है; और बहुत स्पष्ट इशारा है। जिसने भी कहा होगा, वह जाननेवाला रहा होगा, वह बुद्ध पुरुष रहा होगा।

शास्त्रों के संबंध में एक बात खयाल रखना, क्योंकि पुराने शास्त्र एक व्यक्ति के द्वारा लिखे हुए नहीं हैं; अनेक व्यक्तियों के द्वारा लिखे हुए हैं। उनमें चीजें जुड़ती चली गयीं। वे सब संहिताएं

हैं। नये-नये लोग होते गये, नयी-नयी बातें जोड़ते चले गये। तो उनमें कभी-कभी अज्ञानियों ने भी जोड़ दिया है बहुत कुछ। ज्ञानियों के साथ-साथ अज्ञानियों के शब्द भी उनमें मिल गये हैं। इसलिए तुम्हें मेरी बातों में कई बार विरोधाभास मिलेगा।

योगवासिष्ठ के इस सूत्र का मैं समर्थन करूंगा। और तब तुम्हें अड़चन होती है, क्योंकि तुम्हें हैरानी यह होती है कि जब योगवासिष्ठ का एक सूत्र मैंने ठीक कहा, तो सब सूत्र ठीक होने चाहिए! सब सूत्र ठीक नहीं हो सकते, क्योंकि सब सूत्र एक ही ऊर्जा से पैदा नहीं हुए हैं।

वेद के एक सूत्र का मैं समर्थन कर दूंगा और दूसरे सूत्र का विरोध करूंगा। और उतने ही बलपूर्वक विरोध करूंगा, जितने बलपूर्वक मैंने पहले का समर्थन किया था। और तुम विरोधाभास देखते हो, तो तुम्हारी भूल है। कहीं कोई विरोधाभास नहीं है।

संहिताएं हैं ये।... बुद्ध के नाम से इतने शास्त्र हैं कि असंभव है यह कि एक व्यक्ति ने इतने शास्त्र लिखें हों या कहे हों। व्यास के नाम से इतने शास्त्र हैं कि असंभव है यह कि एक व्यक्ति ने इतने शास्त्र लिखे हों या कहे हों। व्यास का नाम स्वीकृत नाम हो गया; साख हो गई नाम की, तो जिसको भी अपनी किताब चलानी हो, वह व्यास का नाम उस पर लिख देता था! छपती तो थी नहीं किताबें; लिखी जाती थीं हाथ से। कोई कापीराइट तो थे नहीं उन दिनों। कोई सरकारी नियंत्रण था नहीं। तुम भी किताब लिखकर अगर उसको लिख दो—'व्यास रचित' तो कोई कुछ कर नहीं सकता था। तुमने चला दी व्यास की एक और किताब! लेकिन व्यास के नाम की साख थी; साख का फायदा उठा लेना अच्छा था। तुम अपने नाम से लिखोगे, कौन पढ़ेगा! कौन सुनेगा? कौन मानेगा? लेकिन व्यास की है, तो फिर तो माननी ही होगी; गलत भी हो, तो भी माननी होगी।

कितनी रामायणें हैं! वाल्मीकि से लेकर तुलसीदास तक कितने लोगों ने रामायणें लिखीं! इनमें बहुत भेद हैं। एक-दूसरे से बहुत ज्यादा अलग-अलग बातें हैं। मगर राम की कथा है; राम की कथा ही साख है, तो कोई भी लिख दे राम की कथा—चल पड़ेगी! लोग उसे सिर पर लेंगे। लोगों को फिक्र ही नहीं कि उसके भीतर क्या है!

इसलिए जब मैं किसी सूत्र का समर्थन करूं, तो खयाल रखना : उस सूत्र का समर्थन कर रहा हूं—कोई योगवासिष्ठ के पूरे जीवन-दर्शन का समर्थन नहीं कर रहा हूं। बहुत से सूत्र हैं जिनमें मेरा कुल इतना ही विरोध है, जितना मेरा समर्थन इस सूत्र के लिए है। क्योंकि मेरे पास अपनी कसौटी है। मुझे किसी शास्त्र से न कुछ लेना है, न देना है। मेरी कसौटी पर जो ठीक उतरेगा, वह ठीक। जो ठीक नहीं उतरेगा—वह नहीं ठीक। सोने को सोना कहूंगा; मिट्टी को मिट्टी कहूंगा। फिर वह चाहे योगवासिष्ठ में ही रखी मिट्टी क्यों न हो। और सोना अगर कचरे में भी पड़ा हो, तो भी उसे सोना ही कहूंगा।

इसलिए तुम्हें मेरी बातों में बहुत बार विरोधाभास दिखाई पड़े तो जल्दी मत कर लेना; सोचना—कारण होगा कुछ। जैसे इस सूत्र में तो मैं कोई शर्त न लगाऊंगा; बेशर्त स्वीकार करूंगा। यह तो मेरी ही बात है; यही तो मैं रोज कह रहा हूं तुमसे : कि क्षण में जीना सीखो; पल में जीना सीखो। अगर चाहते हो कि तुम्हारे जीवन में आनंद के फूल खिलें; सुवास उड़े महोत्सव की; और परमात्मा तुम्हें घेरकर तुम्हारे साथ मदमस्त हो उठे—तो इतना ही करना जरूरी है। यही

ध्यान की पूरी प्रक्रिया है। अतीत से अपने को छुड़ा लो। और अतीत ने तुमको नहीं पकड़ा है। तुमने अतीत को पकड़ा है इसलिए जब चाहो छोड़ दे सकते हो। और वर्तमान मौजूद है, कहीं खोजने जाना नहीं है। और भविष्य है ही नहीं; छोड़ने में क्या अड़चन है!

लेकिन बड़े अजीब लोग हैं—जो नहीं है, उसको भी छोड़ने में मुश्किल होती है! मुट्ठी खाली है, मगर उसको खोलने में डर लगता है कि कहीं खाली दिखाई न पड़ जाए! बांधे रहो तो कम से कम भरोसा तो बना रहता है कि कुछ होगा, तभी तो बंधे हुए हैं!

लोग अपनी मुट्ठी भी खोलने में डरते हैं कि कहीं खाली दिखाई न पड़ जाए! मगर तुम्हारी मुट्ठी है, तुम्हें पता ही है कि खाली है; खोलो या न खोलो।

भविष्य है नहीं; छोड़ने का सवाल नहीं। अतीत जा चुका है; छोड़ने का सवाल नहीं; छूट ही चुका है। जो है, उसे तुम छोड़ना भी चाहो तो छोड़ नहीं सकते हो। मगर कैसा उपद्रव है कि 'नहीं' के साथ उलझे हो और 'है' से चूक रहे हो। और जो है, वह परमात्मा का ही दूसरा नाम है।

'अनहद में बिसराम' प्रवचन 4 से
'मेरा स्वर्णिम भारत' में संकलित तेरहवां प्रवचन

।।५।।

ध्यान विधि है

प्यारे ओशो!

क्या आप इस सूत्र पर कुछ कहना पसंद करेंगे?

नास्ति कामसमो व्याधिः नास्ति मोहसमो रिपुः।

नास्ति क्रोधसमो वह्निर्नास्ति ज्ञानात् परं सुखम्।।

काम के समान कोई व्याधि नहीं है, मोह के समान कोई शत्रु नहीं है, क्रोध के तुल्य कोई अग्नि नहीं है और ज्ञान से उत्कृष्ट कोई सुख नहीं है।

चैतन्य कीर्ति! यह उन थोड़े-से सूत्रों में से एक है जिनकी सदा ही गलत व्याख्या होती रही है। अमृत भी जहर हो जाता है गलत हाथों में। सही हाथों में जहर भी औषधि हो जाता है। सवाल गलत और सही का कम, सवाल उन हाथों का होता है जिनमें सूत्र पड़ जाते हैं। सही हाथों में तलवार जीवन का रक्षण है और गलत हाथों में निश्चित ही हिंसा बनेगी।

सूत्र तो संकेत हैं। उन में विस्तार नहीं है, इसलिए उन्हें सूत्र कहते हैं। निचोड़ हैं। बहुत थोड़े में कहा है। और जब कोई चीज बहुत थोड़े में कही जाती है तो एक खतरा है। समझने के लिए काफी अवकाश होता है। और तुम समझोगे अपनी समझ से।

इस सूत्र पर अज्ञानियों ने जो व्याख्या की है उससे भयंकर अहित हुआ है। तो पहले तो उनकी व्याख्या खयाल में ले लें, ताकि इसकी सम्यक व्याख्या की तरफ तुम्हारी आंखें उठ सकें। जिन्होंने स्वयं नहीं जाना है, जिनका ज्ञान उधार है, बासा है, जिनके भीतर स्वयं के ध्यान का दीया नहीं जला है—उनसे इससे ज्यादा अपेक्षा भी नहीं हो सकती। वे भूल करने को आबद्ध हैं। उन्होंने इस सूत्र की यूं व्याख्या की है : 'नास्ति कामसमो व्याधि'...। काम का अर्थ उनके लिए रह गया : यौन। क्योंकि उनके जीवन में यौन से ज्यादा और कोई सूझ-बूझ नहीं है।

'काम' बहुत बड़ा शब्द है। व्यापक उसके अर्थ हैं। उसे यौन पर ही आबद्ध कर देना बड़ा भ्रांत है। फिर उसके दुष्परिणाम होंगे। दुष्परिणाम यह होंगे कि जब काम सिर्फ यौन बन जाए, आकाश को जैसे कोई आंगन बना दे! और काम है व्याधि, तो उपाय हो जाता है दमन, दबाओ, मिटाओ, नष्ट करो। दुश्मन को तो मिटाना ही होगा। व्याधि को तो जड़मूल से उखाड़ फेंकना होगा। और इसका परिणाम यह हुआ कि करीब-करीब सारी मनुष्यता उसी व्याधि में और भी गहरी डूब गयी। दमन से कोई मुक्ति तो होती नहीं। दमन मुक्ति का उपाय नहीं है। रूपांतरण से मुक्ति होती है। जैसे कोई बीमारी को दबा ले, तो बीमारी और भीतर चली जाएगी, और अचेतन में उतर जाएगी। पहले परिधि पर थी, अब केंद्र पर पहुंच जाएगी। पहले देह में थी, अब मन में

पहुंच जाएगी। मन से आत्मा तक उसकी मवाद उत जाएगी।

इसलिए तथाकथित धार्मिक व्यक्तियों का जीवन मवाद से भरा हुआ जीवन है। वे घाव हैं—सड़ते हुए घाव! हां, ऊपर से उन्होंने राम नाम की चदरिया ओढ़ रखी है, भीतर सिवाय बदबू के और कुछ भी नहीं है। पाखंड, गहन पाखंड। कहेंगे कुछ, करेंगे कुछ। करेंगे कुछ, बताएंगे कुछ। उन्होंने मुखौटे पर मुखौटे लगा रखे हैं।

इस सूत्र की गलत व्याख्या बहुत बड़ा कारण है पाखंड का।

काम का अर्थ होता है: और-और की मांग। काम का अर्थ सिर्फ यौन नहीं होता। वह केवल एक शाखा है काम के बड़े वटवृक्ष की। धन भी काम है। और इसलिए तुम जरा गौर से देखना, कृपण आदमी धन को ऐसे देखता है जैसे कामी स्त्री को देखता हो, सुंदर देह को देखता हो। धन का दीवाना नोटों को ऐसे छूता है, जैसे उसने अपनी प्रेयसी के तन को छुआ हो। पद भी काम है। पदाकांक्षी उतना ही कामग्रस्त है जितना कि कोई और कामी।

और तब एक बात और तुम्हें समझ में आ जाएगी: जो पद के लिए दीवाना है वह चाहे तो कामवासना से, जिसको तुम साधारणतः कामवासना समझते हो, यौन, उससे मुक्त हो सकता है, बड़ी आसानी से। क्योंकि उसकी सारी ऊर्जा पद की दौड़ में लग जाती है। जो धन के पीछे दौड़ रहा है वह भी अपनी सारी ऊर्जा को धन के लिए नियोजित कर सकता है। उसकी सारी ऊर्जा लोभ बन जाती है, लिप्सा बन जाती है। ऐसा व्यक्ति बड़ी आसानी से काम को दबा ले सकता है। इसमें कोई अड़चन नहीं है। क्योंकि उसने काम को एक नया ढंग दे दिया, एक नयी यात्रा पकड़ा दी, एक नया मुखौटा उढ़ा दिया।

राजनीतिज्ञ बहुत चिंतित नहीं होते यौन से। कोई जरूरत नहीं है। उल्टे राजनीतिज्ञ ब्रह्मचर्य की बातें करना शुरू कर सकते हैं। और तुम्हें उनकी बातें जंचेंगी भी, क्योंकि उनके जीवन में ब्रह्मचर्य से मिलती-जुलती चीज तुम्हें दिखाई पड़ने लगेगी। जैसे मोरारजी देसाई। पद के पीछे दीवाने हैं, पागल हैं। पचासी वर्ष की उम्र में भी पागल हैं। सारी कामवासना ने एक ही दिशा ले ली है। अब इसमें और शाखाएं पैदा होने का उपाय ही न रहा। यह कोई ब्रह्मचर्य नहीं है।

सैनिकों को हम उनके सामान्य स्वाभाविक यौन से अवरुद्ध करवा देते हैं—सिर्फ इसीलिए, क्योंकि अगर सैनिक सामान्य यौन का जीवन जीए तो उसकी लड़ने में कोई उत्सुकता नहीं होती। उसकी ऊर्जा तो यौन में ही प्रवाहित हो जाती है। तो सैनिकों को हम उनकी पत्नियों से दूर रखते हैं। सैनिकों को हम सब तरह से रुकावट डालते हैं कि उनकी काम-ऊर्जा किसी तरह से प्रवाहित न हो, कोई और आयाम न ले, ताकि वे उबलने लगें। और उस उबलने में ही हम उनको लड़ा सकते हैं। तब वे दीवाने की तरह एक-दूसरे की हत्या करते हैं। कामवासना हिंसा बन जाती है।

जो स्वर्ग के लिए लालायित हैं वे भी ब्रह्मचर्य साध सकते हैं—बड़ी आसानी से, क्योंकि उनकी सारी आकांक्षा एक ही दिशा में प्रवाहमान हो गयी है—स्वर्ग, मोक्ष। अब कहीं और दूसरी शाखाओं के निकलने के लिए उपाय न रहा।

तुम अगर बगीचे से प्रेम करते हो तो तुम्हें एक बात पता होगी। अगर तुमने फूलों की प्रतियोगिता में भाग लिया है तो तुम्हें यह बात पता होगी कि माली को अगर फूलों की प्रतियोगिता

में भाग लेना होता है तो गुलाब के पौधे पर वह बहुत सारे फूल नहीं खिलने देता। वह कलियों को काट देता है। एक ही फूल को खिलने देता है। स्वभावतः जब सारी कलियां तोड़ दी जाती हैं तो जितनी भी उस गुलाब की क्षमता है फूलों को पैदा करने की, वह एक ही फूल में प्रवाहित होती है। वह फूल बहुत बड़ा हो जाता है। प्रतियोगिता में यह माली जीत जाएगा। हालांकि गुलाब को इसने बड़ा दीन हीन कर दिया; जिस पर बहुत फूल खिलते उन सबकी ऊर्जा को इसने एक ही बहाव दे दिया। फूल तो बड़ा हो गया, मगर बहुत फूलों की जगह बस एक ही फूल रह गया। यह आदमी के साथ किया जाता रहा है।

किसी भी तरह की वासना काम है। यह इसकी सम्यक व्याख्या होगी। काम का अर्थ है : कामना। यौन भी एक कामना है, धन भी, पद भी, प्रतिष्ठा भी; स्वर्ग भी, मोक्ष भी, परमात्मा भी। तुम जब भी कुछ पाना चाहते हो तब यह सब काम है। यह इसकी सम्यक व्याख्या होगी। और यह तुम्हें समझ में आ जाए तो जीवन में क्रांति हो जाए। 'नास्ति कामसमो व्याधि'। तब तुम इस सूत्र का सम्यक अर्थ खोल पाओगे। तब इसमें छिपा राज तुम्हारे हाथ लग जाएगा। जिसके जीवन में कामना है, वह व्याधिग्रस्त है। जो और कुछ की आकांक्षा कर रहा है, जो उससे तृप्त नहीं है जहां है और जैसा है, वैसा व्यक्ति रुग्ण है, व्याधिग्रस्त है।

स्वस्थ कौन है? स्वस्थ वह है जो अभी और यहीं है, जैसा है वैसा ही, आह्लादित है। अगर इस क्षण मौत आ जाए तो वह यह भी न कहेगा कि घड़ीभर ठहर जा; मेरा कोई काम अधूरा रह गया है। उसका कोई काम कभी अधूरा नहीं है। वह जो कर रहा है इतनी समग्रता और परिपूर्णता से कर रहा है, इतने आह्लाद से, उत्सव से, उसके लिए साधन और साध्य का भेद नहीं है। स्वस्थ व्यक्ति वह है जिसके लिए साधन ही साध्य है; जिसके लिए साधन और साध्य में कोई भेद नहीं है; जिसके लिए कोई और साध्य नहीं है, बस साधन ही साध्य है; जिसके लिए मंजिल और मार्ग में कोई अंतर नहीं है। मंजिल मार्ग है। मार्ग का प्रत्येक कदम मंजिल है। वह हर कदम पर मंजिल पर है। रास्ता अभी टूटता हो, अभी टूट जाए। कल की उसे कोई जरूरत नहीं है, क्योंकि आज काफी है।

जीसस अपने शिष्यों के साथ एक खेत से गुजर रहे हैं। खेत के किनारे पर लिली के फूल खिले हैं—सफेद फूल। जेरुसलम के आसपास लिली के फूल बहुत खिलते हैं। मौसम अनुकूल है। भूमि अनुकूल है लिली के फूलों के लिए। और इतने खिलते हैं कि उनकी कोई फिक्र भी नहीं करता। कीमत तो उसकी होती है, जो न्यून हो। जब चारों तरफ लिली के फूल खिलते हैं तो कौन फिक्र करता है! लिली के फूल गरीब फूल हैं, सर्वहारा। जब चाहो तब, जहां चाहो वहां उपलब्ध हो जाते हैं। लेकिन जीसस ठिठक गए और उन्होंने अपने शिष्यों को कहा : 'देखते हो लिली के फूलों को! देखते हो इन गरीब फूलों को! मैं तुमसे कहता हूं कि सम्राट सोलोमन भी...।'

यहूदियों में सम्राट सोलोमन सबसे बड़ा सम्राट है। उसकी यशगाथा का अंत नहीं है। उसके धन, उसके साम्राज्य की कोई सीमा नहीं है। अकूत उसके पास धन था। और सुंदरतम वह व्यक्ति था। दुनिया की श्रेष्ठतम स्त्रियों ने उससे निवेदन किया था विवाह का। दूर-दूर से राजकुमारियां उसके चरणों में आ गिर पड़ती थीं। तो यहूदियों में सोलोमन की बड़ी कहानियां हैं। सुंदर था, धनी

था और बड़ा बुद्धिमान भी—जो कि बड़ी ही मुश्किल घटना है एक साथ सब होना—ऐसा धन, ऐसा सौंदर्य, ऐसी प्रतिभा। जो यहूदी नहीं हैं वे भी, जिन्हें सोलोमन के संबंध में कुछ पता नहीं है वे भी इस कहावत से परिचित हैं। इस देश में भी यह कहावत है कि बड़े सुलेमान बने बैठे हो! सुलेमान सोलोमन का हिंदी-रूप है, कि क्या समझा है तुमने अपने को, सुलेमान समझा है? शायद उसको पता भी नहीं जो आदमी यह कह रहा है कि वह क्या कह रहा है। सुलेमान यानी कौन? मगर सुलेमान बुद्धिमत्ता का, सौंदर्य का, समृद्धि का प्रतीक हो गया है। वह सोलोमन का ही रूप है।

...तो जीसस ने अपने शिष्यों को कहा कि मैं तुमसे कहता हूं कि सोलोमन भी अपनी सारी साज-सज्जा के साथ, अपने परम सौंदर्य में इतना सुंदर नहीं था—जितने ये लिली के दरिद्र फूल। और तुम जानते हो कि इनके सौंदर्य का राज क्या है? इनके सौंदर्य का राज है कि ये अभी और यहीं जीते हैं। इनको कल की कोई चिंता नहीं। इन्हें कल का कोई पता नहीं।

और जीसस ने कहा : 'यही मैं तुमसे कहता हूं। अभी जीयो और यहीं! तुम भी ऐसे ही सुन्दर हो जाओगे। तुम्हारे जीवन में भी ऐसी ही सुगंध होगी। तुम भी इन्हीं फूलों जैसे खिल जाओगे। तुम्हारा जीवन भी एक उत्सव बन जाएगा, एक नृत्य, एक गीत।'

काम का अर्थ है : और की दौड़। निष्काम का अर्थ है : अदौड़। ज्यूं था त्यूं ठहराया! जन रज्जब ऐसी विधि जानी ज्यूं था त्यूं ठहराया। रज्जब ठीक कह रहे हैं कि मुझे उस विधि का पता है, जिससे चीजें ठहर जाती हैं, जैसी हैं वैसी ही ठहर जाती हैं। दौड़ बंद हो जाती है। दौड़ है काम। दौड़ है व्याधि।

और तुम सब दौड़े हुए हो, भागे हुए हो। तुम जहां हो वहां कभी नहीं हो, हमेशा कहीं और... जितना है उतना पर्याप्त नहीं, कुछ और चाहिए, और चाहिए! और यह 'चाहिए' का अंत नहीं आता, आ नहीं सकता। यह दौड़ ऐसी है जैसे कोई क्षितिज को छूने के लिए दौड़े। ऐसे तो दिखाई पड़ता है पास ही, कि यही कोई दस पांच मील की दूरी पर आकाश जमीन को छू रहा है; दौड़ूंगा तो बहुत से बहुत घंटा, दो घंटा, पहुंच जाऊंगा। लेकिन तुम कितना ही दौड़ो, लाख दौड़ो, सारी जमीन का चक्कर लगा आओ तो भी तुम क्षितिज तक नहीं पहुंच पाओगे। क्षितिज और तुम्हारे बीच की दूरी हमेशा उतनी ही रहेगी जितनी जब तुमने दौड़ शुरू की थी तब थी। दौड़ अंत होगी तब भी दूरी उतनी ही रहेगी। क्षितिज और तुम्हारे बीच की दूरी मिटती नहीं, क्योंकि क्षितिज है ही नहीं, दूरी मिटे तो कैसे मिटे?

काम का अर्थ है : तुम्हारे सामने हमेशा एक भ्रामक क्षितिज है, जिसको पाने के लिए तुम दौड़ रहे हो। मगर तुम आगे बढ़ते हो, क्षितिज भी आगे बढ़ जाता है। तुम्हारे पास इतना है अभी, दुगुना हो जाए, अगर यह तुम्हारा क्षितिज है कि दुगना हो जाए, तो जब दुगना होगा तब भी यही क्षितिज तुम्हारे भीतर रहेगा कि अब फिर दुगना हो जाए। वह भी संभव है हो जाए, मगर बात वही की वही रहेगी, परेशानी वही की वही रहेगी—फिर दुगना हो जाए। यह दुगना होता चला जाए, यह तुम्हारा गणित कभी छूटेगा नहीं। और जितने तुम सफल होते जाओगे उतना ही यह गणित तुम्हें जोर से पकड़ेगा, क्योंकि लगेगा दुगना हो सकता है; हो गया है, तो और कर लो।

अगर हारे तो दुखी, अगर जीते तो दुखी। इस संसार की बड़ी अजीब कथा है, बड़ी अजीब

व्यथा है। यहां हारनेवाले तो हारते ही हैं, यहां जीतनेवाले भी हार जाते हैं। यहां असफल तो असफल होते ही हैं : सफल जो हैं वे भी असफल हो जाते हैं। यहां हर हालत में दुख हाथ लगता है। हारे तो दुख हाथ, विषाद कि हार गया, टूट गया, खंडहर हो गया। जीतो तो विषाद। महल मिल जाता है तो भी कोई फर्क नहीं पड़ता, क्योंकि दुगने बड़े महल की योजना बन जाती है। तुम हमेशा ही दीन रहोगे।

व्याधि का अर्थ है : तुम हमेशा ही दीन और रुग्ण रहोगे। तो इसका संबंध सिर्फ यौन से नहीं हो सकता। यौन इसका एक अंग मात्र है, एक पहलू। और इसके अनंत पहलू हैं। यौन का मतलब होगा : इस स्त्री से तृप्ति नहीं मिलती, उस स्त्री से मिलेगी। उससे भी नहीं मिलेगी तो किसी और से मिलेगी। दौड़े जाओ, दौड़े जाओ। भागे जाओ। तृप्ति कभी नहीं मिलेगी, न किसी स्त्री से मिलेगी, न किसी पुरुष से मिली है। ऐसे तृप्ति मिलती ही नहीं। यह तो अतृप्ति की आग है, जिसमें तुम ईंधन डाल रहे हो। फिर इससे क्या फर्क पड़ता है कि इस मकान में तृप्ति मिलेगी या उस मकान में तृप्ति मिलेगी, इतने धन से मिलेगी या उतने धन से मिलेगी, इस पद से मिलेगी या उस पद से मिलेगी। ये सब उसी वृक्ष की शाखाएं हैं।

काम को यौन ही मत समझो। नहीं तो लोग बस यौन से ही लड़ते रह जाते हैं। और जीवन... अगर यौन से तुम लड़े, तो उसका परिणाम यह होनेवाला है कि यौन का द्वार तो बंद हो जाएगा। लड़ोगे तो द्वार बंद कर सकते हो, मगर यौन की ऊर्जा नए द्वार खोज लेगी। जैसे कोई झरने को पत्थर से अटका दे तो झरना पास से बहकर निकलेगा। वहां से रोक दे तो कहीं और से निकलेगा। लेकिन झरना है तो झरना बहेगा। खंड-खंड हो जाएगा, लेकिन कहीं न कहीं से बहेगा, रिसेगा।

काम व्याधि है, क्योंकि और की दौड़ कभी स्वस्थ नहीं होने देती, अपने में नहीं ठहरने देती, अपने में नहीं रुकने देती। और वहां है आनंद। रुकने में है आनंद, दौड़ने में है दुख। फिर तुम किसलिए दौड़ते हो, इससे कुछ भेद नहीं पड़ता। काम है मूर्च्छा, क्योंकि जो मूर्च्छित है वही दौड़ सकता है। जो होश में आ गया वह दौड़नेवालों पर हंसेगा क्योंकि वे सब स्वर्ण-मृग की तलाश में चले हैं।

और मजा यह है कि जाते ही स्वर्णमृग की तलाश में और अपनी सीता को गंवा बैठते हो। जो अपनी थी वह खो जाती है—उसको पाने के लिए जो कि जरा भी बुद्धि होती, जरा भी विचार होता, जरा भी होश होता, तो तुम पहले से ही समझ लेते कि स्वर्ण-मृग कहीं होते हैं!

सभी का जीवन बस रामायण की कथा है। राम चले स्वर्ण-मृग की तलाश में और सीता को गंवा बैठे। जो अपनी थी उसे खो बैठे और जो अपना कभी हो नहीं सकता, उसकी तलाश में निकल गए। यह मूर्च्छा का सबूत है। यह बेहोशी का सबूत है।

काम का अर्थ है : मूर्च्छा। और जब तक मनुष्य मूर्च्छित है, मनुष्य नहीं है। तब तक वह पशु है। और पशु को तो माफ किया जा सकता है, क्योंकि उसकी बेचारे की क्षमता नहीं है जागरण की। लेकिन मनुष्य को कभी माफ नहीं किया जा सकता; उसकी क्षमता है जागरण की। और क्षमता हो और उपयोग न करो तो तुम्हारे अतिरिक्त और कौन जिम्मेवार होगा? इसलिए कोई पशु पापी नहीं होता। तुम किसी पशु को पापी नहीं कह सकते। मनुष्य ही को पापी कह सकते हो।

और पाप क्या है? तुम्हें जो अवसर मिला है उसका उपयोग न करना पाप है। और पुण्य क्या है? तुम्हें जो अवसर मिला है उसका समुचित उपयोग कर लेना पुण्य है। जीवन की क्षमता है: मनुष्य के भीतर आकर जागरण का दीया जल सकता है।

काम है मूर्च्छा। इस मूर्च्छा को तोड़ना है। यह मूर्च्छा ध्यान के बिना नहीं टूटती। ध्यान विधि है मूर्च्छा को तोड़ने की। काम है पशुत्व, वासना, और-और की दौड़। और ध्यान है ठहरना, रुकना, और से मुक्त हो जाना—जैसे हैं, जहां हैं, परितुष्ट। जो है उससे आनंदित, अनुगृहीत। जो है वही बहुत है। जो है उसकी भी हमारी पात्रता नहीं है। जो मिला है उसके लिए भी धन्यवाद हमारे भीतर नहीं उठता।

और मजा यह है कि जो है, अगर तुम्हारे लिए अनुग्रह का कारण बन जाए तो और-और वर्षा होगी तुम्हारे ऊपर, अमृत और झरेगा। वह सिर्फ अनुगृहीत लोगों पर ही झरता है। लेकिन तुम्हारे हृदय में तो शिकायतें हैं, शिकवे हैं, गिला है। न मालूम कितने-कितने कांटे तुम अपने हाथ से बोए चले जाते हो! शिकायतों के कांटे। तुम्हारी प्रार्थनाएं भी तुम्हारी शिकायतें हैं। तुम परमात्मा से यही कहने जाते हो हमेशा कि ऐसा क्यों नहीं हुआ, ऐसा होना चाहिए था। तुम कभी यह भी कहने गए हो कि धन्यवाद तेरा, जैसा होना चाहिए था वैसा ही हो रहा है? जिस दिन तुम दुख के क्षण में भी कह सकोगे कि जैसा होना चाहिए वैसा ही हो रहा है, दुर्घटना में भी कह सकोगे कि जैसा हो रहा है वैसा ही होना चाहिए था, जिस दिन तुम्हारा अनुग्रह का भाव बेशर्त होगा—उस दिन तुम जानोगे प्रार्थना क्या है।

मगर यह बिना जागरण के तो नहीं हो सकता। जहां और-और की दौड़ लगी है वहां तो शिकायत होगी ही। वहां यह भी शिकायत नहीं होती कि मुझे क्यों कम मिला है, वहां यह भी शिकायत होती है कि दूसरे को ज्यादा क्यों मिला है।

मेरे पास लोग आते हैं। वे कहते हैं, 'हम ईमानदार हैं, नैतिक हैं, सदाचरण से रहते हैं, और फिर भी बेईमान और बदमाश और लुच्चे और लफंगे धन कमा रहे हैं, पद पर पहुंच रहे हैं, प्रतिष्ठित हो रहे हैं और हमें कुछ भी नहीं मिल रहा है।' न तो ये नैतिक हैं, न ये ईमानदार हैं, न ये सदाचरण को उपलब्ध हैं। क्योंकि जो नैतिक है उसको तो नैतिक होने में ही ऐसा परम सौभाग्य मिल गया कि क्या वह कोई पद चाहेगा? और जो ईमानदार है, उसको तो ईमानदार होने में ही ऐसे रस-स्रोत उपलब्ध हो गए कि क्या अब धन के पीछे दौड़ेगा? और जो सच में ही धार्मिक है, क्या अधार्मिकों से उसकी प्रतिस्पर्धा हो सकती है? वह दया करेगा कि ये बेचारे धन में ही मरे जा रहे हैं, ये पद में ही सड़े जा रहे हैं। उसे दया आएगी, करुणा आएगी। मगर इन्हें ईर्ष्या आ रही है। ईर्ष्या केवल इस बात की सूचना है कि ये भी उसी तरह के लोग हैं। शायद बेईमानी करने की हिम्मत नहीं है, इसलिए ईमानदार हैं। मगर बेईमान को जो मिल रहा है वही ये भी चाहते हैं। ये दोहरे बेईमान हैं। ये ईमानदारी से जो भी लाभ मिलना चाहिए परलोक में, वह भी लेना चाहते हैं और बेईमानी से जो लाभ यहां मिलता है, वह भी ईमानदारी से ले लेना चाहते हैं। ये दोनों दुनिया सम्हाल लेना चाहते हैं। ये दोनों लोक सम्हाल लेना चाहते हैं—यहां भी जीत जाएं, वहां भी जीत जाएं। ये बहुत चालबाज लोग हैं। न इन्हें नीति का पता है, न इन्हें धर्म का पता है। जाग्रत हुए बिना पता चल भी नहीं सकता।

'नास्ति कामसमो व्याधिः'—मैं स्वीकार करता हूं, यह सूत्र बहुमूल्य है। मगर इसका अर्थ मेरे ढंग से समझना होगा। निश्चित ही और की दौड़ से बड़ी इस दुनिया में कोई बीमारी नहीं है। क्योंकि सब बीमारियों का दूसरे इलाज कर सकते हैं, इस बीमारी का इलाज सिर्फ तुम्हीं कर सकते हो, कोई दूसरा नहीं कर सकता। यहां बीमार और वैद्य एक ही व्यक्ति को होना है। यहां बीमार को ही अपनी चिकित्सा करनी है, इसमें कोई सहयोगी नहीं हो सकता। इसलिए यह बड़ी से बड़ी व्याधि है, महाव्याधि।

'नास्ति मोहसमो रिपुः।' और मोह के समान कोई शत्रु नहीं। मोह को भी समझने की कोशिश करना। उसको भी गलत समझा गया है। मोह से लोग मतलब लेते हैं—पत्नी, बच्चे, घर-द्वार, इनको छोड़कर भाग जाओ। इनको छोड़ दिया तो मोह से मुक्त हो गए। यह बड़ी जड़बुद्धि की व्याख्या हुई। क्योंकि जिसने घर छोड़ा, पत्नी छोड़ दी, बच्चे छोड़ दिए—यह कोई बहुत कठिन नहीं है। यह मामला बहुत कठिन नहीं है। सच तो यह है कि पति पत्नियों से परेशान हैं, पत्नियां पतियों से परेशान हैं। इससे ज्यादा आसान और क्या होगा कि वे भाग खड़े हों? आश्चर्य तो यह है कि अनंत-अनंत लोग भागते क्यों नहीं! इनको कभी का शंकराचार्य के शिष्य हो जाना चाहिए कि जगत माया है और जंगलों में बैठ जाना चाहिए। पता नहीं क्यों रुके हैं, किस कारण रुके हैं!

चंदूलाल का बेटा पूछ रहा था चंदूलाल से, 'पापा, आपने मम्मी से शादी क्यों की?'

चंदूलाल ने गौर से अपने बेटे को देखा और कहा, ' तो तुझे भी आश्चर्य होने लगा?'

चंदूलाल की पत्नी चंदूलाल से कह रही थी... 'मान लो हमारे घर में कोई चोर घुस आए तो आप क्या करेंगे?'

चंदूलाल ने कहा, 'जो आप कहेंगी।'

पत्नी ने कहा, 'मैं क्यों?'

चंदूलाल ने कहा, 'क्योंकि अब तक इस घर में मुझे अपनी इच्छा से कुछ करना नसीब नहीं हुआ। तो जब चोर आएंगे, आपसे पूछ लूंगा। जो आप कहेंगी वही करूंगा।'

कौन पति नहीं भागना चाहेगा! ये तो बड़े हिम्मतवर बहादुर लोग हैं कि जमे हुए हैं। ये तो कहते हैं : सौ-सौ जूते खाएं तमाशा घुसकर देखें! कोई फिक्र नहीं, तमाशा देखेंगे।

'मैं कहां हूं?' चंदूलाल ने अस्पताल में एक नर्स को देखकर पूछा। 'लगता है मैं स्वर्ग में आ गया हूं।' नर्स बड़ी सुंदर थी और चंदूलाल अभी-अभी क्लोरोफार्म से बाहर आ रहे थे। सो कुछ थोड़ा-थोड़ा होश था, कुछ थोड़ी-थोड़ी बेहोशी थी, कुछ सपना-सपना सा था। उस तैरती सी सपने की अवस्था में यह सुंदरी एकदम प्रगट हुई, सोचा उर्वशी है कि मेनका है! पूछने लगे, 'मैं कहां हूं? लगता है मैं स्वर्ग में आ गया हूं।'

पास खड़ी उनकी पत्नी बोली, 'नहीं, पप्पू के पापा, अभी तो मैं तुम्हारे साथ हूं। कैसी बहकी-बहकी बातें कर रहे हो?'

कहां का स्वर्ग, जब पत्नी मौजूद है? तत्क्षण होश आ गया चंदूलाल को। सब क्लोरोफार्म

नदारद हो गया, जैसे ही पत्नी की आवाज सुनी। पत्नी की आवाज अगर लोग स्वर्ग में भी सुन लेंगे, एकदम संसार में आ जाएंगे। सब चौकड़ी भूल जाएंगे।

चंदूलाल हाल में भोगी हुई मुसीबतों की कथा अपने मित्र को बड़े विस्तार से सुना रहे थे। मित्र ने कहा, 'अरे यह तो कुछ भी नहीं है। कल मुझ पर जो गुजरी वह सुनो। कल रात मुझे सपना आया कि मुझे लेकर मेरी बीबी और हेमा मालिनी में हाथापाई हो गयी और मेरी बीबी जीत गयी।'

पत्नियों से कौन भागना न चाहेगा और पतियों से कौन बचना न चाहेगा! लाख ऊपर-ऊपर से लोग कुछ कहते हों, भीतर तो बात कुछ और ही है। इसलिए यह बात लोगों को जमी, यह अर्थ समझ में आ गया लोगों को कि पत्नी छोड़ दो, बच्चे छोड़ दो—यही मोह है।

मोह का इतना छोटा अर्थ मत करो। घर में है भी क्या तुम्हारे, जो तुम छोड़कर जा रहे हो? दुख ही दुख है, पीड़ा ही पीड़ा है। सुबह से सांझ तक कोल्हू के बैल की तरह जुते हुए हो। और कोई धन्यवाद देने को भी राजी नहीं है। बच्चे भी धन्यवाद देने को राजी नहीं हैं, पत्नी भी राजी नहीं है, पति भी राजी नहीं है, पिता भी राजी नहीं है, मां भी राजी नहीं है, कोई राजी नहीं है किसी से। इससे भाग जाना तो सीधा गणित है। इसमें कुछ अड़चन नहीं है।

तुम्हारा जो पुराना संन्यास था, दो कौड़ी का था। वह इसी उपद्रव पर निर्भर था। मोह कुछ और बड़ी बात है। उसे समझने की कोशिश करो।

मोह का अर्थ है : मेरे का भाव। मोह से मुक्ति का अर्थ होगा : मेरे से मुक्ति। तुमने घर छोड़ दिया; 'मेरा'—यह भाव छूटा? यह नहीं छूटता। फिर मेरा मंदिर, मेरी मसजिद, मेरा धर्म, मेरा शास्त्र! एक व्यक्ति घर छोड़कर मुनि हो जाता है, समाज छोड़ देता है; लेकिन जिस समाज को छोड़ आया है उसी समाज का सिखाया हुआ धर्म नहीं छोड़ता। यह कैसा छोड़ना हुआ? अभी भी कहता है—मैं जैन हूं, मैं हिंदू हूं, मैं मुसलमान हूं। उसी समाज ने तो यह सब बकवास सिखायी है—उन्हीं मां बाप ने, जिनको तुम छोड़ आए हो; उनको तो छोड़ आए लेकिन उन्होंने जो कचरा तुम्हारे दिमाग में भर दिया था वह तो साथ ही ले आए। मेरा देश, मेरी जाति, मेरा कुल! यह अकड़ जाती नहीं। यह अहंकार हटता ही नहीं, और जोर से पकड़ लेता है। क्योंकि वहां तो बंटा हुआ था—मेरी पत्नी थी, मेरा बेटा था, बेटी थी, और रिश्तेदार थे, मां थी, बहन थी, सारा विस्तार था, धन था, मकान था; अब सब छूट गया तो इस मेरे को अब पकड़ने को जो बचा थोड़ा-बहुत—मेरी गीता, मेरी कुरान, मेरा मंदिर, मेरा धर्म—अब यह मेरे ने इस पर शिकंजा कसा। और यह ज्यादा गहरा शिकंजा है, क्योंकि धन तो दिखाई पड़ता है, छोड़ सकते हो। जो दिखाई पड़ता है उसे छोड़ने में कठिनाई नहीं है। अब यह 'मेरा' जो है, बड़ा सूक्ष्म हो गया, अब इसे छोड़ना मुश्किल हो जाएगा। अब यह 'मेरे' ने तो तुम्हें भीतर से पकड़ा। यह बड़ा नाजुक और बारीक हो गया। इसको देखने और पहचानने के लिए आंखें चाहिए।

जो मुनि अपने को जैन कहता है वह मुनि है ही नहीं। यह कैसा मौन? अभी पुरानी बकवास तो जारी है। जो संन्यासी अपने को अभी भी हिंदू कहता है, वह संन्यासी नहीं है। जब हिंदू जाति को ही छोड़ दिया...। अभी भी संन्यासी होकर जो शूद्र को शूद्र मानता है, ब्राह्मण को ब्राह्मण मानता है—यह खाक संन्यासी है। समाज को छोड़ आया है, लेकिन समाज की व्यवस्था तो इसकी खोपड़ी में समायी हुई है। यह शूद्र के साथ भोजन करने को तैयार है?

दिगंबर जैन मुनि यात्रा करते हैं तो वे सिर्फ जैन के घर से ही भोजन ले सकते हैं। क्या गजब का त्याग किया है! छोड़ दिया समाज, मगर भोजन अभी जैन घर से ही लेंगे। तो अब जैन सारे गांव में तो होते भी नहीं। और तीर्थयात्रा पर जाता है मुनि, तीर्थयात्रा पर जाने की भी जैन मुनि को क्या जरूरत है? मेरा तीर्थ है! तो पैदा होता है केरल में और जाता है शिखरजी। लंबी यात्रा केरल से कलकत्ता तक, अब इसमें ऐसे बहुत-से ऐसे गांव पड़ेंगे जहां कोई जैन घर नहीं होता। तो एक उपद्रव चलता है, दिगंबर जैन मुनि के साथ—एक उपद्रव चलता है! दस-पंद्रह चौके उसके साथ चलते हैं।

तुम पूछोगे दस-पंद्रह क्यों?

उसका भी राज है। एक चौका छोड़ा। एक ही चौका होता है एक घर में, अब दस-पंद्रह पीछे चलते हैं। क्योंकि महावीर ने यह सूत्र दिया है कि तुम सुबह से एक प्रतिज्ञा लेना और वह प्रतिज्ञा जिस मकान के सामने पूरी हो, वहीं से भोजन ग्रहण करना। अब अगर एक ही चौका हो तो मुश्किल हो जाए, पता नहीं प्रतिज्ञा क्या ले जैन मुनि। हालांकि अब जैन मुनि प्रतिज्ञाएं ऐसी लेते हैं जो सबको मालूम हैं। जैसे जिस घर के सामने दो केले लटके हों, इस तरह की दस-पंद्रह बंधी हुई प्रतिज्ञाएं हैं उनकी। सो पंद्रह चौके साथ चलते हैं, वे पंद्रह प्रतीक अपने-अपने चौके के सामने लटका लेते हैं। उनमें से कोई न कोई एक प्रतीक तो होने ही वाला है।

महावीर तो कुछ और ढंग के ही प्रतीक लेते थे। एक प्रतीक दुबारा नहीं लेते थे। और जो प्रतीक लेते थे, वे भी बड़े बेबूझ थे। ऐसे कि कभी-कभी महावीर को छह महीने भोजन न मिला। और यह जैन मुनि को रोज भोजन मिलता है। जैसे महावीर ने एक बार सुबह से व्रत ले लिया—अपने ध्यान में वे व्रत लेते थे—कि आज जिस घर के सामने कोई राजकुमारी, पैरों में बेड़ियां पड़ी हों, एक पैर भीतर हो एक पैर बाहर हो दहलीज के, हाथों में हथकड़ियां पड़ी हों, हो राजकुमारी, भोजन का आग्रह करेगी, तो भोजन लूंगा।

अब एक तो राजकुमारी, फिर उस पर ये शर्तें तुम देखो—पैरों में बेड़ियां पड़ी हों, राजकुमारी हो तो किसलिए पैरों में बेड़ियां पड़ी हों? हाथों में जंजीरें पड़ी हों। और फिर यह शर्त कि एक पैर भीतर हो देहली के, एक पैर बाहर हो। और जिसकी यह दशा होगी, जो इस तरह से बंधी होगी, वह क्या भोजन की प्रार्थना करेगी? वह कहां से भोजन लाएगी? वह तो खुद ही भोजन के लिए औरों पर निर्भर होगी। वह भोजन की प्रार्थना करे तो मैं भोजन स्वीकार करूंगा! छह महीने तक यह प्रतिज्ञा पूरी नहीं हो सकी। वह रोज गांव में जाते, घूमकर वापिस आ जाते।

इसमें बड़ा अद्‌भुत राज था महावीर की इस व्यवस्था में। महावीर कहते थे : अगर अस्तित्व को मुझे जिलाना है तो वह शर्त पूरी करेगा। अगर नहीं जिलाना है तो मुझे कुछ जीना नहीं है, मेरी कुछ जीने की इच्छा नहीं है, मेरा काम पूरा हो गया। अगर अस्तित्व को कुछ काम लेना हो मुझसे, तो जिलाओ। मगर उस जीने में मेरी कुछ आकांक्षा नहीं है, मेरी कोई जीवेषणा नहीं है। यह अद्‌भुत सूत्र था कि मेरी कोई जीवेषणा नहीं है, मेरा काम तो पूरा हो चुका। मुझे तो जो पाना था पा लिया, जो होना था हो गया। अब मैं तो तैयार हूं जाने को। मैं तो इस देह से किसी भी क्षण मुक्त होने को तैयार हूं। अब अगर अस्तित्व की कोई इच्छा हो कि मेरे द्वारा कुछ काम हो ले, तो ठीक है। अब अगर अस्तित्व की अगर यह आकांक्षा हो तो अस्तित्व ही इसकी जिम्मेवारी ले, मैं क्यों जिम्मेवारी

लूं? जिलाना हो जिलाओ, मिटाना हो मिटाओ। मेरी तरफ से सब बराबर है। जीवन और मृत्यु समान हैं। इसलिए सुबह से शर्त ले लेते। शर्त पूरी हो जाती तो ठीक, नहीं पूरी होती तो बात खत्म। शिकायत नहीं थी।

छह महीने तक शर्त पूरी नहीं हुई, शर्त ही ऐसी थी। छह महीने में भी पूरी हो गयी, यह आश्चर्य है। छह साल भी पूरी न होती, कभी पूरी न होती, यह भी हो सकता था। मगर रोज उसी प्रसन्नता से वापिस लौट आते, वही आनंद, वही अहोभाव। जो प्रकृति की इच्छा है, जो इस परम जगत का आग्रह है, वह पूरा होना चाहिए। जिलाना होगा जिलाएगा, मारना होगा मारेगा। अपने से सारी जीवेषणा छोड़ दी—यह मोह मुक्ति है। अब मैं बचूं, यह भी इच्छा नहीं है।

महावीर जैन नहीं थे, यह मैं दोहरा देना चाहता हूं। न कृष्ण हिंदू थे। न मुहम्मद मुसलमान थे। न जीसस ईसाई थे। न बुद्ध बौद्ध थे। हो ही नहीं सकते। जहां मैं ही नहीं बचा वहां 'मेरा' कैसे बचेगा? मैं की मृत्यु से ही मोह समाप्त होता है। अभी मेरा तो भीतर घना बैठा है, खूब घना बैठा है और तुम मुक्त होना चाहो मोह से, तो थोथा होगा, पाखंड होगा। हां, धन छोड़कर भाग सकते हो। मगर जो 'मैं' धन को पकड़े था वही 'मैं' त्याग को पकड़ लेगा। कल तक कहते थे मेरे पास लाखों हैं; अब कहोगे उसी अकड़ से, शायद ज्यादा अकड़ से कि मैंने लाखों को लात मार दी। मगर वही मैं, जो लाखों को पकड़कर अकड़कर चलता था, अब लातें मार दीं लाखों को, अब और भी अकड़कर चलता है। पत्नी छोड़ दी, बच्चे छोड़ दिए, अब इसकी तुम डुंडी पीटोगे कि मैंने क्या-क्या त्याग कर दिया।

जैन मुनि हिसाब रखते हैं, डायरी रखते हैं कि इस साल में उन्होंने कितने उपवास किए। पूरे अपने मुनि-जीवन में उन्होंने कितने उपवास किए, इसकी डायरी रखते हैं। कहीं मिल जाए ईश्वर तो खोलकर रख देंगे डायरी कि देख ले, यह रहा खाता बही! खाते-बही करते रहे दुकान पर बैठे-बैठे, अभी भी खाता-बही गया नहीं। अभी भी खाता-बही है। हर साल घोषणा-पत्र निकलता है कि किस मुनि ने कितने व्रत किए, कितने उपवास किए। जिसने ज्यादा किए वह महात्यागी। जो उतने नहीं कर पाया बेचारा दीन-हीन रह जाता है, मन मसोसकर रह जाता है कि मेरी क्या हैसियत मैं कुछ भी नहीं! अगले साल देखूंगा। अगले साल सब लगा दूंगा दांव पर। आगे निकलना है। वहां भी प्रतिस्पर्धा चल रही है।

तो महावीर चूंकि कई घरों के सामने खड़े होते थे, अगर शर्त पूरी होती तो ठीक, शर्त पूरी नहीं होती तो आगे बढ़ जाते। अब यह जैन मुनि क्या करे? यह भी अनुकरण कर रहा है। यह केवल नकलची है। इसकी बंधी हुई धारणाएं हैं, जो वे पंद्रह चौके वालों को पता हैं। बस इसके पंद्रह बंधे हुए मामले हैं, कि जो श्राविका द्वार पर हाथ में गुलाब का फूल लेकर भोजन का निमंत्रण दे, उसका स्वीकार कर लेंगे। जिस दरवाजे पर केले लटके हों, आम के पत्ते लटके हों...। और आम के पत्ते, केले, ये सब बंधी हुई बातें हैं अब। यह हर मुनि वही कर रहा है। अगर वे पंद्रह चौके वाले जानते हैं कि अपना मुनि कौन से नियम लेता है। क्योंकि रोज भोजन मिल जाता है और पंद्रह ही चौके से काम चल जाता है।

तो एक चौका छूटा, यह भारी उपद्रव हो गया, अब पंद्रह परिवार इसके पीछे चलते हैं। जगह-जगह तम्बू लगाकर बस्ती बसाते हैं, क्योंकि वहां जैन नहीं हैं उस बस्ती में, तो उन्हें बस्ती

बसानी पड़ती है तम्बू लगाकर। क्या धोखा चल रहा है, क्या नाटक चल रहा है! और आकर मुनि महाराज एक-एक द्वार पर खड़े होते हैं। उनका प्रतीक मिल जाता है।

मैं तो यह भी सोचता हूं, नहीं भी मिलता होगा तो किसी को पता नहीं, वे मिला ही लेते होंगे। क्योंकि बताना तो होता नहीं किसी को सुबह-सुबह, जब रोज ही मिल जाता है। महावीर से भी ज्यादा ये होशियार हैं। अस्तित्व इनको महावीर से भी ज्यादा कीमत दे रहा है, साफ है। क्योंकि महावीर को कभी छह महीने भोजन नहीं मिला, कभी तीन महीने भोजन नहीं मिला, कभी दो महीने भोजन नहीं मिला। बारह साल की तपश्चर्या-काल में उन्हें केवल एक साल भोजन मिला। मतलब हर बारहवें दिन पर एक दिन भोजन मिला। यह औसत अनुपात रहा उनका। और इनको तो रोज मिल जाता है। तो या तो ये कोई धोखा दे रहे हैं। महावीर से ज्यादा मूल्यवान तो ये नहीं हैं कि अस्तित्व इनको ज्यादा बचाने के लिए उत्सुक है। या तो ये व्रत बंधे हुए लेते हैं, तो पता है लोगों को। और या फिर न भी मिलते हों तो मिला लेते होंगे, क्योंकि सुबह बताना तो होता नहीं किसी को। यह तो बाद में पता चलता है। जब वे भोजन ले लेते हैं तब पता चलता है कि दो केले लटकाने का व्रत लिया था आज।

और इन सबको खयाल है कि इन्होंने मोह छोड़ दिया है। इनको खयाल है इन्होंने जीवेषणा छोड़ दी है।

महावीर नग्न सोते थे। जैन मुनि भी नग्न सोता है—दिगंबर जैन मुनि। मगर सर्दी के दिनों में, सोता तो नग्न है, शिष्यगण पुआल बिछा देते हैं। पुआल काफी गर्म होती है। और अच्छी काफी मोटी गद्दी पुआल की बना देते हैं। उस पर वह लेट जाता है। और ऊपर से फिर पुआल उस पर ढांक देते हैं मोटी दुलाई की तरह, सो वह पुआल के भीतर बिलकुल दब जाता है। पुआल काफी गर्म होती है।

मैंने एक जैन मुनि को पूछा कि मैंने कहीं पढ़ा नहीं किसी शास्त्र में कि महावीर पुआल बिछाकर सोते थे और ऊपर से पुआल डाली जाती थी। वे बोले, 'मैं क्या करूं? मैं तो जमीन पर ही सोता हूं, लोग पुआल बिछा दें तो मैं क्या करूं? और मैं सो जाता हूं, लोग मेरे ऊपर पुआल डाल देते हैं तो मैं क्या करूं? मैं तो किसी से कहता नहीं।'

मैंने उनसे कहा, 'और शिष्य अगर कांटे बिछा दें... फिर आप कहेंगे कि नहीं?... मैं बिछवा देता हूं आज!'

वे कहने लगे, 'आप कैसी बातें करते हैं?'

मैंने कहा, 'मैं कैसी बातें नहीं करता। आप कैसी बातें करवा रहे हैं! शिष्य कांटे बिछा दें, फिर, लेटेंगे आप? और ले आयें एक बर्फ की चट्टान और रख दें छाती पर, फिर आप मना करेंगे कि नहीं करेंगे? एकदम उचककर खड़े हो जाओगे।'

मैंने कहा, 'ये शिष्य भी तुम्हारे मूढ़ हैं जो पुआल बिछाते हैं।'

मगर यह सब चलता है। छोड़ तो देते हैं, मगर समझ नहीं है, तो कहीं से लौट आएगा, किसी तरह से लौट आएगा।

तुमने देखे, हिंदू साधु नग्न बैठे रहते हैं, मगर भभूत लगा लेते हैं। तुम जानते हो भभूत क्यों लगा लेते हैं? तुम सोचते हो शायद कोई तपश्चर्या कर रहे हैं।

यह तपश्चर्या नहीं है। शरीर का रंध्र-रंध्र श्वास लेता है तो ठंड के दिनों में तुम ऊनी वस्त्र भी पहनते हो; उससे भी ज्यादा गर्मा देने वाली चीज है कि सारे शरीर पर राख मलकर बैठ जाओ, क्योंकि सारे शरीर के रंध्रों में राख समा जाती है। और जब रोज-रोज राख ही मलते रहते हैं तो रंध्र बंद हो जाते हैं। और जब रंध्र बंद हो जाते हैं तो उन से हवा अंदर जानी समाप्त हो गयी। मोटी से मोटी ऊन की चादर भी तुम, कीमती से कीमती पशमीना भी ओढ़कर बैठो, उसमें से थोड़ी भी हवा भीतर आती है। लेकिन अगर तुम राख पूरे शरीर पर लपेटकर बैठ जाओ तो उससे कोई हवा आने की संभावना नहीं रह जाती।

तुम सोचते होओगे ये कोई त्याग कर रहे हैं। ये त्याग नहीं कर रहे हैं। इन्होंने तरकीब निकाल ली है। तरकीबें निकलेंगी ही, क्योंकि मौलिक रूप से व्याधि दूर नहीं हो रही है, सिर्फ ऊपरी-ऊपरी व्याख्याओं से काम चल रहा है।

मोह से मेरा अर्थ होता है : मैं का विस्तार। मैं-भाव का विस्तार। फिर इससे कोई फर्क नहीं पड़ता कि तुम्हारे पास साम्राज्य है या नहीं। समझ हो तो साम्राज्य के भीतर भी कोई मैं से मुक्त होकर जी सकता है और नासमझी हो तो नग्न खड़ा होकर जंगल में वृक्ष के नीचे भी मैं भाव से भर सकता है।

मैं हिमालय की यात्रा पर था। मनाली में एक वृक्ष के नीचे, पता चला मुझे कि एक साधु कोई बीस वर्षों से बैठता है। वहीं रहता है। वही वृक्ष उसका आवास है। घना वृक्ष था, सुंदर वृक्ष था। अभी साधु भिक्षा मांगने गया था। तो मैं उस वृक्ष के नीचे बैठ रहा। जब वह लौटकर आया तो मैंने आंखें बंद कर लीं। उसने मुझे देखा और कहा कि उठिए, यह वृक्ष मेरा है। यहां मैं बीस साल से बैठता हूं।'

मैंने कहा,'वृक्ष किसी का भी नहीं होता। और बीस साल से नहीं, तुम बीस हजार साल से बैठते होओ, इससे क्या फर्क पड़ता है? अभी तो मैं बैठा हूं। जब मैं हटूं तब तुम बैठ जाना। अब मैं हटनेवाला नहीं हूं।'

वे तो एकदम आगबबूला हो गए कि यह जगह मेरी है! हरेक को पता है। यहां और भी बहुत साधु-संन्यासी आते हैं, सबको मालूम है कि यह वृक्ष मेरा है।

मैंने उनको और भड़काया। तो उनका क्रोध बढ़ता चला गया। फिर मैंने उनसे कहा कि मैं सिर्फ यह जानने के लिए आपको भड़का रहा था, मुझे कुछ लेना-देना नहीं वृक्ष से, मुझे यहां रहना भी नहीं, मैं सिर्फ यह देख रहा था कि आप बीस साल पहले घर छोड़ दिए, पत्नी बच्चे छोड़ दिए, आपकी कथाएं मैंने सुनी हैं कि आप बड़े त्यागी हैं, मगर अब यह वृक्ष को पकड़कर बैठे हैं! यह आपका हो गया! यह जमीन आपकी हो गयी! इस पर अब कोई दूसरा बैठ नहीं सकता। तो यह नया घर बसा लिया।

यह स्वाभाविक है। अगर समझ न हो तो तुम जो भूल करते थे, फिर-फिर करोगे। नये-नए ढंग से करोगे। नयी-नयी दिशाओं में करोगे। मगर भूल से बचोगे कैसे?

निश्चित ही मोह के समान और कोई शत्रु नहीं है, क्योंकि अहंकार ही शत्रु है। और अहंकार का जो फैलाव है, जहां-जहां अहंकार जुड़ जाता है, वहां वहां मोह है। जहां तुमने कहा मेरा, वहां मोह है। इसलिए मैं कहता हूं, मत कहना—मेरा धर्म; मत कहना—मेरा शास्त्र, मेरी कुरान, मेरी

बाइबिल, मेरी गीता! मत कहना—मेरा देश, मेरी जाति, मेरा वर्ण, मेरा कुल! ये सब मोह ही हैं और बहुत सूक्ष्म मोह हैं।

काम है : और की आकांक्षा। वह भी अहंकार का विस्तार है। और मोह है : जो-जो काम के द्वारा मिल गया है, उसको अपना बनाए रखने की आकांक्षा। वह मेरा ही रहे। वह मेरे हाथ से छिटक न जाए। जो पाने की दौड़ है वह काम; और जो पकड़ लेने की आकांक्षा है, वह मोह। वह काम की ही शाखा है।

'काम के समान कोई व्याधि नहीं, मोह के समान कोई शत्रु नहीं, क्रोध के तुल्य कोई अग्नि नहीं।'

यूं समझो कि काम है और की दौड़, मोह है जो मिल गया उसको अपना बनाए रखने की आकांक्षा और क्रोध है, जब तुम्हारी इस आकांक्षा में कोई बाधा डाले, कोई उपद्रव खड़ा करे। जैसे वह साधु क्रोधित हो गया, क्योंकि मैं उस के झाड़ के नीचे बैठ गया—उसका झाड़! उसके मैं पर हमला हो गया। उसकी लक्ष्मण-रेखा थी वहां खिंची हुई, उसके भीतर मैं प्रवेश कर गया, तो क्रोध आ गया।

जहां तुम्हारे अहंकार को चोट पड़ती है वहां क्रोध आता है। और जहां तुम्हारे अहंकार को तृप्ति मिलती है वहां मोह आता है। ये क्रोध और मोह अलग-अलग नहीं, एक ही सिक्के के दो पहलू हैं। लेकिन दोनों के मूल में काम है। जो तुम्हारी कामवासना में सहयोगी होता है उसको तुम मित्र कहते हो। और जो तुम्हारी कामवासना में विरोधी हो जाता है, अड़चनें डालता है, उसको तुम शत्रु कहते हो। कौन है तुम्हारा मित्र?

लोग कहते हैं : मित्र वही जो वक्त पर काम आए। क्यों? वक्त पर काम आए, यह कसौटी है मित्र की! यह मित्रता हुई? वक्त पर काम आने का मतलब हुआ कि जो मेरे काम के आरोहण में सहयोगी हो; जो मेरी आकांक्षाओं अभीप्साओं में सीढ़ी बने; जो मेरे हाथ में शक्ति दे; जो मेरे साथ अभियान पर निकले, मेरा सहयोगी हो। और शत्रु कौन है? जो बाधा डाले। तुम चुनाव लड़ रहे हो, वह तुम्हारे खिलाफ खड़ा हो जाए, तो शत्रु। और तुम्हारा जाकर प्रचार करे तो मित्र। तुम्हें वोट दे तो मित्र। तुम्हें वोट न दे तो शत्रु।

क्रोध पैदा होता है, जब भी तुम्हारी किसी वासना में कोई भी अड़चन आ जाती है। कोई भी अड़चन खड़ी कर देता है, तभी क्रोध पैदा हो जाता है। मुझ पर इस देश के सारे साधु-संत, महंत-महात्मा क्रोधित हैं। क्यों? पूछना चाहिए, क्यों? जो किसी और बात में राजी नहीं होते, जो एक-दूसरे से हर हालत में दुश्मन होते हैं, वे सब भी एक साथ मेरे विपरीत खड़े हो जाते हैं। क्या कारण होगा? जरूर बड़े जादू की घटना घट रही है। सभी संप्रदायों के साधु, महंत, संत-महात्मा मेरे विपरीत इकट्ठे हो जाते हैं, क्योंकि उन सबको लग रहा है कि मैं उनके सारे व्यवसाय को चोट पहुंचा रहा हूं, मैं शत्रु हूं। अगर मेरी बात लोगों की समझ में आ गयी तो मंदिर खाली पड़े होंगे, मसजिदें खाली पड़ी होंगी। अगर मेरी बात लोगों की समझ में आ गयी तो कौन जाएगा काशी और कौन जाएगा काबा! इसलिए सारे पंडित पुरोहितों को घबड़ाहट और बेचैनी है। इस बेचैनी के पीछे भारी क्रोध है, क्योंकि उनकी आकांक्षाओं में लग रहा है कि मैं सहयोगी नहीं हूं। मैं सहयोगी हो जाऊं इसकी बहुत कोशिश थी।

जैन मुनियों ने मुझसे कहा था कि हम सब तरफ से आपका साथ देंगे अगर आप हमेशा जैन धर्म का समर्थन करें। मैंने कहा, 'मैं समर्थन सत्य का करूंगा। जैन धर्म उसके अनुकूल पड़ेगा तो जरूर समर्थन करूंगा और प्रतिकूल पड़ेगा तो मेरी मजबूरी है। मैं सिर्फ सत्य का समर्थन कर सकता हूं।'

मुझे हिंदू महात्माओं ने कहा था कि अगर आप विश्व में हिंदू धर्म का प्रचार करें तो हम आपके साथ हैं। मैंने उनसे कहा कि मैं तो सिर्फ सत्य का प्रचार कर सकता हूं। और अगर हिंदू धर्म में कोई भी सत्य होगा तो जरूर मैं उसके साथ हूं। लेकिन असत्य चाहे हिंदू हो चाहे जैन, मैं साथ नहीं दे सकता हूं।

तो धीरे-धीरे मैंने न मालूम कितने दुश्मन खड़े कर लिए! सत्य से दोस्ती जोड़ी तो असत्य से जो जी रहे हैं वे दुश्मन हो गए। परमात्मा से नाता जोड़ा तो परमात्मा के नाम से जो धंधे चला रहे हैं वे दुश्मन हो गए।

निश्चित ही क्रोध के समान कोई अग्नि नहीं है। क्यों? क्योंकि और अग्नियां तो सिर्फ वस्तुओं को नष्ट करती हैं, क्रोध आत्मा को नष्ट करता है। और अग्नियां तो स्थूल को जलाती हैं, क्रोध तो सूक्ष्मातिसूक्ष्म को जला देता है। और अग्नियां तो पदार्थ पर शक्तिशाली होती हैं, लेकिन क्रोध की अग्नि तो चेतना पर भी आच्छादित हो जाती है।

मगर तुम्हारे शास्त्र दुर्वासा जैसे लोगों को भी ऋषि कहते हैं—जिनके मुंह पर ही क्रोध है, जिनकी जबान पर क्रोध है, जो अभिशाप देने को आतुर बैठे हैं, जो जरा सी भूल चूक से जनम-जनम बिगाड़ दें। ऋषि और अभिशाप दे! ऋषि तो वरदान ही दे सकता है। उससे तो आशीष की ही वर्षा हो सकती है।

मैं तो राबिया को ऋषि कहूंगा, दुर्वासा को नहीं। राबिया सूफी स्त्री थी। कुरान में एक जगह यह वचन आता है कि शैतान से घृणा करो। उसने काट दिया। और कुरान में कोई तरमीम नहीं कर सकता, कोई सुधार नहीं कर सकता। कुरान में सुधार करना! इसका मतलब हुआ कि पैगंबर गलत है, कि कुरान जो उतारी परमात्मा ने वह गलत है! ये ईश्वरीय वचन हैं। इनको कोई सुधार सकता है? यह कौई बच्चों की लिखी हुई किताब तो नहीं है कि तुम इस में सुधार कर दो।

लेकिन राबिया ने काट ही दिया वह वचन। हसन नाम का फकीर उसके घर मेहमान था। उसने राबिया की किताब देखी, कुरान देखी। उलट-पलट रहा था, देखा कि एक जगह वाक्य कटा हुआ है। वह तो बहुत हैरान हुआ। उसने राबिया से कहा, 'किसी ने तेरी कुरान को अपवित्र कर दिया।'

राबिया ने कहा, 'किसी ने नहीं। और अपवित्र नहीं किया है, पवित्र किया है। मैंने ही किया है। क्योंकि जब से मैंने परमात्मा को जाना तब से मुझे शैतान दिखाई नहीं पड़ रहा। मैं घृणा कैसे करूं? शैतान नहीं दिखाई पड़ता। शैतान भी मेरे सामने आकर खड़ा हो जाए तो परमात्मा ही दिखाई पड़ता है। और घृणा कैसे करूं? जब से परमात्मा को जाना, सारा जीवन प्रेम में रूपांतरित हो गया है। घृणा मेरे भीतर नहीं बची। अब शैतान का मैं क्या करूं? घृणा पहले भीतर होनी चाहिए न, तभी तो मैं कर सकूंगी! अब भीतर ही जो चीज न बची। शैतान हो या परमात्मा हो, कोई भी हो, मेरे भीतर तो बस प्रेम ही बचा है। मेरे भीतर से तो प्रार्थना ही उठेगी। मेरे भीतर दुर्गंध

नहीं है, सुगंध ही उठेगी।'

मैं राबिया को ऋषि कहूंगा। और मैं कहूंगा उसने ठीक किया जो कुरान में सुधार कर दिया। दुर्वासा को ऋषि नहीं कह सकता। जरा-सी बात में क्रुद्ध हो जाए। ऋषि तो वह परम अवस्था है दृष्टि की, द्रष्टा-भाव की, जहां न कोई काम बचता, न कोई मोह बचता, न कोई क्रोध बचता। और जहां ये तीनों समाप्त हो जाते है, वहीं ज्ञान का जन्म होता है।

इसलिए ठीक कहता है यह सूत्र : 'ज्ञान से उत्कृष्ट कोई सुख नहीं।' ज्ञान महासुख है। मगर ये तीन जायें, तो ज्ञान। यह जो त्रिमूर्ति है—काम, क्रोध, मोह की—यही बाधा है।

इस देश में हमने परमात्मा को त्रिमूर्ति कहा है; लेकिन जो हमने त्रिमूर्ति बनायी है वह परमात्मा के संबंध में पर्याप्त नहीं है। उससे कहीं ज्यादा गहरी दृष्टि तो पतंजलि की है, जो कहता है कि असली अवस्था तुरीय है, चौथी है। तीन के पार जाओ तो तुरीय। तुरीय का अर्थ होता है : चौथी। गुरजिएफ के शिष्य आस्पेंस्की ने अद्‌भुत किताब लिखी है : द फोर्थ वे, चौथा रास्ता। क्या है वह चौथा रास्ता? तुरीय क्या है? काम, मोह, क्रोध—इन तीनों के पार जो चला जाए, वही चौथे को उपलब्ध होता है।

यूं समझो कि काम है ब्रह्मा, क्योंकि ब्रह्मा से ही जगत की उत्पत्ति हुई। ब्रह्मा का अगर तुम उल्लेख पढ़ो शास्त्रों में तो यह बात तुम्हें साफ हो जाएगी; हालांकि किसी ने कभी तुमसे यह बात कही नहीं। यह मैं तुमसे पहली बार कह रहा हूं, क्योंकि कौन झंझट में पड़े! इस देश में झंझट में पड़नेवाले लोग ही नहीं रहे। नेता बचे हैं, ऋषि नहीं बचे। धार्मिक नेता हैं, जिनको तुम धर्मगुरु कहते हो, वे भी ऋषि नहीं हैं। गुरु होने के लिए हिम्मत चाहिए, छाती चाहिए।

ब्रह्मा को मैं काम का प्रतीक मानता हूं और तुम अपने पुराण उठाकर देख लो, तुम्हें मेरी बात के लिए गवाहियां मिल जाएंगी। कहानी कहती है कि ब्रह्मा ने पृथ्वी पैदा की। जिसने पैदा की वह पिता हो गया। लेकिन पृथ्वी को पैदा करके वे उस पर आसक्त हो गए। पिता पुत्री पर आसक्त हो गया। दौड़ने लगे वे पुत्री के पीछे, उसको पकड़ने के लिए दौड़ने लगे। उसको भोगने की आकांक्षा पैदा हो गयी ब्रह्मा में। स्वभावतः, स्त्री का स्वभाव है बचना, छिपना, लज्जा, घूंघट, तो स्त्री बचने लगी। ऐसे सारी सृष्टि पैदा हुई। क्योंकि स्त्री बचकर गाय हो गयी, वह छिप गयी और गाय बन गयी, ताकि किसी तरह ब्रह्मा के इस कामवासना के उपद्रव से छूट पाए, मगर ब्रह्मा कुछ ऐसे तो छोड़नेवाले नहीं थे, वे तत्क्षण सांड हो गए। ब्रह्मा ही थे, वे कोई ऐसे छोड़ देनेवाले थे! ऐसे सारी प्रकृति बनी। वह हरिणी हो गयी तो वे हरिण हो गए। वह हथिनी हो गयी तो वे हाथी हो गए। वह स्त्री हो गयी तो वे पुरुष हो गए। यूं भाग चलती रही, चलती रही, चलती रही। ऐसी ये चौरासी करोड़ योनियां जो पैदा हुईं, यह ब्रह्मा की कामवासना का विस्तार है।

ब्रह्मा काम के प्रतीक हैं। होना भी चाहिए, क्योंकि काम से ही उत्पत्ति है। और ब्रह्मा उत्पत्ति हैं। वे जगत के स्रोत हैं, जहां से सारा जगत पैदा हुआ। और काम से ही जगत की उत्पत्ति होती है। निश्चित ही ब्रह्मा काम के प्रतीक हैं।

विष्णु मोह के प्रतीक हैं। विष्णु के लिए जो व्याख्या की गयी है शास्त्रों में, वह है जगत को सम्हालनेवाले, बचानेवाले, व्यवस्था रखनेवाले। यह मोही का लक्षण है। मोह का अर्थ ही होता है : व्यवस्था, सम्हालना, बचाना। जो है उस को जोर से पकड़ना, कहीं खो न जाए, कहीं छिटक

न जाए हाथ से। काम का अर्थ होता है : बनाना, और, और, और! और मोह का अर्थ होता है : बचाना। विष्णु बचानेवाले हैं।

तुमने एक मजा देखा! इस भारत में ब्रह्मा का सिर्फ एक मंदिर है, सिर्फ एक मंदिर समर्पित है ब्रह्मा को। क्योंकि लोगों को अब ब्रह्मा से क्या लेना-देना! दुनिया तो बन ही चुकी। जब बन ही चुकी तो अब ब्रह्मा से क्या लेना-देना! बात ही खत्म हो गयी। लेकिन विष्णु के बहुत मंदिर हैं, अनंत मंदिर हैं। सब अवतार विष्णु के हैं। राम और कृष्ण, सब अवतार विष्णु के हैं। इसलिए जितने मंदिर हैं, चाहे राम के हों, चाहे कृष्ण के हों, ये सब विष्णु के मंदिर हैं। निश्चित ही विष्णु से अभी लेना-देना है। अभी मामला विष्णु के हाथ में है। ब्रह्मा का तो काम खत्म हो गया। वे तो लिख गए कहानी और कहां गए पता नहीं। यहीं खो गए सांडों में, हाथियों में, कितने बंट गए। एक थे, चौरासी करोड़ हो गए। वे तो यहीं कट छंटकर समाप्त हो गए। अब उनका कहां पता लगाते फिरोगे? अब तो खोजोगे भी तो मिलना मुश्किल हो जाएगा। थोड़ा-थोड़ा, अंश मिलेगा, थोड़ा सांड में मिलेगा, थोड़ा मुहम्मद अली में मिलेगा, थोड़ा दारासिंह में मिलेगा, थोड़ा-थोड़ा, अंश-अंश...। उनको तुम कहां खोजोगे? इसलिए एक मंदिर ठीक है प्रतीक के लिए कि भई चलो तुमने काम किया, ऐसा जगत बना दिया, बड़ी कृपा! एक मंदिर तुम्हें समर्पित कर देते हैं। मगर अब तुमसे लेना-देना क्या है!

इसलिए ब्रह्मा की कोई चिंता नहीं करता। न कोई स्तुति गाता, न कोई प्रार्थना करता, न किसी मंदिर में घंटियां बजतीं ब्रह्मा के लिए। लेकिन विष्णु के लिए सारी स्तुतियां हैं, क्योंकि विष्णु के हाथ में ताकत है। जिसके हाथ में ताकत है, जिसके हाथ में लाठी है उसकी भैंस है। सब भैंसें एकदम डोलने लगती हैं लाठी देखकर । लाठी अभी विष्णु के हाथ में है। इसलिए सब अवतार उनके। और सारी प्रार्थनाएं उनके लिए हैं। विष्णु-सहस्त्रनाम, विष्णु के हजार नाम बतानेवाला शास्त्र है। एक नाम से काम नहीं चलता विष्णु का। हजार नाम, ताकि तरह-तरह से स्तुतियां करो। हजार ढंग से स्तुतियां करो। और सारे मंदिर विष्णु को समर्पित हैं। विष्णु मोह के प्रतीक हैं—मेरा! हजार ढंग से स्तुतियां करो। मेरा है तो बचाओ।

और महेश अंत करेंगे अस्तित्व का। जैसे विष्णु बचाते हैं, और ब्रह्मा शुरू करते हैं, वैसे महेश अंत करेंगे। वे क्रोध के प्रतीक हैं। और तुम पुराणों में देख लो। कथाएं फैली पड़ी हैं। मैं कभी-कभी चौंकता हूं कि क्यों यह बात साफ नहीं हुई, क्यों किसी ने यह बात ठीक-ठीक न कही कि इन तीनों के ये तीन प्रतीक हैं?

अभी कल ही तुम से मैं शिवजी की कथा कह रहा था कि उन्होंने गर्दन ही काट दी गणेश की। अरे, जरा पूछताछ करते, इतनी जल्दी क्या पड़ी थी? गर्दन ही काटनी थी, थोड़ी देर से काटी जा सकती थी । मगर आव देखा न ताव, गर्दन काट दी। क्रुद्ध हो गए। तुमने उनके क्रोध की कथा सुनी ही है कि कामदेवता उनके सामने प्रगट हुआ तो उन्होंने अपनी तीसरी आंख खोलकर उसको भस्म कर दिया। महाक्रोधी! तांडव नृत्य करनेवाले! निश्चित ही अंत वही कर सकता है इस जगत का जो क्रोध हो, हिंसा हो, विनाश हो।

ये तीन परमात्मा के रूप नहीं हैं। ये तीन परमात्मा की विकृतियां हैं, अगर ठीक से समझो। इन तीनों के जो पार जाता है वह परमात्मा को उपलब्ध होता है। तुरीय, चतुर्थ—और वही ज्ञान

है। वही बोध है, समाधि है, संबोधि है, बुद्धत्व है। इसलिए कोई आश्चर्य नहीं है कि बौद्धों ने यह कथा लिखी कि जब सिद्धार्थ गौतम बुद्धत्व को उपलब्ध हुए तो सारे देवता, ब्रह्मा भी उसमें सम्मिलित हैं, उनके चरणों में नमस्कार करने आए। आना ही चाहिए। आए हों या न आए हों, मगर जरूर आना चाहिए, क्योंकि बुद्धत्व देवत्व से बहुत ऊंची बात है—ब्रह्मा, विष्णु, महेश से बहुत ऊंची बात है। ब्रह्मा, विष्णु, महेश में तो तुम अपने ही जैसी सारी बीमारियां पाओगे। ब्रह्मा में तुम अपनी ही कामवासना पाओगे। विष्णु में तुम अपने ही मोह का विस्तार पाओगे। महेश में तुम अपने ही क्रोध का सघनतम रूप पाओगे। लेकिन ज तीनों के पार है, जहां न काम बचा, न मोह बचा, न क्रोध बचा; वहां ज्ञान। वहां तुम्हारा निर्मल स्वभाव प्रगट होता है; तुम्हारा स्वरूप पहली दफा सहस्त्र-दल-कमल की भांति खुलता है; पहली बार तुम्हारे जीवन में संगीत होता है, काव्य होता है।

निश्चित ही महासुख है ज्ञान। लेकिन इस ज्ञान से तुम शास्त्रीय ज्ञान मत समझना। यह ज्ञान सिर्फ ध्यान से ही उपलब्ध होता है, क्योंकि ध्यान तीनों को मिटा देता है। वह त्रिमूर्ति को नष्ट कर देता है। जहां यह त्रिमूर्ति नष्ट हुई, फिर जो शेष रह जाता है, जिसको नष्ट किया ही नहीं जा सकता। ध्यान अग्नि है जिसमें ये तीनों जलकर राख हो जाते हैं—और उसके बाद जो शेष रह जाता है, खालिस सोना, सब कचरा जल गया, सोना कुंदन बनता है अग्नि से गुजरकर। ध्यान की अग्नि से गुजरकर तुम्हारे भीतर सिर्फ शुद्ध सोना बचता है। वही ज्ञान है। उसे जिसने पा लिया उसने सब पा लिया। उसे जिसने खोया उसने सब गंवाया। और हम सब उसे गंवाए बैठे हैं।

और कैसा पागलपन है कि तुम ब्रह्मा, विष्णु, महेश की पूजा कर रहे हो और तुम्हारे भीतर स्वयं परमात्मा विराजमान है, चतुर्थ विराजमान है! तुम्हारे भीतर स्वयं ब्रह्म विराजमान है और तुम दो कौड़ी के देवी-देवताओं की पूजा में लगे हुए हो। अचंभा होता है देखकर कि भीतर ब्रह्म बैठा है, तुम हनुमान-चालीसा पढ़ रहे हो! कुछ तो शर्म करो! कुछ तो शर्म खाओ! कुछ तो संकोच लाओ! अरे डूब मरो चुल्लूभर पानी में! हनुमान-चालीसा पढ़ रहे हो! न लाज, न संकोच! 'जय गणेश जय गणेश' का शोरगुल मचा रहे हो! ब्रह्म होकर क्या खिलौनों से खेल रहे हो! लेकिन मूर्च्छा में यही संभव है।

जागो। ध्यान तुम्हें जगाएगा तो इस सूत्र का सही अर्थ प्रगट हो सकता है। यह सूत्र कीमती है—

'नास्ति कामसमो व्याधिः नास्ति मोहसमो रिपुः
नास्ति क्रोधसमो वहिनास्ति ज्ञानात् परं सुखम्।।'

'ज्यूं मछली बिन नीर' प्रवचन 10 से
'मेरा स्वर्णिम भारत' में संकलित चौदहवां प्रवचन

॥६॥

दुख से जागो

प्यारे ओशो!
श्रीमद्भागवत में यह श्लोक है :
यश्च मूढ़तमो लोके यश्च बुद्धेः परं गतः।
तावुभौ सुखमेघेते क्लिश्यत्यन्तरितो जनः॥
संसार में जो अत्यंत मूढ़ है और जो परमज्ञानी हैं
वे दोनों सुख में रहते हैं। परंतु जो दोनों की बीच की स्थिति में है,
वह क्लेश को प्राप्त होता है। क्या ऐसा ही है, प्यारे ओशो?

आनंद मैत्रेय! निश्चय ही ऐसा ही है। मूढ़ का अर्थ है—सोया हुआ, जिसे होश नहीं। जी रहा है, लेकिन पता नहीं क्यों! चलता भी है, उठता भी है, बैठता भी है—यंत्रवत्! जिंदगी कैसे गुजर जाती है, जन्म कब मौत में बदल जाता है, दिन कब रात में ढल जाता है—कुछ पता ही नहीं चलता। जो इतना बेहोश है, उसे दुख का बोध नहीं हो सकता। बेहोशी में दुख का बोध कहां! झेलता है दुख, पर बोध नहीं है, इसलिए मानता है कि सुखी हूं।

करीब-करीब प्रत्येक व्यक्ति इसी भ्रांति में है कि सब ठीक है। जिससे पूछो—कैसे हो—वही कहता—'ठीक हूं।' और ठीक कुछ भी नहीं। सब गैर-ठीक है। जिससे पूछो, वही कहता है, 'मजा है! आनंद है! परमात्मा की बड़ी कृपा है!' शायद उसे यह भी बोध नहीं कि वह क्या कह रहा है।

न सुननेवाले को पड़ी है, न बोलनेवाले को पड़ी है कुछ सोचने की। कहनेवाला कह रहा है, सुननेवाला सुन रहा है। न कहनेवाले को प्रयोजन है—क्यों कह रहा है। न सुननेवाले को चिंता है कि क्या कहा जा रहा है! ऐसी बेहोशी में सुख की भ्रांति होती है। पशु ऐसी ही बेहोशी में जीते हैं—और निन्यानबे प्रतिशत मनुष्य भी।

'पशु' शब्द बड़ा प्यारा है। पशु का अर्थ है—जो पाश में बंधा हो। 'पशु' का अर्थ सिर्फ 'जानवर' नहीं; पशु का बड़ा वैज्ञानिक अर्थ है—बंधा हुआ; मोह के पाश में बंधा हुआ; मूर्च्छा के बंधनों में जकड़ा हुआ; आसक्तियों में; खोया हुआ सपनों में।

पशुओं को तुमने दुखी न देखा होगा, रोते न देखा होगा, पीड़ित न देखा होगा। इसलिए तो पशुओं में कोई बुद्ध नहीं होता। जब पीड़ा का ही पता न चलेगा, तो पीड़ा से मुक्त होने की बात ही कहां उठती है! प्रश्न ही नहीं उठता।

मनुष्यों में कभी कोई एकाध व्यक्ति बुद्धत्व को उपलब्ध होता है; कभी। अंगुलियों पर गिने जा सकते हैं ऐसे लोग; करोड़ों में कोई एक। कौन बुद्धत्व को उपलब्ध होता है? वही

जिसे जीवन की पीड़ा ठीक-ठीक दिखाई पड़ती है, जिसे इतना होश आ जाता है कि जीवन दुख ही दुख है। आशा है सुख की, मगर मिलता कहां? दौड़ते हैं पाने के लिए, मगर पहुंचता कौन है? हाथ खाली के खाली रह जाते हैं।

धन भी इकट्ठा हो जाता है, पद पर भी बैठ जाते हैं, मगर भीतर की रिक्तता नहीं भरती, सो नहीं भरती। भीतर का दीया नहीं जलता, सो नहीं जलता। धन से जलेगा भी कैसे? पद से भीतर रोशनी भी कैसे होगी? कोई संबंध नहीं दोनों का। धन बाहर है, भीतर निर्धनता है। बाहर के धन से भीतर की निर्धनता कैसे मिटे? महल में रहो कि झोपड़े में, रहोगे तो तुम ही! तुम अगर झोपड़े में दुखी हो, तो महल में भी दुखी रहोगे! तुम अगर झोपड़े में सोये हो, तो महल में सोओगे। लेकिन झोपड़े में जो है, वह भी सोच रहा है, 'सुखी हूं।' राह के किनारे जो भिखमंगा बैठा है—लंगड़ा, लूला, अंधा, बहरा, कुष्ठ से गला जा रहा है, हाथ-पैर गिर रहे हैं टूट-टूट कर—वह भी जीये जा रहा है! पता नहीं किस आशा में! किस भ्रांति में!

'कल सब ठीक हो जाएगा।' कल कभी आता है? जो नहीं आता, उसी का नाम कल है। तुम किसी भिखमंगे से भी कहोगे—किसलिए जी रहे हो? तो नाराज हो जायेगा। तुम्हें नहीं दिखाई पड़ेगा कोई कारण जीने का। लेकिन जीवेषणा ऐसी है कि हर हाल आदमी जीये जाता है!

गहन अकाल के दिनों में माताएं अपने बच्चों को काटकर खा गयीं! बापों ने अपनी बेटियां बेच दीं। टूट गये सब नाते; छूट गये सब रिश्ते। अपने जीवन की आकांक्षा इतनी है कि आदमी कुछ भी कर सकता है! जिसके लिए जीते थे, उसी को मार भी सकता है। ऐसी अवस्था में पता नहीं चलता। कांटों में बिंधे पड़े रहते हैं, और फूलों के सपनें देखते रहते हैं!

यह श्लोक ठीक कहता है कि 'जो संसार में अत्यंत मूढ़ हैं, वे सुखी हैं।' सुखी इसलिए कि उनकी मूढ़ता इतनी सघन है कि उन्हें मूढ़ता का भी पता नहीं। मूढ़ता का पता जिसे चल गया, वह तो मूढ़ न रहा।

कल ही मैंने देखा श्री मोरारजी देसाई का एक वक्तव्य। एक पत्रकार परिषद में उनसे पूछा गया कि 'आप आचार्य रजनीश का गुजरात में आगमन हो रहा है—कच्छ में—उसका विरोध करेंगे या नहीं? आप विरोध की अगवानी क्यों नहीं करते? कच्छ में प्रवेश न हो, इस विरोध में आप नेतृत्व क्यों हाथ में नहीं लेते?

तो उन्होंने कहा कि 'कच्छ की जनता ही विरोध करेगी। और आचार्य रजनीश का वे ही लोग समर्थन करते हैं, जो मूर्ख हैं, मूढ़ हैं!'

मैंने वक्तव्य पढ़ा, तो सोचा या तो मोरारजी देसाई को अपना वक्तव्य वापस लेना चाहिए या फिर मेरा समर्थन करना चाहिए। दो में से कुछ एक करना चाहिए। अगर वक्तव्य सही है, तो मेरा समर्थन करना चाहिए, क्योंकि वे तो मूढ़ता में सर्वोच्च हैं। अरे, प्रधानमंत्री का पद तो आया—गया! अब तो भूतपूर्व हो गये; भूत हो गये! लेकिन मूढ़ता तो निज की संपदा है; उसमें कभी भूतपूर्व होने की संभावना नहीं दिखती। मगर परम मूढ़ता यह है कि दूसरों को मूढ़ समझते हैं। खुद की मूढ़ता का खयाल नहीं होता।

एक से एक मूर्खतापूर्ण बातें वह रोज कहते हैं! और खयाल में भी नहीं कि क्या कह रहे हैं!

कच्छ की जनता को मुझसे कोई विरोध नहीं है। अगर विरोध है, तो मोरारजी देसाई को

और उनके साथ हार गये राजनीतिज्ञों को—इने-गिने थोड़े से लोग। कच्छ की जनता तो स्वागत के लिए तैयार है। रोज कच्छ से लोग यहां आ रहे हैं।

अभी परसों ही मांडवी का एक प्रतिनिधि मंडल आठ व्यक्तियों का यह निवेदन करने आया था कि आप जो कच्छ के, मोरारजी देसाई के जो संगी-साथी हैं, वे जो शोरगुल मचा रहे हैं, उस भ्रांति में आप जरा भी न पड़ना। हम आपके स्वागत के लिए आंखें बिछाए बैठे हैं।

कच्छ के लोगों को कोई विरोध नहीं है। विरोध है तो ये कुछ कछुओं को—जिनकी चमड़ी इतनी मोटी है कि जिसमें कुछ घुसता ही नहीं!

मूढ़ सुखी अनुभव करता है अपने को, इसलिए कि उसे दुख का बोध नहीं होता। इसीलिए तो जब किसी का आपरेशन करते हैं, तो पहले उसे बेहोश कर देते हैं। बेहोश हो गया, तो फिर दुख का पता नहीं चलता। फिर उसके हाथ काटो, पैर काटो, अपेंडिक्स निकाल लो। जो करना हो करो, उसे कुछ पता नहीं। होश में किसी की अपेंडिक्स निकालोगे, तो आसान नहीं मामला। डाक्टर की गर्दन दबा देगा—लड़ने को, मरने को, मारने को राजी हो जायेगा—कि यह क्या कर रहे—मेरा पेट काट रहे! मेरे प्राण निकल रहे हैं! भागने लगेगा। पहले उसे बेहोश कर देते हैं।

और यही प्रक्रिया मृत्यु की है। मरने के पहले अधिकतम लोग बेहोश हो जाते हैं—क्षण भर पहले, क्योंकि मृत्यु तो बड़े से बड़ा आपरेशन है। आत्मा शरीर से अलग की जायेगी। अपेंडिक्स क्या है! आत्मा का शरीर से अलग होना—इससे बड़ी और पीड़ा की कोई बात क्या होगी! सत्तर-अस्सी-नब्बे साल दोनों का संग-साथ रहा। जुड़ गये, एक दूसरे में मिल गये, तादात्म्य हो गया। उस सारे तादात्म्य को छिन्न-भिन्न करना है। तो प्रकृति बेहोश कर देती है; सिर्फ कुछ बुद्धों को छोड़कर। क्योंकि उनको बेहोश नहीं किया जा सकता। वे जागे ही जीते हैं, जागे ही सोते हैं, जागे ही मरते हैं। इसलिए मरते ही नहीं। क्योंकि जागकर वे देखते रहते हैं—शरीर मर रहा है, मैं नहीं मर रहा हूं। मुस्कुराते रहते हैं। देखते रहते हैं कि शरीर छूट रहा है। लेकिन मैं-शरीर नहीं हूं। मन विदा हो रहा है, लेकिन मैं मन नहीं हूं। वस्तुतः तो वे बहुत पहले ही शरीर और मन से मुक्त हो चुके। मौत आयी उसके पहले मर चुके। उसके पहले उन्होंने शाश्वत जीवन को जान लिया।

बुद्ध की जब मृत्यु हुई, तो उनके शिष्य रोने लगे। बुद्ध ने कहा, 'चुप हो जाओ नासमझो। मुझे मरे तो लंबा अरसा हो गया। मैं बयालीस साल पहले उस रात मर गया, जिस दिन बुद्ध हुआ। अब क्या रो रहे हो! बयालीस साल बाद! आज कुछ नया नहीं हो रहा है। यह तो घटना घट चुकी। बयालीस साल पहले उस रात पूर्णिमा की—मैंने देख लिया कि मैं शरीर नहीं, मन नहीं। बात खत्म हो गयी। मौत तो उसी दिन हो गयी। रोओ मत। रोने का कुछ भी नहीं है। क्योंकि जो है, वह रहेगा। और जो नहीं है, वह नहीं ही है। वह जाता है, तो जाने दो। सपने ही टूटते हैं—सत्य नहीं टूटते हैं।

तो जो परम ज्ञान को उपलब्ध है, वह भी सुखी—'महासुख' बुद्ध ने उसे कहा है—भेद करने को।

अज्ञानी सुखी होता है। धन मिल जाता है, लाटरी मिल जाती है—सुखी हो जाता है। पद मिल जाता है—सुखी हो जाता है। खिलौनों में—माटी के खिलौनों में भरम जाता है! एक भ्रम

टूटता नहीं कि दूसरे भ्रमों में उलझ जाता है। नये-नये भ्रम खड़े करता रहता है। झमेले में लगा रहता है। यह कर लूं—वह कर लूं—आपाधापी! इसमें इतना उलझाव होता है, इतना व्यस्त कि पता ही नहीं चलता कि कब जिंदगी आयी, कब जिंदगी गुजर गयी! कब सुबह हुई, कब सांझ हो गयी! कब सूरज उगा, कब डूब गया!

बचपन खिलौनों में निकल जाता है, जवानी भी खिलौनों में निकल जाती है। बदल जाते हैं खिलौने। बच्चों के खिलौने छोटे हैं, स्वभावतः, जवानों के खिलौने जरा बड़े हैं! मगर आश्चर्य तो यह है कि बुढ़ापा भी खिलौनों में ही निकलता है। कम से कम बुढ़ापे में आते-आते तो जाग जाना चाहिए। मरने के पहले तो जाग जाना चाहिए। मरने के पहले तो सारे व्यर्थ के जाल-जंजाल से छुटकारा कर लेना चाहिए। मरने के पहले जीवन क्या है—इसकी पहचान हो जानी चाहिए। जिसको हो जाती है—उसे महासुख।

यह श्लोक कीमती है। यह कहता है—'यश्च मूढ़तमो लोके यश्च बुद्धेः परं गतः।' वे जो मूढ़ हैं, वे भी सुखी हैं नकारात्मक अर्थों में। क्योंकि उनको दुख का पता नहीं। और वे जो बुद्धपुरुष हैं, बुद्धजन हैं, जो परम गति को उपलब्ध हुए, वे भी सुखी हैं—विधायक अर्थों में। उन्हें पता है कि सुख क्या है। वे महासुखी हैं।

भेद को समझ लेना। दोनों का सुख अलग-अलग है। मूढ़ का सुख वैसा ही है, जैसा बेहोश आदमी का आपरेशन हो रहा है, और उसे पता नहीं।

काशी के नरेश का आपरेशन हुआ उन्नीस सौ आठ में। अपेंडिक्स का आपरेशन था। लेकिन काशी के नरेश ने क्लोरोफार्म लेने से इनकार कर दिया। और कहा कि 'इसकी कोई जरूरत नहीं है। मैं जानता हूं कि मैं शरीर नहीं। आपरेशन करो।'

अंग्रेज डाक्टर बड़ी मुश्किल में पड़े। आपरेशन करना तत्क्षण जरूरी है, नहीं तो मौत हो सकती है। अपेंडिक्स फूट सकती है। संघातिक स्थिति है। ठहरा नहीं जा सकता। और काशी के नरेश को जबरदस्ती भी नहीं की जा सकती। वे कहते हैं कि 'बेहोश करने की कोई जरूरत नहीं है। मैं ध्यान करता रहूंगा, तुम आपरेशन कर देना!' कभी यह घटना घटी न थी इसके पहले। डाक्टरों ने बहुत झिझकते हुए समझाने की कोशिश की। लेकिन समझाने के लिए समय भी न था। तब मजबूरी में उन्होंने कहा कि 'ठीक है। थोड़ी-सी चीरफाड़ करके देखी कि क्या परिणाम होता है। लेकिन काशी-नरेश तो आंख बंद किये मस्त ही रहे। आंखों से आनंद के आंसू झरते रहे। फिर उन्होंने अपेंडिक्स भी निकाल ली। वे आनंद के आंसू झरते ही रहे। चेहरे पर एक आभा—जैसे पता ही न चला! जैसे उन्होंने कुछ इस बात का हिसाब ही न लिया।

अपेंडिक्स पहली दफा मनुष्य जाति के इतिहास में बिना बेहोश किये निकाली गयी। चिकित्सक चकित थे। भरोसा न आता था अपनी आंखों पर—कि इतना बड़ा आपरेशन हो और कोई व्यक्ति हिले-डुले भी नहीं! पूछा उन्होंने काशी नरेश को कि 'इसका राज क्या है?'

उन्होंने कहा, 'राज कुछ भी नहीं। राज इतना ही है कि मैं जानता हूं—मैं शरीर नहीं हूं। मैं साक्षी हूं। मैं अपने साक्षी-भाव में रहा। मैं देखता रहा कि अपेंडिक्स निकाली जा रही है। पेट फाड़ा जा रहा है। औजार चलाए जा रहे हैं। मैं द्रष्टा हूं। शरीर अलग है। मैं यूं देखता रहा, जैसे कोई किसी और के शरीर की शल्यक्रिया देखता हो। मैं शरीर नहीं हूं; और ही है शरीर।'

ज्ञान को उपलब्ध व्यक्ति के लिए कोई दुख नहीं है, क्योंकि दुख शरीर और मन के ही होते हैं; आत्मा का कोई दुख नहीं होता । आत्मा का स्वभाव आनंद है।

हमने शरीर के साथ अपने को एक मान रखा है, तो हम दुखी हैं। मन के साथ अपने को जोड़ रखा है, तो हम दुखी हैं। मन यानी माया, मन यानी मोह। मन यानी सारा संसार; यह सारा विस्तार। मन और शरीर से अलग जिसने अपने को जान लिया, वह परम बुद्धत्व को उपलब्ध हो जाता है। फिर वहां कोई दुख नहीं है। फिर वहां महासुख है, परम शांति है—आनंद ही आनंद—अमृत ही अमृत।

और यह बात भी सच है कि इन दोनों के बीच में जो है, वह दुखी है। मूढ़—उसे पता नहीं, बेहोश है। प्रबुद्ध—उसे पता है, परिपूर्ण होश है। इन दोनों के मध्य में जो है, वह दुखी है। वह बड़े झमेले में है—न यहां का, न वहां का। न घर का न घाट का—धोबी का गधा है! इधर शरीर खींचता है, उधर आत्मा पुकारती है। इधर बाहर की दुनिया आकर्षित करती है, उधर भीतर का लोक निमंत्रण देता है। यहां धन खींचता है, वहां ध्यान पुकारता है—खींचातानी! कोई टांग खींच रहा है! कोई हाथ खींच रहा है!

जरा-जरा-सा होश भी है, मगर धुंधला-धुंधला; इतना नहीं कि महासुख दिखाई पड़ जाये। मगर इतना होश है कि दुख दिखाई पड़ता है। इतनी रोशनी नहीं कि अंधेरा मिट जाये। मगर इतनी रोशनी है कि अंधेरा दिखाई पड़ता है। जैसे सुबह-सुबह, भोर में, अभी सूरज नहीं निकला; अभी रात के आखिरी तारे नहीं डूबे। कुछ-कुछ हल्की-सी रोशनी है। और गहन अंधकार भी—साथ-साथ! मध्य में जो है, वह संध्या काल में है। उसकी बड़ी विडंबना है। न यहां का, न वहां का! वह त्रिशंकु की भांति लटक जाता है—न इस लोक का, न परलोक का।

कुछ लोगों की यह गति है। खासकर उन लोगों की, जिनके जीवन में थोड़ी-सी धार्मिकता है। जिनके जीवन में थोड़ा-सा प्रार्थना का स्वर सुनाई पड़ा है। जिनके जीवन में क्रांति की थोड़ी-सी चिनगारी पड़ी है। वे बड़े दुखी हो जाते हैं। और वे तब तक दुखी रहेंगे, जब तक वे परम सत्य को न पा लें।

बुद्ध बहुत दुखी हो गये थे, तभी तो राजमहल छोड़ा। और जिन घटनाओं को देखकर दुखी हुए थे, उन्हीं घटनाओं को तुम रोज देखते हो, और तुम्हें कुछ भी नहीं होता! चार घटनाओं का उल्लेख है।

बुद्ध जब पैदा हुए, तो ज्योतिषियों ने कहा कि 'सम्राट, हम बड़े संकोच से भरे है। आपके बेटे का भविष्य बड़ा अनिश्चित है। या तो यह चक्रवर्ती सम्राट होगा। अगर रुक रहा संसार में, तो यह सारे जगत का विजेता होगा। लेकिन पक्का नहीं कह सकते। एक संभावना यह भी है कि सब त्यागकर संन्यासी होगा। तब यह बुद्धत्व को उपलब्ध होगा। या तो चक्रवर्ती सम्राट या बुद्ध।' सिर्फ एक युवक ज्योतिषी भी मौजूद था। कोदन्ना उसका नाम था। वह भर चुप रहा। सम्राट ने पूछा कि 'तुम कुछ नहीं कहते?' उसने एक अंगुली उठायी। सम्राट ने कहा, 'इशारे मत करो। साफ-साफ कहो। क्या कहना चाहते हो एक अंगुली उठाकर?' कोदन्ना ने कहा कि 'मैं सुनिश्चित रूप से कहता हूं कि यह व्यक्ति बुद्धत्व को उपलब्ध होगा।'

सम्राट को बहुत धक्का लगा कि एक ही बेटा था। वह भी बुढ़ापे मे प[illegible]ा था; यह

संन्यस्त हो जायेगा। फिर मेरे साम्राज्य का क्या होगा! इसे कैसे रोका जाये कि यह संन्यस्त न हो।

हर मां-बाप बच्चों को रोकते हैं—कहीं संन्यस्त न हो जायें! बड़ी हैरानी की दुनिया है। और मजा यह कि अगर किसी और का बेटा संन्यासी हो जाये, तो यही मां-बाप उसके चरण छूने जाते हैं! इनका खुद का बेटा संन्यासी होने लगे, तो इनको अड़चन आती है। अड़चन इसलिए आती है कि इनके न्यस्त स्वार्थ को धक्का लगता है। अड़चन इसलिए आती है कि बेटा हमसे आगे जा रहा है! इससे अहंकार को भी पीड़ा होती है। हम जो न कर पाये, वह बेटा कर रहा है, कि बेटी कर रही है!

और फिर बुद्ध के पिता ने जो बड़ा विस्तार कर रखा था धन का, साम्राज्य का, उसका क्या होगा! जीवन उसी में गंवाया था। बड़ी आशा थी इस बेटे की कि बेटा मिल जायेगा, तो सम्हालनेवाला कोई होगा। हम तो न रहेंगे, लेकिन अपना कोई खून का हिस्सा सम्हालेगा!

क्या-क्या मोह हैं दुनिया में! हम न होंगे तो कम से कम हमारा बेटा सम्हालेगा। खुद के बेटे नहीं होते, लोग दूसरों के बेटे गोद ले लेते हैं और भ्रांतियां बना लेते हैं कि अपना है।

कोई अपना सम्हालेगा, तो भी भरोसा है कि चलो, हमारा श्रम व्यर्थ नहीं गया। श्रम तो व्यर्थ ही गया। जब तुम ही चले गये, तो तुम्हारे श्रम का क्या मूल्य है!

बुद्ध के पिता बड़े चिंतित हुए। पूछने लगे कि 'कोई रास्ता बताओ—कैसे इसको रोकें?'

तो उन ज्योतिषियों ने कहा, 'अगर इसे रोकना हो, तो चार चीजों का पता मत चलने देना। बीमारी होती है—यह पता मत चलने देना। क्योंकि बीमारी में इसे दुख होगा। दुख होगा, तो फिर बचना मुश्किल होगा। बुढ़ापा आता है, यह पता मत चलने देना, क्योंकि बुढ़ापे का अगर इसको खयाल आ जायेगा, तो मौत ज्यादा दूर नहीं है फिर। और मौत होती है—यह इसे पता मत चलने देना। और चौथी बात कि संन्यास की भी संभावना है—यह इसे पता मत चलने देना। बस, ये चार बातों से बचाये रखना। और इसे पिलाओ शराब और रंगरेलियां मनाने दो। सम्राट हो तुम, सुंदरतम स्त्रियां इकट्ठी कर दो, उन्हीं में भूला रहे, भटका रहे। संगीत चले। नाच चले। शराब चले। दौर पर दौर चलें। इसको बेहोश रखो। अगर इसे बेहोश रखने में समर्थ हो गये, तो यह चक्रवर्ती सम्राट हो जायेगा।' सम्राट ने कहा, 'फिर ठीक है।'

उसने बुद्ध के लिए अलग-अलग ऋतुओं के लिए अलग-अलग महल बनवाये। गर्मी के लिए अलग महल। ऐसे स्थान में, ऐसे मौसम में, ऐसे वातावरण में, जहां सब ठंडा था, शीतल था। उसे गर्मी का पता न चले। सर्दी में और जगह—जहां सब गर्म था, उसे सर्दी का पता न चले। वर्षा में ऐसी जगह जहां थोड़ी बूंदाबांदी हो। वर्षा का मजा भी हो, लेकिन वर्षा की पीड़ा न हो।

सम्राट ने सारी सुंदर स्त्रियां, जितनी सुंदर युवतियां राज्य में मिल सकती थीं, सब को उठा लिया। वह उसके हाथ की बात थी। बुद्ध को सिर्फ लड़कियों से घेर दिया। खिलौने ही खिलौने दे दिये। और सारी सुविधाएं जुटा दीं।

श्रेष्ठतम चिकित्सक बुद्ध के पीछे लगा दिये कि बीमारी आने के पहले ही इलाज करें। बीमारी आये—फिर इलाज नहीं—बीमारी आने के पहले इलाज। बुद्ध को पता ही न चले कि बीमारी आनेवाली थी।

और किसी बूढ़े को बुद्ध के महलों में जाने की आज्ञा न थी। यहां तक कि कोई सूखा हुआ पत्ता बुद्ध के बगीचे में नहीं टिकने दिया जाता था। सूखे पत्ते को देखकर शायद उन्हें याद आ जाये कि कभी हमें भी तो नहीं सूख जाना पड़ेगा। आज हरे हैं, कल कहीं सूखकर वृक्ष से गिर तो न जायेंगे! कुम्हलाए हुए फूल रात में अलग कर देते थे। बुद्ध के बगीचे में माली रातभर काम करते थे। कुम्हलाए फूल, सूखे पत्ते, पीले पड़ गये पत्ते—सब अलग कर दिये जाते थे।

बुद्ध को ऐसे धोखे में रखा गया। लेकिन कब तक धोखे में रखोगे! जिंदगी से कैसे किसी को छिपाया जा सकता है!

एक महोत्सव में—युवक महोत्सव में बुद्ध भाग लेने जा रहे थे—उसका उद्‌घाटन करने। राजकुमार ही उसका उद्‌घाटन करता था। रास्ते पर डुंडियां पीट दी गयी थीं कि कोई बूढ़ा न निकले, कोई बीमार न निकले, कोई मुरदे की लाश न गुजरे, कोई संन्यासी न निकले। मगर दुनिया बड़ी है। किसी बहरे ने सुना ही नहीं कि डुंडी पिटी। किसी बीमार को पता ही न चला कि डुंडी पिटी। बड़ी राजधानी थी।

और जब बुद्ध का रथ जा रहा था राजधानी में से, तो उन्होंने देखा एक आदमी को : कमर झुक गयी है। रुग्ण! खांस रहा, खखार रहा! पूछा कि 'क्या हो गया इसको?'

सारथी ने कहा कि 'मुझे आज्ञा नहीं है कि मैं आपको इस तरह की बातों के संबंध में कहूं!'

बुद्ध ने कहा, 'मैं तुम्हें आज्ञा देता हूं कि बोलो। क्या हो गया इसे?'

बुद्ध को इनकार भी नहीं किया जा सकता। राजकुमार है। तो उसने कहा, 'मजबूरी है। लेकिन आपके पिता की आज्ञा नहीं है।'

बुद्ध ने कहा, 'जब मैं तुमसे कहता हूं, जवाब दो, अन्यथा नौकरी से तुम अलग किये जाते हो!'

उस सारथी ने कहा, 'मालिक नाराज न हों। यह आदमी बीमार है। इसको क्षय रोग हो गया है। यह तपेदिक से बीमार है। यह खांस रहा है, खखार रहा है।'

बुद्ध ने कहा, 'क्या मैं भी कभी बीमार हो सकता हूं?'

इसको कहते हैं प्रतिभा। इसको कहते हैं बुद्धिमत्ता। इसको कहते हैं प्रखर तेजस्विता, मेधा! उस आदमी का प्रश्न तत्क्षण अपने पर लागू हो गया। 'क्या मैं कभी बीमार हो सकता हूं?'

उस सारथी ने कहा कि 'मैं क्या कहूं आपसे! लेकिन देह है, तो बीमारी है। देह तो बीमारियों का घर है। इसमें सब बीमारियां छिपी हैं। आज नहीं कल... अभी आप जवान हैं। अभी सब स्वस्थ है। सब सुंदर है। मगर कब टूट जायेगा स्वास्थ्य, कहा नहीं जा सकता। टूट ही जाता है। मगर खयाल रखें, अपने पिता को मत कहना कि मैंने ये बातें आपसे कहीं। नहीं तो मेरा अस्तित्व खतरे में है।'

बुद्ध ने कहा, 'तुम चिंता मत करो।'

और तभी एक बूढ़ा आदमी गुजरा; बहुत जराजीर्ण। और बुद्ध ने पूछा, 'इसे क्या हो गया? इसे कौन सी बीमारी है?'

सारथी ने कहा, 'इसे कोई बीमारी नहीं है। यह बुढ़ापा है। यह सबको होता है। यह बीमारी नहीं है, यह सहज जीवन का अंतिम चरण है।'

बुद्ध ने कहा, 'क्या ऐसी ही झुर्रियां मेरे चेहरे पर पड़ जायेंगी! ऐसी ही शिकन! ऐसा ही कमजोर मैं हो जाऊंगा! आंखें मेरी ऐसी ही धुंधली हो जायेंगी? ऐसा ही बहरा मैं हो जाऊंगा?'

सारथी ने कहा, 'मजबूरी है। मगर प्रत्येक को एक दिन इसी तरह हो जाना पड़ता है। सब चीजें आखिर थक जाती हैं। इंद्रियां थक जाती हैं, टूटने लगती हैं, बिखरने लगती हैं। बुढ़ापे से कौन बच सका है!'

और तभी एक मुरदे की लाश निकली और बुद्ध ने पूछा, 'अब इसे क्या हो गया है? ये किस आदमी को बांधकर लिये जा रहे हैं?'

सारथी ने कहा, 'यह बुढ़ापे के बाद की घटना है। यह आदमी मर गया।'

और तब उसी लाश के पीछे एक संन्यासी—गैरिक वस्त्रों में! बुद्ध ने कहा, 'यह आदमी गैरिक वस्त्र क्यों पहने हुए है? इसके हाथ में भिक्षा का पात्र क्यों है? इस आदमी की यह शैली क्या है?'

तो पता चला कि यह संन्यासी है। इसने सारे संसार को छोड़ दिया है। क्यों छोड़ दिया है? इसलिए कि जीवन में दुख है, बीमारी है, बुढ़ापा है, मृत्यु है। यह आदमी अमृत की तलाश में चला है।

बुद्ध ने कहा, 'लौटा लो; रथ को वापस लौटा लो। मैं बीमार हो गया। मैं बूढ़ा हो गया। मैं मर गया—यूं समझो। मुझे भी सत्य की तलाश करनी होगी।'

वे महोत्सव में भाग लेने नहीं गये। लौट आये। और उसी रात उन्होंने गृहत्याग कर दिया।

ये चार सत्य तुम्हें रोज दिखाई पड़ते हैं—बीमार भी दिखाई पड़ता है, तुम भी बीमार पड़ते हो। बूढ़ा भी दिखाई पड़ता है, तुम भी बूढ़े हो रहे हो। रोज हो रहे हो। प्रतिपल हो रहे हो।

जिसको तुम जन्मदिन कहते हो, वह जन्मदिन थोड़े ही है; मौत और करीब आ गयी! उसको जन्मदिन कह रहे हो! लोग जन्मदिन मनाते हैं! लेकिन मौत करीब आ रही है। एक साल और बीत गया। एक बरस और बीत गया। जिंदगी और छोटी हो गयी। तुम सोचते हो, जिंदगी बड़ी हो रही है? जिंदगी छोटी हो रही है! जन्मने के बाद आदमी मरता ही जाता है। पहले ही क्षण से मरना शुरू हो जाता है। यह मरने की प्रक्रिया सत्तर-अस्सी साल लेगी, यह और बात। धीरे-धीरे क्रमशः आदमी मरता जाता है।

लेकिन तुम देखकर भी कहां देखते हो। तुम बेहोश हो। इसलिए तुम सुखी हो। बुद्ध बहुत दुखी हो गये। मध्य में आ गये। मूढ़ न रहे। अभी परम ज्ञान नहीं हुआ है। मगर बीच की हालत आ गयी। बहुत दुखी हो गये। तलाश में निकल गये। जब आदमी बहुत दुखी होता है, तभी तलाश में निकलता है। मगर दुख को अनुभव करने के लिए भी बुद्धिमत्ता चाहिए। धन्यभागी हैं वे, जो दुख को अनुभव कर सकते हैं, क्योंकि जिन्होंने दुख को अनुभव किया, उन्होंने फिर दुख से मुक्त होने की चेष्टा भी की। करनी ही पड़ेगी।

बुद्ध छह वर्ष अथक तपश्चर्या किये, ध्यान किये। और एक दिन परम बुद्धत्व को उपलब्ध हुए, तब महासुख के झरने फूटे। तब अमृत रस बरसा। तब जीवन का राज खुला, रहस्य खुला। तब भीतर का सूरज उगा। ध्यान मिला, तो भीतर का धन मिला। समाधि मिली, तो सब समस्याओं का समाधान मिला। फिर कोई दुख न रहा। फिर कोई संताप न रहा।

यह सूत्र बिलकुल ठीक है—*'यश्च मूढ़तमो लोके यश्च बुद्धेः परं गतः।'*

बड़ा विरोधाभासी सूत्र है कि मूढ़ों की गति और परम बुद्धों की गति एक अर्थ में समान है। मूढ़ भी सुखी, बुद्ध भी सुखी। मगर उनका सुख बड़ा अलग-अलग। मूढ़ बेहोशी के कारण सुखी; बुद्ध होश के कारण सुखी। जमीन आसमान का भेद है।

'तावुभौ सुखमेधेते क्लिश्यत्यन्तरितो जनः।'

लेकिन जो बीच में हैं, मध्य में हैं, उनको बड़ा क्लेश है। लेकिन मध्य में आना ही होगा। पशुता छोड़नी ही होगी; मनुष्य होना ही होगा। मनुष्य दुखी होगा; मनुष्य मध्य में होगा। लेकिन उस दुख से गुजरे बिना कोई बुद्धत्व तक नहीं जा सकता। वह कीमत चुकानी पड़ती है। जो उस कीमत को चुकाने से बचेगा, वह पशुता के जगत में ही, मूढ़ता के जगत में ही उलझा रह जाता है।

और तुम यही कर रहे हो। अधिकतम लोग यही कर रहे हैं। किसी तरह अपने को भुलाए रखो; उलझाए रखो। जाल बुनते रहो उलझाव के। और कल पर टालते रहो—मनुष्य होने की संभावना को। कल मौत आयेगी। तुम बहुत बार जन्मे हो और बहुत बार ऐसे ही मर गये! अवसर तुमने कितना गंवाया है—हिसाब लगाना मुश्किल है! अब और न गंवाओ। यह कीमत चुका दो। यह दुख से थोड़ा गुजरना पड़ेगा। और जितने जल्दी चुका दो, उतना बेहतर है। यह दुख ही तपश्चर्या है। यह दुख ही साधना है। इस दुख की सीढ़ी से चढ़कर ही कोई परमसुख को उपलब्ध हुआ है। और कोई उपाय नहीं है। बचकर नहीं जा सकते।

इसलिए शास्त्र कहते हैं कि देवता भी देवलोक से निर्वाण को नहीं पा सकते। पहले उन्हें मनुष्य होना पड़ेगा। मनुष्य हुए बिना कोई बुद्धत्व को उपलब्ध नहीं हो सकता है, क्योंकि मनुष्य चौरस्ता है।

देवता सुखी हैं। शराब पी रहे हैं। अप्सराओं को नचा रहे हैं। और उसी तरह के उपद्रव में लगे हैं, जिसमें तुम लगे हो। कुछ फर्क नहीं है! थोड़ा बड़े पैमाने पर है उनका जरा। उनकी उम्र लंबी होगी। उनकी देह सुंदर होगी। मगर सब यही जाल है, जो तुम्हारा है—यही ईर्ष्या—यही वैमनस्य है!

तुमने कहानियां तो पढ़ी हैं कि इंद्र का सिंहासन बड़े जल्दी डोल जाता है। कोई तपश्चर्या करता है, इंद्र का सिंहासन डोला! घबड़ाहट चढ़ती है कि यह आदमी कहीं इंद्र न हो जाये! वही राजनीति, वही दांव-पेंच! और इंद्र करते क्या हैं? भेज देते हैं अप्सराओं को—मेनका को, उर्वशी को कि भ्रष्ट करो इस तपस्वी को। यह भ्रष्ट हो जाए, तो मैं निश्चिंत सोऊं। मगर क्या खाक निश्चिंत सो पाओगे! इतनी बड़ी पृथ्वी है, कोई न कोई तपश्चर्या करेगा, कोई न कोई ध्यान करेगा। नींद कहां?

देवता भी दुखी हैं, उतने ही जितने तुम। लेकिन न तुम्हें पता है, न उन्हें पता है। वे भी बेहोश हैं। इसलिए शास्त्र ठीक कहते हैं कि मनुष्य हुए बिना...। मनुष्य के चौराहे से तो गुजरना ही होगा। यह चौराहा है। यहां से पशु की तरफ रास्ता जाता है; यहां मनुष्य की तरफ रास्ता जाता है; यहां से देवत्व की तरफ रास्ता जाता है; और यहां से बुद्धत्व की तरफ भी रास्ता जाता है।

मनुष्य चौराहा है। चारों रास्ते यहां मिलते हैं। अगर तुम समझो, तो जीवन एक परम सौभाग्य है। अगर तुम जागो, तो मनुष्य होने से बुद्धत्व होने की तरफ मार्ग जा रहा है; तुम उसे चुन सकते हो।

लेकिन लोग शराब पीयेंगे! अगर दुखी होंगे, तो शराब पीयेंगे। क्यों आदमी शराब पीता है—दुखी होता है तो? भुलाने के लिए। पशु हो जायेगा शराब पीकर।

जो समझदार है, वह ध्यान करता है। वह ध्यान की शराब पीता है। वह समाधि की तरफ बढ़ता है। वह कहता है, ऐसे भुलाने से क्या होगा! भुलाने से दुख मिटता तो नहीं। फिर कल सुबह होश आयेगा। फिर दुख वहीं के वहीं पाओगे। और बड़ा हो जायेगा।

रातभर में दुख भी बड़ा हो रहा है। जब तुम सो रहे हो, तब दुख भी बड़ा हो रहा है। सुबह चिंताओं के जाल और खड़े हो जायेंगे। कल जब तुमने शराब पी थीं, जितनी चिंताएं थीं सुबह पाओगे—और ज्यादा हो गयीं, क्योंकि शराब पीकर भी तुम कुछ उपद्रव करोगे न! किसी को गाली दोगे, किसी को मारोगे, किसी के घर में घुस जाओगे। किसी की स्त्री को पकड़ लोगे। कुछ न कुछ उपद्रव करोगे! सुबह तुम पाओगे—और झंझटें हो गयीं!

हो सकता है सुबह हवालात में पाओ अपने को; कि किसी नाली में पड़ा हुआ पाओ। कुत्ता मुंह चाट रहा हो! कि जीवन-जल छिड़क रहा हो। और झंझटें हो गयीं! सुबह घर पहुंचोगे, तो पत्नी खड़ी है—मूसल लिए हुए! इससे निपटो! दफ्तर जाओगे, वहां झंझटें खड़ी होंगी। हजार भूल-चूकें होंगी। क्योंकि नशा सरकते-सरकते उतरता है। थोड़ी-सी छाया बनी ही रहती है। कुछ का कुछ हो जायेगा। कुछ का कुछ बोल जाओगे। कुछ का कुछ कर गुजरोगे। और चिंताएं बढ़ जायेंगी और दुख बढ़ जायेंगे। कल मुश्किल थी...। और हो सकता है कि जेब ही कट जाये! बीमारियां थीं और बीमार हो जाओगे!

जिंदगी वैसे ही उलझी हुई थी, शराब से सुलझ नहीं जायेगी। गालियां दे दोगे। झगड़े कर लोगे। कुट जाओगे, पिट जाओगे। किसी को पीट दोगे, छुरा मार दोगे—पता नहीं बेहोशी में क्या कर गुजरोगे! इतना तय है कि चिंताएं कम नहीं होंगी; बढ़ जायेंगी। संताप गहन हो जायेगा। फिर और शराब पीना—इसको भुलाने के लिए! अब तुम पड़े दुष्ट-चक्र में।

एक ही उपाय है—जागो, होश से भरो।

अगर दुख हैं, तो उनका भी उपयोग करो। दुख का एक ही उपयोग किया जा सकता है—और वह यह है कि साक्षी बनो। और जितना साक्षी-भाव बढ़ेगा, उतना दुख क्षीण होता जायेगा। इधर भीतर साक्षी जगा कि रोशनी हुई, दुख कटा, अंधेरा कटा।

जिस दिन तुम परम साक्षी हो जाओगे, द्रष्टा मात्र, उस दिन जीवन में कोई दुख नहीं! उस दिन जीवन परमात्मा है!

'ज्यूं था त्यूं ठहराया' प्रवचन 7 से
'मेरा स्वर्णिम भारत' में संकलित पंद्रहवां प्रवचन

।।७।।

रसरूप भगवत्ता

प्यारे ओशो!
आपने उस दिन कहा कि 'रसो वै सः'—कि वह रस-रूप है।
परमात्मा की यह परिभाषा मुझे सब से बढ़कर भाती है।
तैत्तिरीय उपनिषद् का वह पूरा श्लोक इस प्रकार है:
रसो वै सः।
रसं ह्येवायं लब्ध्वानन्दी भवति। को ह्येवान्यात् कः प्राण्यात्।
यदेष आकाश आनन्दो न स्यात्। एष ह्येवानन्दयाति।
भगवान रस-रूप है।
उसी रस को पाकर प्राणी-मात्र आनंद का अनुभव करता है।
यदि वह आकाश की भांति सर्व-व्यापक आनंदमय तत्त्व न होता,
तो कौन जीवित रहता और कौन प्राणों की चेष्टा करता?
वास्तव में वही तत्त्व सबके आनंद का मूलस्रोत है।
प्यारे ओशो! हमें इसका पूरा आशय समझाने की अनुकम्पा करें।

सहजानंद! यह परिभाषा अपूर्व है। मनुष्य जाति के समग्र इतिहास में इसके जोड़ की कोई परिभाषा नहीं है। ऐसे तो परमात्मा की परिभाषा हो नहीं सकती, लेकिन करनी ही हो, करनी ही पड़े, तो इस परिभाषा से श्रेष्ठतर परिभाषा की कोई संभावना नहीं है। लेकिन् इसे समझना आसान नहीं है। एक-एक शब्द को बहुत गौर से समझना पड़े।

पहले तो *'रस'*। दुनिया की किसी भाषा में इसका ठीक-ठीक रूपांतरण नहीं किया जा सकता। रूपांतरण करते ही बात विकृत हो जाती है। क्योंकि जिन्होंने इस शब्द को जन्म दिया होगा, उन्होंने अनुभव का निचोड़ इसमें भरा है। यह सामान्य शब्द नहीं है; अनुभूतिजन्य है। इस छोटे से शब्द में अनुभव का सागर समाया हुआ है। इस बूंद में सिंधु है। इस बूंद को कोई समझ ले, तो सारे सागरों का रहस्य समझ में आ जाये।

इस शब्द के बहुत पहलू हैं। पहला पहलू तो है कि रस का अर्थ होता है—जो सदा प्रवाहमान है, जो बह रहा है। वह गति, गत्यात्मकता 'रस' शब्द से सूचित होती है।

जो चीज ठहरी, वह मरी। जो बहती रही, वह जीवित रही। जल तो वही है, जो हौज में भरा होता है! और कुएं में भी। शायद उसी कुएं का जल हो। लेकिन हौज का जल मृत है, उसमें प्रवाह नहीं है। वह रस नहीं है।

कुएं का जल प्रवाहमान है। उसमें झरने हैं। उसमें स्रोत हैं। उसमें गति है। वह अनंत-अनंत सागर से जुड़ा है। परोक्ष में दूर-दूर झर-झरकर पानी उस तक पहुंच रहा है। वह तो सिर्फ झरोखा है। जिसमें से सागर झांका है। और सागर भी ऐसा होकर झांका है कि अब पीया जा सकता है। सागर से पानी न पी सकोगे। पीओगे तो मृत्यु हो जायेगी। सागर को पृथ्वी की बहुत सी तलों से गुजरना पड़ता है, तब कहीं पीने योग्य हो पाता है। तब कहीं हम उसे अपना जीवन बना सकते हैं। और पानी के बिना कोई जीवन नहीं है। आदमी के शरीर में अस्सी प्रतिशत तो पानी ही है।

कुएं का पानी तुम पी सकोगे; वह तुम्हारे पचाने योग्य हो गया। पृथ्वी ने उसे शुद्ध किया, निर्मल किया। झर-झरकर निर्मल हुआ है। बह-बहकर निर्मल हुआ है। हौज में तो सड़

जायेगा; कुएं में नहीं सड़ता है। देखने में दोनों में एक जैसा लगता है।

जब कोई बुद्धपुरुष जीवित होता है, तो उसके भीतर धर्म रस-रूप होता है। जैसे कुएं में जल। जैसे सरिता का जल। और जब कोई बुद्धपुरुष विदा हो जाता है, तो पण्डितों के पास उसके शब्द छूट जाते हैं—जैसे हौज में भरा जल, जैसे डबरों में भरा जल। जिनके कोई झरने नहीं होते। जल तो वही। देखने में बिलकुल वही, फिर भी वही नहीं। बुद्धपुरुष को तुम आत्मसात कर सकते हो, उसे पी सकते हो, उसे पचा सकते हो। इसलिए जीसस ने अनूठे वचन कहे हैं।

अंतिम विदाई में जीसस ने अपने शिष्यों के लिए भोज दिया। वह बड़ा प्रतीकात्मक है : 'अंतिम-भोज'। उस भोज में जीसस ने अपने शिष्यों को कहा, 'इस भोजन को तुम साधारण भोजन मत समझना। यह मेरा मांस है, मेरी मज्जा है। इस शराब को तुम साधारण शराब मत समझना; यह मेरा खून है। मुझे खाओ, मुझे पीओ, मुझे पचाओ।'

बड़े अजीब से शब्द हैं, लेकिन बड़े गहरे। जीसस यह कह रहे हैं कि तुम सिर्फ मेरे अनुयायी बनकर मत रह जाना, नहीं तो चूक जाओगे। तुम मेरे शब्दों के धनी बनकर मत रह जाना, नहीं तो भटक जाओगे। तुम्हारे भीतर भी वही चैतन्य आविर्भूत होना चाहिए, जो मेरे भीतर हुआ। वही ज्योति जलनी चाहिए, जो मेरे भीतर जली। और ऐसा तो तब होगा, जब शिष्य अपने गुरु को पचाने को राजी हो जाता है।

विद्यार्थी पचाता नहीं; विद्यार्थी तो याद करता है। विद्यार्थी अंततः पण्डित बन जायेगा। शिष्य पचाता है, पचाता है—पीता है। लीन करता है अपने में। और जब भोजन पच जाता है, तो तुम्हारा हो जाता है। अब तुम कैसे पता लगाओगे कि तुम्हारा खून कहां से आया—दूध से आया, सब्जी से आया, फल से आया—कहां से आया! अब तो पता लगाना भी मुश्किल है। खून—तुम्हारा खून है। हड्डी—तुम्हारी हड्डी है। मज्जा—तुम्हारी मज्जा है। लेकिन जो अनपचा रह जाये, तो रुग्ण कर देगा।

पण्डित रुग्ण होता है। उसके भीतर अनपचा भोजन पड़ा है। बहुमूल्य भोजन—मगर अनपचा। लेकिन ठंडा हो गया भोजन!

शास्त्रों में धर्म ठण्डा हो जाता है; पचाने योग्य नहीं रह जाता। उसकी ऊर्जा भी खो जाती है, ऊष्मा भी खो जाती है। उसकी श्वासें भी कब की टूट चुकीं। मृत लाश है! वैसी ही लगती है, जैसे जीवित बुद्धपुरुष लगते थे। बस देखने में वैसी लगती है, लेकिन कुछ कमी है। और कुछ क्या—सभी कुछ कम है, आत्मा ही नहीं है। पिंजड़ा पड़ा है; आत्मा तो उड़ गयी।

धर्म रस है। लेकिन कोई झरोखा चाहिए, जिससे तुम झांक सको। कोई झरना चाहिए, जिससे तुम पी सको। शब्द काम नहीं देंगे। शास्त्र काम नहीं देंगे। जानकारी और ज्ञान काम नहीं देगा। ध्यान ही काम दे सकता है। क्योंकि ध्यान से स्वाद मिलता है।

रस का दूसरा पहलू : रस का अर्थ है, जिसका स्वाद लिया जा सके। तुम शब्द तो सुनते हो मगर उनका स्वाद कहां? जैसे 'ईश्वर' शब्द तुमने सुना। कोई स्वाद आता है तुम्हें! तुम्हें बिलकुल स्वाद नहीं आता। 'ईश्वर' शब्द कान में भनभनाता है; एक कान में गूंजता है, दूसरे से निकल जाता है। तुम्हारे भीतर कोई हलन-चलन नहीं होती। कोई गति नहीं होती। कोई रस नहीं बहता। तुम मस्त नहीं हो जाते। तुम डोलने नहीं लगते।

यूं ही जैसे कोई 'शराब' शब्द को सुने, तो क्या मस्त हो जायेगा? पिये—तो मस्त होगा। पिये—तो झूमेगा। पिये—तो गायेगा। पिये—तो नाचेगा। शराब उसके रग-रेशे में दौड़े, तो उसका रोआं-रोआं जाहिर करेगा कि कुछ भीतर घट रहा है; कोई क्रांति हो रही है।

धर्म रस है अर्थात् उसका स्वाद लेना होता है। खोपड़ी में भर लेने से स्वाद नहीं आता। स्वाद तो अनुभव से आता है। तुम लाख चर्चा सुनो मिठाई की, लेकिन कभी तुमने मीठा न चखा हो, तो चर्चा से क्या होगा! मीठा शब्द याद हो जायेगा, लेकिन शब्द में कुछ अर्थ नहीं होगा। तुम्हारे लिये नहीं होगा अर्थ, अर्थ उनके लिए ही होगा जिन्होंने चखा है।

शब्दों का एक खतरा है। शब्दों से यह भ्रांति पैदा हो सकती है कि मैं समझ गया। जब शब्द समझ में आ गया, तो हम सोचते हैं: बात समझ में आ गयी। मगर शब्द समझ में आने से कुछ समझ में नहीं आता। 'प्रेम' शब्द तुम जानते हो; खूब जानते हो। सुबह से शाम तक प्रेम की चर्चा करते हो। सारी पृथ्वी पर प्रेम ही प्रेम चल रहा है! पति पत्नी को प्रेम कर रहा है। पत्नी पति को प्रेम कर रही है। मां-बाप बच्चों को प्रेम कर रहे हैं। बच्चे मां-बाप को प्रेम कर रहे हैं—और फिर भी पृथ्वी पर इतना अप्रेम है, इतनी घृणा है; इतना वैमनस्य है, इतनी शत्रुता है कि सब एक दूसरे की जान के ग्राहक बने बैठे हैं! सब एक दूसरे की गर्दन पर तलवारें टिकाये हुए हैं। जिसको मौका मिल जाये, वही गर्दन काट देगा!

यह मामला क्या है! यह तमाशा क्या है? इतना प्रेम दिया जा रहा है, लिया जा रहा है और परिणाम में सिवाय युद्धों के कुछ नहीं लगता! तीन हजार साल में पांच हजार युद्ध लड़े गये हैं! यह तुम्हारा अतीत है! ये तुम्हारे सतयुग, स्वर्णयुग, रामराज्य की कथाएं हैं! इस अतीत को तुम गुणगान गाते थकते नहीं! ये तुम्हारे स्वर्णशिखर हैं! ये तुमने आकाश छुए हैं!

तीन हजार साल में पांच हजार युद्ध! जैसे आदमी लड़ता ही रहा—लड़ता ही रहा! और सारे प्रेम का क्या हुआ? क्योंकि एक व्यक्ति पति भी होता है, बेटा भी होता है, पिता भी होता है, भाई भी होता है, काका भी होता है, मौसा भी होता है, मामा भी होता है—कितना नहीं होता! रिश्ते ही रिश्ते हैं। उसको कितना प्रेम मिलता है? इतना सारा प्रेम जानने के बाद फल तो बड़े कड़वे लगते हैं! और प्रेम की कविताएं, और प्रेम के गीत, और प्रेम के शास्त्र!

हां तुम प्रेम पर बोलना चाहो तो खूब बोल सकते हो। मगर प्रेम का तुम्हें कुछ अनुभव नहीं। अनुभव नहीं—तो अर्थ भी नहीं।

ऐसा समझो कि अनुभव से अर्थ आता है; शब्दों की जानकारी से अर्थ नहीं आता। जिस दिन अंधे की आंख खुलती है, उस दिन वह जानता है: प्रकाश क्या है। इसके पहले लाख तुमने समझाया हो, और लाख उसने समझा हो...। अंधों की अलग किताबें होती हैं, ब्रेल-लिपि में लिखी हुई। उन पर उंगलियां फेर-फेरकर उसने पढ़ लिया हो; प्रकाश के संबंध में सारी जानकारी, सारे सिद्धांत, सारा भौतिक शास्त्र—जो-जो कहता है, अब तक विज्ञान ने जो खोजा है प्रकाश के संबंध में—कि प्रकाश की गति इतनी होती है: एक सैकेंड में एक लाख छियासी हजार मील! कि प्रकाश शुभ्र रंग का होता है! लेकिन अगर उसे स्पैक्ट्रम से गुजारा जाये, तो वह सात रंगों में टूट जाता है; उससे इंद्रधनुष बन जाते हैं। यह सब पढ़ सकता है अंधा ब्रेल-लिपि में। और न पढ़ सकता हो, तो तुम समझा सकते हो; पढ़-पढ़कर तुम बता सकते हो।

और ध्यान रखना अंधा सुनने में बहुत कुशल होता है—स्वभावतः! उसके पास आंखें तो होती नहीं, तो आंखों से जो ऊर्जा व्यय होती थी, वह सब की सब कानों को मिल जाती है। इसलिए अंधे अच्छे संगीतज्ञ होते, अच्छे गायक होते हैं। उनकी ध्वनि पर पकड़ गहरी होती है।

आंख से आदमी की अस्सी प्रतिशत ऊर्जा व्यय होती है। अस्सी प्रतिशत! बाकी तुम्हारी चार इंद्रियों को केवल बीस प्रतिशत ऊर्जा मिलती है। इसलिए तो बहरे को देखकर दया नहीं आती; वैसी दया नहीं आती, जैसी दया अंधे को देखकर आती है। तुम्हारे पास बहरे के लिये कोई सभादर-सूचक शब्द नहीं है। लेकिन अंधे को तुम कहते हो—'सूरदासजी!' लंगड़े को लंगड़ा ही कहते हो; लंगड़ा जी भी नहीं कहते! बहरे को बहरा ही कहते हो; बहराजी भी नहीं कहते! लेकिन अंधे को सूरदासजी कहते हो। क्यों?

अंधे पर बड़ी दया आती है। दया आने जैसी बात है। क्योंकि उसका अस्सी प्रतिशत जीवन कट गया। वह केवल बीस प्रतिशत से जी रहा है। वह केवल अपने जीवन का पंचमांश जी रहा है। यूं समझो कि न जीने के बराबर जी रहा है। आंख ही नहीं तो क्या जीवन! न रंग है, न रूप है, न सौंदर्य है। तुम कल्पना नहीं कर सकते कि रंग, रूप और सौंदर्य के न हो जाने पर तुम्हारे जीवन पर परदा गिर जाता है। बचता ही क्या है! लेकिन इसका एक परिणाम होता है कि यह अस्सी प्रतिशत ऊर्जा जो बचती है, आंख की, वह कान को मिल जाती है। कान आंख के सबसे करीब है; नम्बर दो।

तो अंधा सुनता बहुत गहराई से है। उसकी स्मृति बहुत मजबूत होती है गहराई की; भूलता ही नहीं। एक दफा सुन लेता है, तो भूलता नहीं। उसकी सुनने के संबंध में संवेदनशीलता बड़ी गहन होती है। जैसे तुम आदमी को उसके चेहरे से पहचानते हो, अंधा तो चेहरे से नहीं पहचान सकता। वह उसकी पग-ध्वनि तक को पहचानने लगता है। अंधा जानता है—कौन आ रहा है। वह अपने मित्रों के पैरों की आवाज पहचानता है। तुमने कभी खयाल ही नहीं किया होगा कि आदमी आदमी के पैरों की आवाज में भी फर्क होता है। मगर अंधे को होता है फर्क। स्वभावतः क्योंकि उसको तो और कोई पहचान बची नहीं।

इसलिए अंधे को तुम समझाओ, तो वह समझने में कुशल होता है। शब्दों को तो वह कान से सुन लेता है, और स्मृति में समा जाते हैं। मगर प्रकाश का अनुभव कैसे होगा?

और प्रकाश का अर्थ अंधे के लिए क्या हो सकता है! कुछ भी नहीं हो सकता। प्रकाश तो दूर, अंधे ने अंधेरा भी नहीं देखा है। आमतौर से तुम सोचते हो कि अंधा बेचारा अंधेरे में रहता होगा। तुम इस गलती में मत पड़ना। अंधेरा देखने के लिए भी आंख चाहिए। आंख के बिना अंधेरा भी नहीं देखा जा सकता। जब प्रकाश नहीं देखा जा सकता, तो अंधेरा कैसे देखोगे?

तुम आंख बंद करते हो, तो अंधेरा दिखाई पड़ता है। लेकिन यह मत सोच लेना इससे, यह अनुमान मत लगा लेना कि बेचारा अंधा अंधेरे में रहता होगा। अंधे को अंधेरा भी कभी नहीं दिखाई पड़ा। आंख ही नहीं, दिखाई पड़ने का कोई सवाल ही नहीं उठता।

तो इसको तुम अंधेरा भी नहीं समझा सकते, प्रकाश तो क्या खाक समझाओगे! मगर शब्द इसे याद हो सकता है। और यह अंधा पण्डित हो सकता है शब्द के आधार पर। अंधों के सिवाय और कोई पण्डित होता ही नहीं। सभी पण्डित सूरदास होते हैं। पण्डित यानी अंधा।

गये थे समझने, गये थे हीरे लेने—बीन लाये कंकड़ पत्थर! गये थे अनुभव लेने—ले आये शब्द। और सोचा कि सम्पदा ले आये!

'रस' शब्द को खयाल में रखो। उसका अर्थ अनुभव, स्वाद। सत्य तुम्हारे कंठ से उतरना चाहिए; तुम्हारी जीभ पर चखा जाना चाहिए। सत्य की प्रतीति ऐंद्रिक होनी चाहिए। यह रस का अर्थ है।

लेकिन तुम्हारे तथाकथित महात्मा तो इंद्रियों के विपरीत हैं। उनकी तो चेष्टा यह है कि सारी इंद्रियों को मार डालो। आंखें हों, तो फोड़ लो। यही तो उन्होंने सूरदास की कहानी में जोड़ दिया है। अगर यह कहानी सच है तो सूरदास मेरे लिए दो कौड़ी के हो गये। लेकिन मैं सोचता हूं कि यह कहानी सच नहीं हो सकती, क्योंकि सूरदास के पद इतने प्यारे हैं कि यह कहानी सच नहीं हो सकती, कि उन्होंने एक सुंदर स्त्री को देखकर आंखें फोड़ ली थीं, कि न रहेंगी आंखें और न बजेगी बांसुरी!

मगर आंखें बंद कर लेने से बांसुरी का बजना बंद नहीं होता; और जोर से बजती है! भनभनाकर बजती है! सुंदर स्त्री जा रही हो, आंख बंद कर लो; और भी सुंदर मालूम प ने लगेगी। इतनी सुंदर कोई स्त्री होती ही नहीं, जितनी आंख बंद कर लेने से सुंदर हो जाती है। वास्तविक स्त्री में तो क्या खाक सौंदर्य होता है! दो दिन में उड़ जायेगा! थोड़े से परिचय में तिरोहित हो जायेगा।

अब कितने ही लहराते बाल हों, नागिन से लहराते बाल हों तो भी क्या करोगे! कब तक सिर मारोगे! और नाक बिलकुल तोते जैसी हो, तो भी क्या करोगे! और रंग भी बहुत गोरा और चिट्टा हो, तो क्या करोगे! दो चार दिन में सब फीका हो जायेगा। दो-चार दिन में स्त्री के शरीर का पूरा भूगोल तुम पहचान लोगे, सब नाप-जोख कर लोगे, फिर बैठे हैं हाथ पर हाथ धरे!

लेकिन अगर आंख बंद कर ली, तो न होगी कभी नाप-जोख, न कभी होगी पहचान। और गैर पहचान में मन कल्पना से भर जाता है। खूब कल्पना से भर जाता है। स्त्रियां इस सत्य को जानती हैं; सदियों से जानती हैं। इसलिये स्त्रियां उन-उन अंगों को छिपाकर रखती हैं, जिन अंगों के प्रति चाहती हैं कि तुम्हारे भीतर कल्पना जगे! जितनी छुपी स्त्री हो, उतनी ही तुम्हारी कल्पना को प्रज्वलित करती है।

स्त्री की तो बात छोड़ दो, किसी खूसट बुड्ढे को भी तुम बुरके में उढ़ाकर जरा रास्ते से निकाल दो! समझो—मोरारजी देसाई ही चले जा रहे हैं! बुरका ओढ़े हुए! तो लोगों की छातियां थम जायेंगी; हृदय की धड़कन बंद हो जायेंगी। दुकानें ठहर जायेंगी। लोग कहेंगे—जरा रुको! जरा देख तो लूं! लुच्चे-लफंगे पीछे लग जायेंगे! सीटियां बजने लगेंगी; फिल्मी गाने होने लगेंगे! देखो कैसी बांसुरियां बजती हैं। वह तो जब तक बुरका नहीं उघड़ेगा, तब तक उपद्रव बहुत फैल जायेगा। दंगा-फसाद हो सकता है! वह तो बुरका जब उघड़ेगा, तब...!

मैं गंगा के किनारे बैठा था अपने एक मित्र के साथ। एक व्यक्ति स्नान कर रहा था—सुंदर देह, लम्बे बाल। पीछे से यूं लगता था, जैसे कोई सुंदर स्त्री हो! वे मित्र बोले कि 'मुझसे न रहा जायेगा। मैं देखकर आता हूं। जब देह में ऐसा सौष्ठव है, कौन जाने चेहरा भी सुंदर हो।'

मैंने कहा, 'जाओ, जरूर देख आओ।'

वे गये। वहां से बिलकुल सिर पीटते लौटे। कहा, 'हद्द हो गई, एक साधु महाराज नहा रहे हैं।'

उनके बड़े घुंघराले बाल थे। बाल पीछे उनके लटक रहे थे। और देह भी उनकी सुंदर थी। जब ये उनको देखकर लौटे—चेहरा, तब पता चला। अगर बैठे ही रहते, मुझसे उन्होंने ईमानदारी से न कहा होता, तो उस रात करवटें बदलते। विचार करते रहते। सपने में उतरते। 'और वह स्त्री कौन थी!' और वहां कोई स्त्री थी ही नहीं। आंख बंद कर लोगे तो रूप नष्ट नहीं होता—और प्रगाढ़ हो जाता है। क्योंकि कल्पना को अवसर मिल जाता है। इसलिए स्त्रियां अपने को छिपाने की कला में निष्णात हो जाती हैं।

पश्चिम की स्त्रियां इतनी सुंदर नहीं मालूम होतीं, यद्यपि ज्यादा सुंदर हैं। इतनी सुंदर नहीं मालूम होतीं, जितनी पूरब की स्त्रियां मालूम होती हैं। उसका कुल राज इतना है कि पश्चिम की स्त्री ने एक पुराना हिसाब बंद कर दिया। उसने पुरानी चाल-बाजी बंद कर दी, जो संस्कृति और धर्म के नाम पर बड़ी होशियारी से थोपी गयी थी। उसने अपने शरीर को उघाड़ दिया है। वह सहज स्वाभाविक हो गई है। लाखों स्त्रियां नग्न स्नान कर रहीं हैं समुद्र तटों पर। कोई देखने के लिए भीड़ इकट्ठी नहीं होती। भीड़ इकट्ठी होती ही तब है, जब देखना मुश्किल हो।

भारत में जितने धक्के लगते हैं स्त्रियों को, दुनिया में कहीं नहीं लगते। धार्मिक देश है! पुण्य भूमि है! यहां देवता पैदा होने को तरसते हैं! वे भी इसलिए तरसते होंगे! कि थक गये उर्वशी और मेनका से। हेमा मालिनी को धक्का देना चाहते हैं। खबरें तो पहुंचती होंगी! कोई देवता भी ऐसा थोड़े ही कि अखबार न पढ़ते होंगे! थोड़ी देर से पहुंचते होंगे अखबार, पहुंचते तो होंगे ही। पढ़-पढ़कर उनके भी जी पर सांप लोट जाता होगा।

आंख बंद करने से नहीं कुछ होनेवाला है।

सूरदास ऐसी मूढ़ता नहीं कर सकते। लेकिन कहानी यही कहती है, और इसलिए कि सूरदास का सम्मान करती है। कि अद्‌भुत व्यक्ति थे, कि आंख फोड़ ली उन्होंने! इतने मूढ़ नहीं हो सकते। ऐसी मूढ़ता से ऐसे सुंदर पदों का जन्म नहीं हो सकता। ऐसे रसपूर्ण पद हैं कि रस का अनुभव हुआ ही होगा। नहीं तो यह रस कैसे बहेगा! यह रस कहीं न कहीं से आ रहा है। यह अंधे से नहीं आ सकता। यह तो बहुत संवेदनशील व्यक्ति से आ सकता है। और उन्होंने जैसा वर्णन किया है कृष्ण के सौंदर्य का, उससे प्रतीत होता है कि उनके सौंदर्य का बोध बड़ा प्रगाढ़ रहा होगा। तुम्हारे धर्मों ने तुम्हारी इंद्रियों को मारने की कला सिखायी है। जिह्वा को मार डालो!

महात्मा गांधी अपने भोजन के साथ नीम की चटनी भी खाते थे। अब नीम की कोई चटनी होती है! तुमने कभी सुनी? मगर महात्मा जो न करें, सो थोड़ा! ऐसी ही चीजों से तो वे महात्मा होते हैं।

पश्चिम का एक विचारक लुई फिशर महात्मा गांधी पर एक किताब लिख रहा था, तो वह उनका निकट अध्ययन करने के लिए उनके आश्रम आया। महात्मा गांधी ने उसे अपने साथ भोजन के लिए बिठाया। और सब चीजें तो उसने देखीं, साथ में जब नीम की चटनी आयी, उसने पूछा, 'यह क्या है?' तो महात्मा गांधी ने कहा, 'जरा चखकर देखो!' उसने चखी, तो जहर थी! उसने कहा, 'हद्द हो गई। यह कोई भोजन है!'

महात्मा गांधी ने कहा कि 'इसे करने से धीरे-धीरे स्वाद पर नियंत्रण आ जाता है। रोज-रोज इसको खाने से आदमी का स्वाद पर बल थिर हो जाता है। तुम स्वाद के गुलाम हो। आदमी को होना चाहिए स्वाद का मालिक। सात दिन तुम यहां रहोगे, अभ्यास करो।'

लुई फिशर तो बहुत घबड़ाया कि सात दिन यहां मैं टिक पाऊंगा इस नीम की चटनी के कारण! उसने यह सोचकर कि पूरा भोजन खराब करने के बजाय यह बेहतर है कि इसको एक ही दफा पूरा का पूरा गोला गटककर पानी पी लूं, फिर भोजन कर लूं, ताकि झंझट एक ही दफे में खत्म हो जाये; नहीं तो पूरा भोजन खराब होगा! उसने पूरा गोला गटक लिया। और महात्मा गांधी ने कहा कि 'और लाओ। देखो कितनी पसंद पड़ी! अरे समझदार आदमी हो, तो उसको पसंद पड़ेगी ही!'

अब लुई फिशर यह भी न बोल सका कि पसंद नहीं पड़ी है। अब कैसे अपनी समझदारी को गंवाये! सो बैठा रहा मन मारे—और दूसरा गोला आ गया। उसने कहा, 'अब आखिर में निपटाऊंगा इसको। पहले पूरा भोजन निपट लूं।'

एक गोले की जगह दो गोले मिलने लगे रोज उसको! वह अगर न खाये पहला गोला, तो गांधीजी कहें, 'अरे भूले जा रहे हो! चटनी पहले।' फिर दूसरा गोला आ जाये!

हर आश्रमवासी को नीम की चटनी अनिवार्य थी। ऐसे कहीं होगा, तो फिर कोई जाकर अस्पताल में...

जीभ कोई बड़ी भारी बात नहीं है। उसमें बहुत छोटे-छोटे संवेदनशील तंतु हैं, वे जल्दी से मर जाते हैं। नीम-वीम से कहां मार पाओगे! जिंदगीभर मारने में लग जायेगी। जाकर अपनी जीभ पर एसिड डलवा आओ। नहीं तो किसी प्लास्टिक सर्जन से कहना कि जरा ये छोटे-छोटे तंतु हैं, इनको साफ ही कर दो; काट ही डालो! फिर तुम्हें स्वाद ही न आयेगा—न मीठा न कड़वा! तुम हो गये जितेंद्रिय! फिर हुए तुम जैन! असली जैन! जिह्वा पर विजय हो गयी!

कहां के पुराने ढांचे-ढर्रे में पड़े हुए हो; बैलगाड़ियों से सफर कर रहे हो! अस्पताल में चले जाओ, एक पांच मिनट का काम है; तुम्हारी जबान साफ कर दी जायेगी। तंतु ही बहुत थोड़े से हैं। और पूरी जीभ भी सारा अनुभव नहीं करती। जीभ पर भी तंतु बटे हुए हैं। किसी हिस्से पर कड़वे का अनुभव होता है, किसी हिस्से पर मीठे का। किसी हिस्से पर नमकीन का—अलग-अलग हिस्सों पर! जरा-सी तो जीभ है, लेकिन उसके बड़े संवेदनशील तंतु हैं। इनको मारने से तुम सोचते हो कि भोजन पर तुम्हारी विजय हो जायेगी! तो जीभ ही काट डालो! काटनेवाले लोग हुए हैं, जिन्होंने जीभ काट ली। वे योगी समझे गये!

कान फोड़ लो, क्योंकि संगीत है, कोयल की पुकार है। और ये सब खतरनाक चीजें हैं। कोयल की पुकार—तुम क्या सोचते हो, कोयल कोई भजन कर रही है! और हिंदी में भ्रांति होती है। क्योंकि हिंदी में 'कोयल' से ऐसा लगता है मादा पुकार रही है। मादा नहीं पुकारती। मादाएं तो सारी दुनियाभर की, चाहे किसी पशु-पक्षी की हों, आदमी की हों, जानवरों की हों, बहुत होशियार हैं। पुकार वगैरह नहीं देतीं! 'कोयला'—कोयल नहीं! यह कोयला पुकार रहा है। ये सज्जन पुकार रहे हैं! कोयल तो चुपचाप बैठी रहती है। ये ही पुकार मचाये रखते हैं; ये ही गुहार मचाये रखते हैं। वह जो पपीहा पुकार रहा है, वह भी पुरुष है। वह जो 'पी कहां' कह

रहा है... कहना चाहिए—'प्यारी कहां!' मूरख है; भाषा का ज्ञान नहीं। अंट-शंट बोल रहा है।

मगर तुम सुन लेते हो। तुम्हें पता नहीं कि यह सब पुकार तो मची हुई है वही—महात्माओं के खिलाफ! यह प्रकृति-रस बह रहा है। तुम कान फोड़ लो अपने।

पक्षियों के गीत हैं, संगीत है—यह सब खतरनाक है। तुम्हारे महात्माओं की मानकर चलो, तो तुम अपनी इंद्रियों को धीरे-धीरे फोड़ते चले जाओ, तोड़ते चले जाओ।

अलग-अलग धर्मों ने अलग-अलग इंद्रियों को तोड़ने के उपाय खोजे हुए हैं। इस्लाम संगीत के खिलाफ है। क्योंकि संगीत कहीं न कहीं कामवासना से जुड़ा हुआ है। यह आकस्मिक नहीं है कि संगीत कामवासना से जुड़ा हुआ है, क्योंकि सारे पशु-पक्षियों की पुकारें और गीत कामवासना के ही अंग हैं। मनुष्य ने भी उनसे ही संगीत सीखा है।

वेश्यालयों में संगीत कोई अप्रासंगिक रूप से नहीं चलता है। दरबारों में राजाओं के जहां वैभव और विलास था, वहां संगीत की महफिलें जमी रहती थीं। जब से दरबार उखड़ गये, राजा न रहे, संगीत के प्राण भी निकल गये। संगीत में वह ऊंचाइयां न रहीं, क्योंकि खरीददार न रहे। अब फिल्मी संगीत बचा है, क्योंकि खरीददार भी तीसरी कोटि के हैं, इसलिए तीसरी कोटि का संगीत भी होगा। फिल्मी संगीत को तुम गाली मत दो। वह जनता का संगीत है! जनता पार्टी का! जनता की जितनी बुद्धि, सार्वजनिक जितनी अकल! वह जो शास्त्रीय संगीत था, वह दरबारी था। उसके लिए संस्कार चाहिए थे। उसके लिए वर्षों की साधना चाहिए थी। वर्षों की साधना के बाद भी मुश्किल से मिलता था।

भारत का अंतिम सम्राट बहादुर शाह कवि भी था। उसका कवि नाम था 'जफर'—बहादुर शाह जफर। मिर्जा गालिब से वह अपनी कविताओं में संशोधन करवाता था। गालिब उसके गुरु थे। और भी उसके गुरु थे। उर्दू शायरी में यह परंपरा है कि तुम क्या लिखोगे अपने आप! इतना लिखा जा चुका है! ऐसे-ऐसे बारीक और नाजुक खयाल बांधे जा चुके हैं कि किसी गुरु के पास बैठकर पहले समझो। और जरा से शब्दों के तालमेल से बहुत फर्क पड़ जाता है। तो वह सीख लिया करता था। उसने एक दिन मिर्जा गालिब को पूछा कि 'आप कितने गीत रोज लिख लेते हैं?'

मिर्जा गालिब ने कहा, 'कितने गीत रोज! यह कोई मात्रा की बात है! अरे कभी तो महीनों बीत जाते हैं और एक गीत नहीं उतरता। और कभी बरसा भी हो जाती है। यह अपने हाथ में नहीं। यह तो किन्हीं क्षणों में झरोखा खुलता है। किसी अलौकिक जगत से किरण उतर आती है, तो उतर आती है। बंध जाती है, तो बंध जाती है। छूट जाती है—छूट जाती है। चूक जाती है—चूक जाती है! कभी तो आधा ही गीत बन पाता है, फिर आधा कभी पूरा नहीं होता—अपने हाथ में नहीं। प्रतीक्षा करनी होती है।'

जफर ने कहा, 'अरे मैं तो जितने चाहूं, उतने गीत लिख लूं। पाखाने में बैठे-बैठे मुझे गीत उतर आते हैं!'

गालिब तो हिम्मत के आदमी थे। गालिब ने कहा कि 'महाराज, इसलिए आपके गीतों में से पाखाने की बदबू आती है!'

हिम्मतवर लोग थे। कोई अब बहादुर शाह सम्राट थे, इसलिए कोई गालिब छोड़ देंगे उनको, ऐसा नहीं था। कहा कि 'अब मैं समझा। अब मैं समझा राज! कभी- कभी मुझे भी

बदबू आती थी आपके गीतों में...कि मामला क्या लिखते हो आप! कूड़ा-कर्कट! अब जो पाखाने में बैठकर लिखोगे, तो फिर ठीक ही है! कृपा करके ऐसा न करो।'

जफर को चोट भी लगी, और समझ में भी बात आयी। और इसके बाद ही जो जफर ने जो गीत लिखे—थोड़े से लिखे, मगर गजब के लिखे। वे फिर जैसे जफर ने नहीं लिखे, रस ही बहा।

रस का यह पहलू समझो। तुम्हारी इंद्रियां ज्यादा संवेदनशील होनी चाहिए। उनकी संवेदनशीलता पराकाष्ठा पर पहुंचनी चाहिए। आंख उतना देखे, जितना देख सकती है। रूप की तहों में उतर जाये; रूप की गहराइयों को छू ले। कान उतना सुने जितना सुन सकता है। संगीत की परतों और परतों में उतरता जाये; संगीत की तलहटी को खोज ले, ऐसी डुबकी मारे, क्योंकि मोती ऊपर नहीं फिरते—तिरते; गहरे में पड़े होते हैं। 'जिन खोजा तिन पाइयां, गहरे पानी पैठ। मैं बौरी खोजन गई, रही किनारे बैठ।'

और मैं तुम्हारे महात्माओं को मैं देखता हूं, सब किनारे बैठे हैं! डर के मारे बैठे हैं कि कहीं डूब न जायें! धार गहरी न हो; कहीं बह न जायें—भयभीत, सिकुड़े हुए! किनारे पर, पकड़े बैठे हुए हैं अपने को। अपनी सारी इंद्रियों को तोड़ रहे हैं। क्योंकि भयभीत हैं कि कहीं इस इंद्रिय के जाल में न फंस जायें, उस इंद्रिय के जाल में न फंस जायें! इंद्रियों का जाल नहीं है। इंद्रियां तो तुम्हारी रस को ग्रहण करने की संभावनाएं हैं।

परमात्मा तो सब रूपों में छाया हुआ है। आंख अगर गहराई से देखेगी, तो हर रंग में उसका रंग है। कान अगर गहराई से सुनेंगे तो हर ध्वनि में उसकी ध्वनि है, उसका नाद है, ओंकार है—'इक ओंकार सतनाम!' वह जगह-जगह सुनाई पड़ेगा। मगर बहुत गहरे सुनने की कला आनी चाहिए।

और तब स्वाद में भी वही मिलेगा। धन्य थे वे लोग, अद्‌भुत थे वे लोग, जिन उपनिषद् के ऋषियों ने कहा—'अन्नं ब्रह्म!' कि अन्न ब्रह्म है। ये लोग स्वाद के विपरीत नहीं हो सकते! जिन्होंने भोजन में भगवान को पा लिया हो, ये लोग स्वाद के विपरीत कैसे हो सकते हैं! जो अन्न को भी ब्रह्म कह सके, ये तुम्हारे तथाकथित महात्माओं से बड़े अलग लोग थे।

छूट गये सूत्र हमारे हाथ से कहीं। रास्ता कहीं भटक गया। कहीं बीच में हम और ही दिशाओं में निकल गये। हमने स्वास्थ्य का मार्ग छोड़ दिया; हमने रुग्ण होने की दिशा पकड़ ली। हम जीवन विरोधी हो गये। और जीवन परमात्मा है। अगर तुम स्पर्श की क्षमता में पूरे के पूरे प्रवीण हो जाओ, तो तुम जो छुओगे, उसी में परमात्मा का स्पर्श मिलेगा।

सारी इंद्रियां संवेदनशील होनी चाहिए। संवेदना पराकाष्ठा पर होनी चाहिए, तब तुम जानोगे कि वह रसरूप है।

तुम देखते हो, सहजानंद, तुमने जहां से भी इस सूत्र का हिंदी अनुवाद लिया होगा, वह अनुवाद किसी पण्डित ने किया है। वह अनुवाद किसी द्रष्टा का नहीं है। तुम फर्क देखो!

सूत्र है—*'रसो वै सः।'* सीधा-साधा अर्थ है : 'वह रसरूप है।'

लेकिन अनुवाद में तुम देखते हो फर्क हो गया : 'भगवान, रसरूप है।' 'वह' तत्काल 'भगवान' हो गया! 'वह' का मजा और। 'भगवान' में बात बिगड़ गयी; वह न रही। क्योंकि

भगवान का अर्थ हो गया—व्यक्ति। 'वह' तो निर्वैयक्तिक सम्बोधन था। 'भगवान' का अर्थ हो गया—राम, कृष्ण, बुद्ध, महावीर—व्यक्ति। व्यक्ति ही भगवान हो सकता है। जब भी हम 'भगवान' शब्द का उपयोग करते हैं, तो वह व्यक्तिवाची हो जाता है।

कृष्ण को भगवान कहो—ठीक। बुद्ध को भगवान कहो—ठीक। ये व्यक्ति हैं। और इन व्यक्तियों ने रस पिया है। इन व्यक्तियों ने 'वह' पिया है, इसलिए इनको भगवान कह सकते है। 'उसको' जिसने पिया, वह भगवान। लेकिन उसको भगवान मत कहो। उसको भगवान कहने से आकार दे दिया, रूप दे दिया। और वह तो सभी आकारों में समाया हुआ है; निराकार है। वह तो निर्गुण है, सगुण नहीं। वह तों सभी आकृतियों में है, इसलिए उसकी आकृति नहीं हो सकती।

'भगवान' कहा कि मुश्किल हो गयी शुरू। भगवान कहते ही तत्क्षण तुम्हारी धारणाएं जो भगवान की हैं—किसी के चतुर्भुजी भगवान हैं; किसी के त्रिमुखी भगवान हैं; किसी के भगवान के हजार हाथ हैं! किसी के भगवान का कोई रूप है; किसी के भगवान का कोई रूप है! किसी के भगवान गणेशजी हैं, हाथी की सूंड़ लगी हुई है! किसी के भगवान जी हनुमानजी हैं!

बंदर भी हंसते होंगे, कि हम ही भले, कि किसी आदमी की पूजा तो नहीं करते! ये आदमियों को क्या हो गया है! कि बंदरों की पूजा कर रहे हैं! हाथी भी चुपचाप मुस्कुराते होंगे कि 'वाह'! हम ही भले, कि आदमी मिल जाये अकेले में, तो वे पटक ना दें उसको कि रास्ते पर लगा दें! हम किसी आदमी की पूजा नहीं करते! मगर यह हाथी रूपधारी गणेशजी की पूजा हो रही है! 'जय गणेश, जय गणेश' का गुंजार चल रहा है! गणेशोत्सव मनाये जा रहे हैं! आदमी अद्‌भुत है! वह कोई न कोई रूप देना चाहता है। कोई न कोई रंग भरना चाहता है।

तुम्हारा मन निराकार में जाने से डरता है।

जिसने यह भी अनुवाद किया होगा, वह निराकार से घबड़ाया हुआ है। और शायद उसे पता भी न हो कि उसने फर्क कर दिया।

'रसो वै सः' तो सीधा-साधा शब्द है। मैं तो संस्कृत जानता नहीं, मगर यह तो सीधी-सीधी बात है। इसके लिए कुछ संस्कृत जानने की जरूरत नहीं है। इसमें 'भगवान' कहीं आता नहीं शब्द। 'वह रसरूप है।' यह सूत्र गजब का है। लेकिन जैसे ही तुमने कहा—'भगवान रस-रूप है', बात बिगाड़ दी। भगवान कैसे रसरूप हो सकता है! भगवत्ता रसरूप हो सकती है। मगर 'भगवत्ता' फिर व्यक्ति से मुक्त हो गयी। इसलिए मैं तुमसे कहना चाहता हूं: भगवान तो हमने उन लोगों को कहा है, जिन्होंने भगवत्ता को चखा और अनुभव किया है। इसलिए बुद्ध को भगवान कहो—ठीक। महावीर को भगवान कहो—ठीक। जीसस को भगवान कहो—ठीक। कबीर को, नानक को भगवान कहो—ठीक। मगर उस विराट को मत सीमा में बांधो। उसमें तो सब बुद्ध खो जाते हैं, सब महावीर खो जाते हैं, सब कृष्ण और सब क्राइस्ट खो जाते हैं। वह तो अनंत है। ये तो सब उसकी किरणें हैं; एक-एक किरणें। तुम उसे किरणों में मत बांधो। उसकी कोई सीमा नहीं है।

इस समय पश्चिम में बहुत झगड़ा है कि परमात्मा को हम क्या मानें—स्त्री या पुरुष! क्योंकि स्त्रियों की बगावत चल रही है पश्चिम में। और ठीक बगावत चल रही है। अंग्रेजी में

तो स्त्री और पुरुष के लिए अलग-अलग सर्वनाम हो जाता है। हिंदी में तो नहीं होता। इसलिए हिंदी में तो हमें सुविधा है। 'वह रसरूप है'—कोई अड़चन नहीं। लेकिन अंग्रेजी में 'वह' को क्या करोगे! अगर कहो—'ही', तो वह पुरुष हो गया। अगर कहो—'शी', तो वह स्त्री हो गया! अगर कहो—'इट', तो वह वस्तु हो गया!

अब तक तो उसको 'ही' कहा जाता रहा है—पुरुषवाची।

मैंने सुना है कि पिछला पोप जब मरा, तो उसके मरने के बाद एक अफवाह सारी दुनिया में उड़ गयी थी। पता नहीं तुम तक पहुंची या नहीं पहुंची! कि जब वह स्वर्ग के द्वार पर पहुंचा, और उसने सेन्ट पीटर से कहा कि 'जल्दी द्वार खोलो। जीवनभर की आकांक्षा तृप्त करनी है। परम पिता परमात्मा से मुझे मिला दो!' पीटर ने सिर झुका लिया और कहा कि 'सुनो, एक बात पहले खयाल में रखो। एक तो वह परम पिता नहीं है—परम माता है! और दूसरा गोरी नहीं है; काली है; नीग्रो है! इन दो की तैयारी रखो, फिर मिलवा देता हूं! नहीं तो एकदम तुम्हारी छाती टूट जायेगी देखकर!'

वहीं बैठ गये पोप महाराज दरवाजे पर। आंखें बंद कर लीं कि यह क्या हुआ! स्त्री पहले ईश्वर को मानना—और फिर वह भी नीग्रो! नीग्रो को तो घुसने न दें चर्च में।

प्रसिद्ध कहानी है कि एक नीग्रो चर्च में जाना चाहता था, तो उसने पादरी से प्रार्थना की। पादरी ने कहा कि 'भई, कुछ बुराई तो नहीं!' क्योंकि पादरी को बोलना तो पड़ता है मीठी-मीठी बातें। 'अरे, उसके सामने तो सब बराबर हैं। क्या काला—क्या गोरा! मगर पहले पात्रता अर्जित करो—चर्च में आने से क्या होगा! पहले अपने को शुद्ध करो!'

पादरी ने सोचा, 'कौन कब अपने को शुद्ध कर पाया! और ऐसी शर्तें बता दूंगा कि यह क्या, इसकी सात पीढ़ियां भी शुद्ध न हो पायें!' तो कहा, 'पहले कामवासना छोड़ो, लोभ छोड़ो, तृष्णा छोड़ो—सब छोड़-छाड़कर—अहंकार विसर्जित करो—फिर आओ।'

ये शर्तें किसी सफेद चमड़ीवाले के लिए नहीं लगायी थीं कभी उसने। यह पात्रता सफेद चमड़ीवाले से नहीं मांगी जाती थी। यह सफेद चमड़ीवालों का ही चर्च था। मगर पादरी सीधा नहीं कह सकता था। आखिर पादरी को तो अच्छी बातें कहनी चाहिए; मीठी-मीठी; सबसे! उसको सबके प्रति दयाभाव दिखलाना चाहिए। मगर पीछे तो राजनीति चलती है—वही की वही। काले और गोरे का भेद बना ही रहता है।

तो बेचारा नीग्रो सीधा-साधा आदमी था, वह जाकर प्रार्थना में लग गया, अपने को शुद्ध करने में लग गया। पंद्रहवें दिन वह आया। उसको आते देखकर... दूर से देखा पादरी ने कि वह फिर आ रहा है! उसने कहा, 'क्या इतने जल्दी से सारी शर्तें पूरी कर लीं!' लेकिन जैसे-जैसे करीब आया, पादरी बहुत हैरान हुआ। उसे डर लगा कि अब बड़ी मुश्किल हो गयी! उसके चारों तरफ एक आभा-मण्डल था, जो कि परमपुरुषों के पास ही होता है। लगता है कि इस नीग्रो ने तो हाथ मार लिया! इसको किस बल पर रोकूंगा! घुसने तो नहीं देना है। यह लगता तो परम पवित्र होकर आ रहा है। इसकी सुगंध मालूम होती है, दूर से! इसकी रोशनी साफ है, इसके शरीर के चारों तरफ वर्तुलाकार प्रकाश का पुंज है। मारे गये! उसने दरवाजे पर ताला लगाकर बाहर ही खड़ा हो गया सड़क पर, कि कहीं यह घुसने ही लगे, तो मैं रोक भी न

सकूंगा, इतना प्रभावशाली मालूम हो रहा है। इसके प्रभाव में न आ जाऊं!

मगर वह आया ही नहीं। चर्च के सामने थोड़ी दूर खड़ा रहा। वहां से खिलखिलाकर हंसा और लौट गया! इससे और बड़ी मुश्किल हुई पादरी को। भागा; रोका कि 'सुन भाई! चर्च में नहीं आना है?'

उसने कहा, 'अब तुमसे क्या छिपाना। कल रात परमात्मा प्रगट हुए और कहने लगे—'भइया, तू नाहक मेहनत कर रहा है। वे मुझको नहीं घुसने देते! वे तुझको क्या घुसने देंगे! वे हरामजादे ऐसी-ऐसी शर्तें बताते हैं कि मैं पूरी नहीं कर पाता! तो तू कहां की झंझट में पड़ा है! और मैं खुद ही आ गया। अब तुझे वहां जाने की जरूरत नहीं है।' तो मैं तो सिर्फ यह देखने आया था कि क्या गजब खेल चल रहा है! तुम परमात्मा को घुसने नहीं देते! और जब तुमने मुझे देखा, जल्दी से तुमने ताला मारा और चाबी लगाकर खड़े हो गये! देखकर मैं हंसा, कि 'अरे बुद्धुओ, तुम्हारा मंदिर खाली है! किस पर ताला मार रहे हो! तुम उसको देखकर भी ताला मार लेते हो।'

तो अगर पोप बैठ गया हो, उसकी धक-धक बंद हो गयी हो, या झटका खाकर फिर से मर गया हो, दुबारा, तो कुछ आश्चर्य नहीं है।

ईश्वर को जैसे ही तुमने रूप दिया, आकार दिया—झंझटें खड़ी होंगी। फिर ईश्वर स्त्री है या पुरुष? फिर वह गोरा है या काला? फिर वह चीनियों जैसा दिखाई पड़ता है, कि भारतीयों जैसा या अंग्रेजों जैसा? बड़ी मुश्किल खड़ी हो जायेगी! दुबला-पतला है, मोटा-तगड़ा है; जवान है, बूढ़ा है? फिर हजार सवाल खड़े हो जाते हैं।

नहीं। मैं तुमसे कहना चाहता हूं: परमात्मा कोई व्यक्ति नहीं है। यद्यपि परमात्मा की परम ऊर्जा कभी-कभी व्यक्तियों में उतरी है।

और तुम्हारे जो अजीब तर्क हैं। तुम्हारा तर्क तो यह है कि तुम कहते हो, कोई व्यक्ति कैसे परमात्मा हो सकता है! और मैं तुमसे कहता हूं—व्यक्ति ही परमात्मा हो सकता है। इसलिए बुद्ध को तुम भगवान कहो, मुझे एतराज नहीं। तुम कृष्ण को भगवान कहो, मुझे एतराज नहीं। मगर भगवान को 'भगवान' मत कहो। उसमें मुझे एतराज है। क्योंकि फिर तुम उसके लिए सीमाएं बांध रहे हो। भगवान को तो सिर्फ भगवत्ता कहो। वह तो सिर्फ गुण-धर्म है। इसलिए बुद्ध ने उसे 'धर्म' कहा, और लाओत्सु ने उसे 'ताओ' कहा। लाओत्सु ने कहा कि उसका कोई नाम नहीं, इसलिए मैं नाम गढ़ लेता हूं—ताओ। ताओ का कुछ अर्थ नहीं होता। अ, ब, स—कुछ भी कहो; मगर उसको कुछ ऐसा नाम दो, जिससे उसका रूप न बनता हो। यही तो हमने भी किया इस देश में; हमने उसे 'ओंकार' कहा। अब तुमने कभी सोचा—ओंकार क्यों कहा? लोग ओंकार का पाठ करते रहते हैं; धुन मचाये रखते हैं—ओम्-ओम्। कभी सोचते ही नहीं कि हमने उसे ओम् क्यों कहा।

ओम् वैसा ही है, जैसा ताओ। ओम् का क्या रूप रंग! ओम् कोई व्यक्ति नहीं है। और इसलिए हमने तो एक और बात भी की जो ताओवादियों ने नहीं की। हम ओम् को साधारण भाषा के 'अ उ म' से नहीं लिखते। हमने उसके लिए अलग ही एक प्रतीक बना लिया ओंकार का, ताकि वह भाषा के शब्दों से अलग ही पड़ जाये। प्रतीक मात्र है हमारा ओम्। हमारी बारह

खड़ी में नहीं आता कहीं भी। हमारे वर्णाक्षरों में नहीं आता कहीं भी। अंग्रेजी में लिखने में बड़ी तकलीफ होती है। अंग्रेजी में ॐ को कैसे लिखो! 'ए यू एम' करके लिखना पड़ता है। मगर वह गलत है। इसलिए मैक्समुलर ने, जिसकी कि गहरी पैठ थी भारतीय शास्त्रों में, ओम् को ॐ के प्रतीक में ही लिखा; ए यू एम में नहीं लिखा, क्योंकि वह गलती हो जाएगी। उसको तो प्रतीक ही रखना पड़ेगा; उसका कोई अनुवाद नहीं हो सकता। जैसे ताओ का कोई अनुवाद नहीं हो सकता, वैसे ही ओम् का कोई अनुवाद नहीं हो सकता। ॐ कोई शब्द ही नहीं है। जो शब्द में नहीं बंधता, उसकी तरफ इशारा है।

इसलिए मत कहो कि 'भगवान रस-रूप है।' कहो—'भगवत्ता रस-रूप है।' फिर बेहतर तो यही है कि 'वह' कहो। क्योंकि 'वह' में सब समा जायेगा—स्त्री भी, पुरुष भी, वस्तु भी।

हमारा 'वह' अंग्रेजी के वह से बहुत बड़ा है। हमारा 'वह' विराट है। उसमें कोई सीमां नहीं बंधती।

दूसरा, सूत्र का हिस्सा है :

'रसं ह्येवायं लब्ध्वानन्दी भवति।' अनुवादक ने कहा है—'उसी रस को पाकर प्राणी-मात्र आनन्द का अनुभव करता है।' इतने ज्यादा शब्दों की जरूरत नहीं है। सूत्र का तो सिर्फ इतना ही अर्थ होता है : 'उस रस को उपलब्ध करना ही आनंद है।' *रसं ह्येवायं लब्ध्वानन्दी भवति।* संस्कृत को जानने की जरूरत ही नहीं है। सीधी-सी बात है। *रसं ह्येवायं लब्ध्वा*—उस रस को जिसने पा लिया, उपलब्ध कर लिया, लब्ध कर लिया; जो उस रस-रूप हो गया—उसे आनंद उपलब्ध हुआ। आनन्द की भी कुंजी दे दी।

दुख क्या है? उस रस से च्युत हो जाना दुख है। जैसे वृक्ष को कोई जड़ों से उखाड़ ले, जमीन से उखाड़ ले, बस दुख शुरू हो गया वृक्ष के लिए, क्योंकि जमीन में ही उसका रस था। जमीन से ही वह रस पा रहा था। जमीन से उखाड़ लिया, कि सूखने लगा। पत्ते झरने लगे, पीले पड़ने लगे। दो-चार दिन हरा रह भी जाए, तो रह जाए, पुराने रस के आधार पर। जो रस के संग्रह उसके भीतर होंगे, कितनी देर चलेंगे! थोड़ी देर में चुक जाएंगे; फिर सूख जाएगा। अब रस की धारा नहीं बहती; रोज-रोज रस नहीं आता। अब पुराने रस के बल पर उधार कितना चल सकता है!

आनंद का अर्थ है अपनी जड़ों को भगवत्ता में जमा लेना। उसमें जमा लेना; उसके साथ जुड़ जाना।

हमारा अहंकार हमें तोड़ता है। 'मैं अलग हूं'—बस, यही हमारी भ्रांति है। एक मात्र भ्रांति, एकमात्र अज्ञान, कि मैं पृथक हूं, अलग हूं। वही हमें तोड़े हुए है। जिस दिन इसको छोड़ दोगे, उस दिन तुम उस रस से जुड़ जाओगे।

'रसं ह्येवायं लब्ध्वानन्दी भवति।' और फिर क्या देर है! आनंद ही आनंद है। उसके साथ जुड़ गए, कि पुनः रस के स्रोत से जुड़ गए। फिर तुम्हारी जड़ें जीवित हो उठेंगी, फिर नये पत्ते आ जाएंगे। फिर नये पत्ते, नये फूल, नये फल। आया वसंत। आया मधुमास! फिर पक्षी नीड़ बनाएंगे। फिर कोयल कूकेगी। फिर पपीहा बोलेगा। फिर हवाओं में नाचोगे तुम। फिर सूरज की किरणों में, और चांद की किरणों में नहाओगे।

लेकिन तुम्हारे तथाकथित महात्माओं ने तुम्हें प्रकृति से तोड़ा है—जोड़ा नहीं। उनकी सारी चेष्टा यह है कि तुम कितने अप्राकृतिक हो जाओ। उनका सारा उपाय यह है कि तुम्हारा अहंकार कैसे और मजबूत हो जाये। इसलिए तुम्हारे साधु-संन्यासियों का जैसा अहंकार होता है, वैसा अहंकार किसी और का नहीं होता! उनकी नाक पर जैसा अहंकार चढ़ा होता है, वैसा किसी के ऊपर नहीं चढ़ा होता है। स्वाभाविकतः भी चढ़ेगा, क्योंकि जो उन्होंने किया है, किसने किया है! त्याग किया, तो अकड़ आयी। धन छोड़ा, तो अकड़ आयी। पत्नी छोड़ी तो अकड़ आयी। तुम तो छोड़ो!

और इसलिए तुम चकित होओगे जानकर यह बात कि जो लोग इन महात्माओं को पूजते हैं, वे अकसर इनसे विपरीत होते हैं! जैसे जैन मुनि को जैन पूजते हैं। जैन मुनि की पूजा क्या है? क्योंकि उसने धन को लात मार दी। और जैनियों को यही सबसे बड़ा चमत्कार दिखायी पड़ता है दुनिया में! धन को—और लात मारना! धन को तो वे छाती से लगाते हैं।

सिर्फ भारत एकमात्र देश है जहां लक्ष्मी की पूजा होती है—नोटों की पूजा होती है! पहले कम से कम चांदी के, सोने के सिक्के रखते थे। अब वे भी न रहे। अब तो कागज के नोट रख लेते हैं लोग! लेकिन ताजे निकलवा लाते हैं बैंक से—बिलकुल चमचमाते! उनको रखकर पूजा होती है। मेरे घर में होती थी! मगर जैसे ही मुझे होश आया, मैंने अपने घर के लोगों को कहना शुरू किया, 'यह क्या पागलपन है! कुछ तो होश की बात करो!' रुपये—नोट! चांदी के सिक्के बचा रखे थे पुराने—पूजा के ही लिए खास करके। कि नोट की पूजा करते उनको भी थोड़ी शर्म लगती थी! और मैं हंसता था कि 'यह क्या कर रहे हो!' तो उन्होंने कुछ सिक्के बचा रखे थे। वे कहते, 'चलो, नोट हटा दो; सिक्के रख लेते हैं। मगर हमारी पूजा में बाधा मत डालो!' मैं उनसे कहता कि 'नोट हुए कि सिक्के हुए, सब बराबर है, चांदी का हुआ नोट कि कागज का हुआ नोट—नोट का मतलब नोट! किससे बना है इससे क्या फर्क पड़ता है! धातु से बना है, कि कागज से बना है—दोनों ही एक से हैं! मगर तुम पूज रहे हो। लक्ष्मी की पूजा!'

दीपावली का अवसर ही लक्ष्मी-पूजा का अवसर है! और इस देश को हम धार्मिक देश कहते हैं! आध्यात्मिक देश! सारी दुनिया भौतिकवादी है, और हम अध्यात्मवादी हैं! और दुनिया में कहीं लक्ष्मी की पूजा नहीं होती। लोग लक्ष्मी को भोगते हैं। भोगो मजे से। पूजना क्या है! लक्ष्मी तुम्हारे पैर दबाये—ठीक! दबवा लो; कोई हर्जा नहीं। खुद विष्णु भगवान दबवा रहे हैं, तो तुम्हें क्या तकलीफ हो रही है! लेटे हैं, और लक्ष्मी पैर दबा रही है!

अब लक्ष्मी पैर दबाती हो, तो दबवा लिये, कि बाई! कोई हर्जा नहीं। मगर मूरख की तरह तुम पूजा कर रहे हो, तो हद्द हो गई! मगर तुम्हारी भी तरकीब हम समझ रहे हैं कि मतलब तुम्हारा क्या है! तुम भी समझ गये कि लक्ष्मी की पूजा करो, तो लक्ष्मीनारायण तक पहुंच हो जायेगी! जैसे कि किसी नेता तक पहुंचना हो, तो पत्नी की सेवा करो। साड़ी ले जाओ, मिठाई ले जाओ। आइसक्रीम पहुंचा दो। फल-फूल पहुंचाओ। डाली लगा दो! पत्नी की सेवा करो। क्योंकि तुम जानते हो कि पति चाहे कितना ही बहादुर हो, मगर पत्नी के सामने बस दुम दबा लेते हैं! अगर पत्नी ने कह दिया कि इस आदमी का खयाल रखना, तो अब उनके बस के बाहर है। खयाल रखना ही पड़ेगा!

समझदार आदमी सीधे-सीधे कलेक्टर या कमिश्नर या गवर्नर या मिनिस्टर के पास नहीं जाते। पत्नी की सेवा करते हैं। पत्नी जल्दी प्रसन्न भी हो जाती है। साड़ी ले आये एक, और चित्त प्रसन्न हो गया उनका! एक गहना बनवा लाये, और चित्त प्रसन्न हो गया। और जब पत्नी प्रसन्न हो गई, तो पति की क्या हैसियत है!

तो तुम वही तरकीब लगा रहे हो लक्ष्मी के साथ। लक्ष्मीनारायण को प्रसन्न करना है! तुम जानते हो कि यह बाई पांव दबाती है लक्ष्मीनारायण के। पांव दबाते-दबाते कह देगी कि 'जरा खयाल रखना: यह फलां-फलां आदमी है। यह अपना आदमी है; इसका ध्यान रहे!' तो लक्ष्मीनारायण भी जानते हैं कि ठीक है। ध्यान रखना पड़ेगा नहीं तो कल ये च्यूंटियां लेगी; पांव-वाव नहीं दबायेगी! सोने नहीं देगी। खोपड़ी खायेगी! कि 'हां बाई, करेंगे। जो कहेगी, वह करेंगे!'

लक्ष्मी की पूजा चल रही है! क्या बेहूदी बात है! सिक्के पूज रहे हो। और फिर भी तुम्हारी अकड़ नहीं जाती आध्यात्मिक होने की! और तुम्हारे भ्रम नहीं टूटते!

जैन धन का पागल है; परिग्रही है। और इसलिए जो धन को छोड़ देते हैं, कहता है कि 'वाह! यह है करामात!' क्यों करामात दिखाई पड़ती है? मुझे इसमें करामात दिखाई नहीं पड़ती। क्योंकि पहले तो मैं यह मानता हूं कि धन को पकड़ना ही मूर्खता है। वह पहली मूर्खता । फिर दूसरी मूर्खता—उसको छोड़ना! पकड़े ही नहीं कभी, तो छोड़ना क्या! अब जैसे मुझसे कोई कहे कि छोड़ो। छोड़ूं क्या खाक! कुछ कभी पकड़ा नहीं। जेब भी पास में नहीं है! एक पैसा बैंक में नहीं है! छोड़ना क्या है! जहां अपना कुछ है ही नहीं, वहां छोड़ना क्या है—पकड़ना क्या है!

लेकिन जो पकड़ने में दीवाने हैं, वे फिर छोड़ने का आग्रह रखते हैं। वे कहते हैं: जो छोड़े, वही त्यागी। यह भोगियों की भाषा है। यह भोगियों का तर्क है।

लेकिन जो पकड़ने में दीवाने हैं, वेश्यालय जिनकी वजह से आबाद हैं, ये उन मुनियों के चरणों में सिर रखेंगे कि 'वाह! क्या करामात—स्त्री को छोड़कर चल दिये! अरे, हम अपनी स्त्री को क्या छोड़ें, अपने पड़ोसियों की स्त्री तक को नहीं छोड़ पा रहे हैं, और तुम अपनी तक को छोड़कर चल दिये! है करामात, है चमत्कार! त्याग इसको कहते हैं! कि दूसरों की भी नहीं छोड़ सकते, जो अपनी है ही नहीं—पहली बात। मगर उनको भी नहीं छोड़ पा रहे हैं। उन पर भी नजर लगी रहती है! अपने को तो छोड़नी ही कैसे!'

मगर जिसने छोड़ दिया—उसकी पूजा!

तुम अकसर पाओगे कि जिस धर्म के माननेवाले जिस ढंग के होंगे, ठीक उससे विपरीत उनकी पूजा के आधार होंगे। ठीक उसके विपरीत! और इससे समझ लेना कि दोनों के दोनों एक-सी मूर्खता में पड़े हैं।

वे मुनि, वे महात्मा और उनके अनुयायी—इनमें कुछ फर्क नहीं है। इनका तर्क एक है, गणित एक है। ये दोनों एक दूसरे का गणित समझते हैं। वह मुनि भी जानता है कि 'मुझे क्यों पूजा मिल रही है, क्योंकि मैंने धन छोड़ा, पत्नी छोड़ दी।' पूजा करनेवाला भी जानता है कि 'महाराज, ध्यान रखना! कहीं अगर पकड़े गये, तो मुश्किल हो जायेगी। धन छूना ही मत; देखना ही मत। स्त्री से सावधान!'

तेरापंथ जैनियों में एक शास्त्र है, जिसमें नौ बातें हैं। नौ बातों की आड़ रखना। इन नौ बातों का ध्यान रखना। इनमें से कोई बात भीतर घुस गई कि तुम्हारा खातमा है! तो जैसे झाड़ को बचाने के लिए बागुड़ लगाते हैं, ऐसे ही नौ बागुड़! एक बागुड़ से भी काम नहीं चलेगा; नौ बागुड़ लगाना है। और उसके भीतर जो पौधे होंगे, ये मुरदा तो होने ही वाले हैं। नौ बागुड़ जिस पर लगी हो, नौ परकोटों से जो घेरा गया हो, और जिसकी जिंदगी इस बात पर निर्भर हो कि अगर जरा-सा कहीं दरवाजा खुला और हवा या रोशनी आ गई या एक हवा की लहर आ गई या पानी की एक बूंद आ गई कि इनका सब नष्ट हो गया!

जिसकी चीजें इतनी कमजोरी पर खड़ी हों, इसका बल क्या! मगर इसका बल एक है: इसके अहंकार को प्रशंसा मिल रही है। गौरव मिल रहा है। इसकी अकड़ को पूजा जा रहा है।

जीवन-विरोधी लोग सिर्फ अहंकार का मजा ले रहे हैं—और कुछ भी नहीं। और कुछ भी नहीं। और अहंकार अधर्म है। अहंकार का अर्थ है: उस रस से च्युत हो जाना।

इसलिए तुम्हारे तथाकथित साधु-संन्यासियों में रस बिलकुल नहीं दिखाई पड़ता। वे तो विरस होने की बात सिखाते हैं तुम्हें! अब यह बड़े मजे की बात है!

तुम्हारा सूत्र तो है—'रसो वै सः।' तैत्तिरीय उपनिषद् क्या कहता है, और तुम्हारे महात्मा तुम्हें क्या समझाते हैं कि विरस हो जाओ, विरागी हो जाओ, उदासीन हो जाओ। रस ही न लो किसी चीज में। रस का त्याग करो। जितना बन सके, उतना करो!

जैनों में दो व्रत होते हैं—महाव्रत और अणुव्रत। तुमसे अगर पूरा महाव्रत न हो सके, रस पूरा त्याग करने का, तो अणुव्रत तो करो। कम से कम थोड़ा छोड़ो। तुमसे अगर नमक समझो कि पूरा नहीं छोड़ा जाता कि हमेशा बिना नमक का भोजन करो, तो सप्ताह में एक दिन तो छोड़ दो। तो अणुव्रत हुआ! नमक का क्या कसूर है! नमक की क्या खराबी है? एक दिन नमक छोड़ देते हैं लोग, फिर उनकी अकड़ देखो! चाल देखो! अकड़े हुए चल रहे हैं। नमक छोड़ दिया उन्होंने एक दिन के लिए! एक दिन शक्कर नहीं खाते, तो गजब कर दिया! एक दिन घी नहीं खाया•तो क्या कहने हैं।

कैसा सस्ता महात्मापन तुमने पैदा किया है! और इन बेईमानों के लिए तरकीबें सुझा दी हैं कि चलो, तुमसे महाव्रत तो सधेगा नहीं अभी; अहंकार तुम उतना तृप्त कर न सकोगे। जितना बन सके, उतना कर लो। न सही पहाड़, तो चलो छोटी-मोटी टेकरी ही सही; मगर कुछ अहंकार तो बना लो अपना! तो वे व्रत कर रहे हैं।

लेकिन इससे रस से टूट रहे हैं। इसलिए उनके चेहरों पर न तो आनंद का भाव है, न प्रसन्नता है, न प्रमुदिता है। न नृत्य है उनके जीवन में, न गीत है उनके जीवन में। न काव्य है, न संगीत है। कुछ भी नहीं!

और इन रूखे-सूखे ठूंठे लोगों के पीछे बाकी लोग चल रहे हैं। सो वे सारे के सारे लोग अपने को अपराधी समझ रहे हैं। कि हम कब ठूंठ बन जायेंगे, तब हम भी महात्मा होंगे। जब तक हम ठूंठ नहीं बने, तब तक हममें पत्ते लग रहे हैं। बड़ा अपराध कर रहे हैं हम। हममें अभी भी पत्ते लगते हैं; क्या करें! पिछले जन्मों के पापों के कारण पत्ते लग रहे हैं। फूल लग रहे हैं। लगते ही जाते हैं, रुकते ही नहीं! हमारे महात्मा देखो, क्या ठूंठ खड़े हुए हैं!

काष्ठवत्—परिभाषा की गई है, तुम्हारे महात्माओं की—सूखी लकड़ी की भांति! क्या बातें कर रहे हो! अरे, लकड़ी ही होनी है, तो कम से कम गीली तो रहो! थोड़ा रस तो बहने दो!

सूखी लकड़ी की भांति हो जाओ बिलकुल! बिलकुल ठूंठ! कि सिवाय अंगीठी में लगा देने के किसी काम के न रहो! किसी के चूल्हे में गिरना है, जो ठूंठ बनना है? फूल कैसे लगेंगे! और गंध कैसे उड़ेगी? और परमात्मा ने जो तुम्हारे भीतर छिपाया है, वह प्रगट कैसे होगा?

सूत्र बड़ा साफ है। *'रसं ह्येवायं लब्ध्वानन्दी भवति।'* उस रस को उपलब्ध कर लिया, बस यही आनन्द है।

मैं तुम्हें रस सिखाता हूं—विरस नहीं। मैं तुम्हें राग की कला सिखाता हूं—वैराग्य नहीं।

'को ह्येवान्यात् कः प्राण्यात्।' रस चला गया—तो फिर कहां जीवन! फिर प्राण कहां? प्यारा सूत्र है। ऐसा कि उतर जाने दो, रोयें-रोयें में समा जाने दो। उसके बिना न कोई जीवन, न कोई प्राण। और उसी से लड़ रहे हो तुम!

पश्चिम का इस सदी का सबसे बड़ा बुद्धपुरुष जार्ज गुरजिएफ कहा करता था अपने अनुयायियों से कि 'एक बात तुम खयाल रखना कि तुम्हारे सब महात्मा, चाहे हिन्दू हों, चाहे ईसाई, चाहे यहूदी—परमात्मा के खिलाफ हैं।'

जब मैंने पहली दफे यह वचन पढ़ा, तो इतना ही मेरे लिए काफी था कि इस आदमी को कुछ दिखाई पड़ा है। ऐसा वचन मैंने कभी देखा ही नहीं था किसी और का! कि 'तुम्हारे सब महात्मा परमात्मा के खिलाफ हैं।' यह बात कोई जाननेवाला ही कह सकता है। यह कोई पण्डित नहीं कह सकता। पण्डित की तो क्या हैसियत होगी! सोच भी नहीं सकता।

ऊपर से तो बड़ी उलटी मालूम पड़ती है कि तुम्हारे महात्मा परमात्मा के खिलाफ हैं! यह कैसी बात! मगर मैं भी अपने अनुभव से कहता हूं कि यह बात सच है। गुरजिएफ अब तो जिंदा नहीं है, लेकिन जहां भी उसकी आत्मा होगी, उसको आनन्दित होना चाहिए। जितनी गालियां उसको पड़ीं, उससे पचास गुनी ज्यादा मुझको पड़ रही हैं!

उसको जिंदगीभर गालियां पड़ीं। मगर वह भी ईर्ष्या करता होगा मुझसे। इतनी उसको भी नहीं पड़ीं। मुझे सारी दुनिया में पड़ रही हैं। व्यापक विस्तार से पड़ रही हैं। उसकी तो बड़ी सीमा थी बेचारे की! थोड़े से लोग ही उसको जान पाये। उसने बात ही कभी सार्वजनिक नहीं की। उसने थोड़े से लोगों से ही बात की। उसने ऐरे-गैरे नत्थूखैरों को भीतर नहीं आने दिया। मैं ऐरे-गैरे नत्थूखैरों से भी सिर फोड़ता हूं। स्वभावतः गाली ज्यादा खानी पड़ेंगी।

वह तो सिर्फ अपने शिष्यों से बोलता था। शिष्य उसके इने-गिने थे। सारी दुनिया में मुश्किल से तीन सौ! उनसे—वह दूसरों से बोलता नहीं था। किताब उसने अपनी जिंदगी में सिर्फ एक छपने दी। वह भी करीब-करीब जब मर रहा था, तब छपी! वह भी जब पहली दफे छपी, तो उसने सिर्फ एक हजार कापियां छापी। और वह भी हर किसी को नहीं बेच देता था। उसने दाम इतने ज्यादा रखे थे कि हर कोई खरीद नहीं सकता था। बामुश्किल कोई हिम्मत कर सकता था खरीदने की। और किताब इतनी बड़ी थी, एक हजार पृष्ठों की थी। और उसके लिखने का ढंग ऐसा है कि तुम दस पन्ने पढ़ लो, तो समझना कि भव-सागर पार हो गये! एक-एक वाक्य एक-एक पन्ने में जाता है! वाक्य में वाक्य चलता जाता है! और वह इस-इस

तरह से शब्द बनाता था—खुद गढ़ लेता था—कि जिनके अर्थ तुम्हें किसी शब्दकोश में मिल सकते नहीं। शब्दों को तोड़-मरोड़ देता था। जैसे कुंडलिनी लिखना हो, तो कुंडलिनी कभी नहीं लिखता था। कुंडा-बफर! अब तुम खोज-खोजकर मर जाओ—कुंडा बफर कहां है! यह कुंडा-बफर क्या है! वह उसकी गाली थी।

जैसे दो रेलगाड़ियों के डब्बों के बीच में बफर लगे रहते हैं, कि कभी धक्का लगे या गाड़ी को एकदम से रोकना पड़े, तो वे जो बफर रहते हैं, वे एकदम डब्बों को टकराने नहीं देते। या जैसे कार में स्प्रिग लगे होते हैं; गड्ढा आ जाये, तो स्प्रिग गड्ढे को पी जाते हैं। अंदर बैठे आदमी एकदम उछलकर छप्पर से नहीं लग जाते! खोपड़ी नहीं खुल जाती—वह बफर। वह कुंडलिनी नहीं कहता था—कुंडा-बफर! वह कहता था—यह आदमी के भीतर 'कुंडा-बफर' नाम की एक शक्ति है, इसकी वजह से उसको धक्के नहीं लगते; स्प्रिग है यह। जिंदगी में ठोकरों पर ठोकरें खाता है, मगर कुंडा-बफर सब झेल जाता है! यह एक तरह का स्प्रिग है। कि गिरे, जल्दी से कपड़े वगैरह झाड़े। देखा चारों तरफः कोई नहीं है। फिर चल पड़े!

रोज गिरते हो। और यूं भी नहीं कि नये-नये गड्ढों में गिरते हो। उन्हीं-उन्हीं गड्ढों में रोज गिरते हो! और कल ही कसम खायी थी कि अब इस गड्ढे में नहीं गिरेंगे; कि भाड़ में जाए यह गड्ढा, कितनी दफा इसमें गिर चुके! कोई सार नहीं है। और फिर आ गये। फिर खड़े हैं कतार में!

ऐसे भी नहीं! क्योंकि उस गड्ढे में और गिरनेवाले भी हैं; कोई तुम्हीं थोड़े अकेले हो। क्यू लगा हुआ है। अपने क्यू में खड़े हैं। भइया क्या कर रहे हो?—अब क्या करें! ऐसे तो कसम खायी थी!

कल ही मैं एक गीत पढ़ रहा था किसी कवि का। उसने लिखा है कि यूं तो हम रोज शाम को कसम खाते हैं, लेकिन सुबह फिर पी लेते हैं। तोबा रोज रात करते हैं और रोज सुबह तोड़ लेते हैं। इस तरह हम दुनिया भी सम्हालते हैं और जन्नत भी सम्हालते हैं! रात जन्नत सम्हाल लेते है; सुबह यह दुनिया सम्हाल लेते हैं! फिर करें भी क्या! फिर घटायें ही कुछ ऐसी घिर गयीं कि पीने का मन हो गया! और फिर यह बदतमीज मन—लालच उठ आयी। और पियक्कड़ों को देखकर पीने का मन हो गया! फिर सोचा, अब एक दफा और। अरे, बस एक दफा और! कोई बार-बार थोड़े ही पीना है!

मुल्ला नसरुद्दीन ने एक दिन तय किया कि अब नहीं पीना शराब, क्योंकि बहुत हो चुका। डाक्टर कहता है, मर जाओगे। पत्नी जान खाये जाती है। बेटा पीछे पड़ा रहता है लट्ठ लिए! कि तुम शराबघर गये कि टांग तोड़ दूंगा! यहां तक हालत आ गयी कि शराबघर का मालिक तक कभी-कभी मना करता कि 'अच्छा, उठो जी! अब दरवाजा बंद करें! कि अब नहीं पिलायेंगे तुम्हें! अब तुम ज्यादा पी गये! अब तुम गड़बड़ शुरू कर दिये। तुम अब बहकने लगे।'

एक दिन तो यह हालत हो गयी कि शराबघर के मालिक ने उसको धक्के देकर निकलवा दिया, क्योंकि वह दो-चार बोतलें पी चुका है, और अब ऐसी अंटशंट बातें बक रहा है, और ऐसे अंटशंट काम कर रहा है कि दूसरे ग्राहक देख-देखकर लौटे जा रहे हैं, कि यहां कोई झगड़ा होगा, मारपीट होगी। उपद्रव होने ही वाला है! यह आदमी किसी की हत्या कर देगा!

उसको निकलवा बाहर कर दिया। वह दूसरे दरवाजे से फिर आ गया। उसने कहा, भाई, एक बोतल! उसने फिर उसे निकलवाकर बाहर कर दिया। वह तीसरे दरवाजे से भीतर आ गया। होटल के कई दरवाजे थे! उधर से भी निकलवा दिया। चौथे दरवाजे से आया। जब उसे फिर निकलवाने लगा, तो उसने कहा, 'मामला क्या है! क्या बस्ती के सभी शराबखाने तेरे बाप के हैं? जहां जाता हूं, वहीं हरामजादा, तू ही खड़ा रहता है! चार शराबघरों में हो आया! इतना होश मुझे भी है कि तेरी शकल मेरी पहचानी हुई है। यह देखकर चौंकता हूं कि यह फिर वही का वही आदमी! तो क्या बस्तीभर के शराबघर तूने ही खरीद लिए!'

जब यह मुसीबत आ गयी, तो उसने एक दिन कसम ही खा ली कि क्या बेइज्जती जगह-जगह करनी। नाली में गिरना, और सुबह रोज घर जाना; और घर पिटाई अलग होती है। और जो देखो वही लानत-मलामत करता है। जहां जाओ वहीं लोग उपदेश देते हैं। हर कोई उपदेश देने लगता है। उपदेश आदमी को जहर जैसा लगता है! कहा कि 'अच्छा, आज नहीं पिऊंगा।' मगर वह शराबघर रास्ते में पड़ता है! कहा, 'कुछ भी हो जाये, आज छाती कड़ी कर लूंगा। अरे मैं भी मर्द बच्चा हूं!' शराबघर पास आया, तो पैर उसके थरथराने लगे। कई दफा मन होने लगा, कि 'अरे एक दिन और! अरे आखिरी दिन है रे! आज तो पी ले। फिर कल से कर लेना। अब जब तय ही कर लिया है, तो फिर कल से कर लेना!'

रोज मन ऐसा ही हमारा होता है! कुछ नयी बात नहीं है! उसका हुआ तो... मगर उसने कहा कि 'नहीं, बहुत हो चुका जी! यह कई दफा हो चुका। आज जो कसम खायी, तो पूरी करनी है। नहीं जायेंगे!'

मगर एकदम पांव ठहरने ही लगे, आगे ही न बढ़ें, जैसे हजारों मन बोझ लदा हो पैरों पर—कि मामला क्या है! मगर उसने कहा, 'आज कुछ हो जाए; आज सिद्ध करना है—मर्द बच्चा हूं।'

चला ही गया। शराबघर की तरफ आंख भी नहीं उठाई। नीची आंख रखी, जैसे बौद्ध भिक्षु रखता है नीची आंख। चार कदम से आगे नहीं देखता, क्योंकि चार कदम से आगे देखो कि संसार में गिरे!

क्या मजा है! तो एक-एक चश्मा लगा लो, जिसमें चार कदम से आगे दिखाई न पड़ता हो। सब मुक्त हो जाओगे, निर्वाण को उपलब्ध हो जाओगे! चार कदम से आगे नहीं देखता, कि जरा ही आंख उठ गयी चार कदम से ज्यादा—पता नहीं क्या दिख जाये!

घबड़ाहट के मारे नीचे देखे, नजर गड़ाये चला गया—चला गया—चला गया! मगर तिरछी नजरों से तो देख ही रहा कि शराबघर निकला जा रहा है, निकला जा रहा है! जब सौ कदम आगे निकल गया, अपनी पीठ ठोंकी और कहा, 'बेटा, नसरुद्दीन! गजब कर दिया तूने! अरे है तू भी कोई महात्मा! अब आ, इस खुशी में तुझे आज दुगुनी पिलाता हूं!'

और पहुंच गये वापस! उस खुशी में दुगुनी पी रहा हूं। उस दिन फिर दुगुनी ही पी रहे हैं! क्योंकि उस दिन उनको पता चला कि अरे, दुगुनी भी चल सकती है! और जब मरना ही है, तो फिर क्या! और उपदेश तो झेलना ही है, तो अब क्या थोड़ी पीना!

एक दिन पत्नी उसकी पहुंच गई, जब बरदाश्त के बाहर हो गया। जाकर उसने बुरका

उतारकर फेंक दिया। नसरुद्दीन ने कहा, 'अरे, यह क्या करती है! बुरका उतारती है! और शराबघर तू आयी क्यों?'

उसने कहा कि 'तुम्हीं-तुम्हीं मजा लूट रहे हो!'

पत्नी गयी थी इसको शिक्षा देने, कि जब मैं पहुंच जाऊंगी, तो यह शरम खायेगा, संकोच खायेगा कि यह बदनामी! हद्द हो गयी! और बैठ गयी वह भी जमकर। उसने कहा कि 'ला तेरी बोतल!' अब कुछ कह भी न सका। कहे क्या! अगर कहे कि यह खराब चीज है, तो वह कहेगी कि फिर पीता क्यों है! सो बोतल देनी पड़ी।

उसने भी जल्दी से बोतल कुड़ेली। उसे क्या पता; कभी पिया हो उसने शराब! गटगट पी गई बिना सोडा मिलाये, पानी मिलाये। एक ही घूंट मुंह में गया था कि कड़वा जहर! वहीं बुलक दिया, कि 'सत्यानाश हो तेरा! इसको पीता है तू!'

नसरुद्दीन मुस्कुराया और कहा, 'तू क्या समझती थी री, कि मैं कोई यहां आनन्द मनाने आता हूं! अरे यह बड़ी तपश्चर्या है। बड़ी मुश्किल से सधती है। देख, यूं पी जाती है।' गटगट पूरा बोतल पी गया जल्दी से, कि कहीं फिर न मांगने लगे!

'तू यही समझती है जिंदगीभर से। अब मत कहना कि चले गुलछर्रे उड़ाने। यह कोई गुलछर्रे नहीं हैं। यह बड़ा कठिन मार्ग है!'

लोग गड्ढों में गिरते हैं; कठिन मार्ग बताते हैं। उन्हीं गड्ढों में गिरते हैं; रोज-रोज गिरते हैं। कारण क्या होगा?

एक ही कारण है कि तुम्हारे जीवन में अमृत का कोई स्वाद नहीं है। इसलिए तुम जहर पी रहे हो। एक ही कारण है कि तुमने जीवन से नाते तोड़ लिये हैं, इसलिए तुम मृत्यु के शिकंजे में पड़ गये हो। तुमने विराट से अपनी जड़ें अलग कर ली हैं, तो तुम क्षुद्र अहंकार में ग्रसित हो गये हो। वही नर्क है। अहंकार नर्क है। और अहंकार मृत्यु है। अहंकार के जो पार गया, वह नर्क के भी पार गया और मृत्यु के भी पार गया। वह तत्क्षण अमृत का अनुभव करता है।

'को ह्येवान्यात् कः प्राण्यात्।' अरे कौन उसको खोकर जीवित हो सका है! कौन इसको खोकर वस्तुतः जान सका है कि जीवन क्या है! इसका अर्थ तुम समझो।

इसका अर्थ हुआ कि वह रस और जीवन पर्यायवाची हैं। यही मैं तुमसे कह रहा हूं; रोज-रोज कहे जा रहा हूं कि जीवन और परमात्मा पर्यायवाची हैं। इसलिए जो लोग जीवन का विरोध करते हैं, वे ईश्वर के दुश्मन हैं। और तुम्हारा सारा धर्म जीवन का विरोध है।

सब तरह से जीवन को काटो! त्यागो! भागो! जैसे पाप हो गया है कोई जीवित होने से! जैसें परमात्मा ने कोई कसूर किया है तुम्हें जन्म देकर! तुम शिकायत कर रहे हो जीवन का त्याग करके। तुम क्या अनुग्रह का भाव प्रगट करोगे! तुम कैसे धन्यवाद दोगे उसे! तुम्हारे मन में सिर्फ शिकायतों ही शिकायतों का ढेर है। तुम्हें परमात्मा मिल जाये, तो तुम उसकी गर्दन पकड़ लोगे कि तू बता कि तूने मुझे क्यों पैदा किया? क्या जरूरत थी मुझे पैदा करने की! क्यों मुझे संसार के जंजाल में डाला?

यहां लोग आ जाते हैं! उनको पता नहीं मेरी जीवन-दृष्टि का। वे मुझसे पूछ लेते हैं प्रश्न। आज ही एक सज्जन ने पूछा हुआ है कि 'हमें बताइये कि भव-सागर से कैसे मुक्त हो जायें?'

तुम्हें सिखाया ही यह जा रहा है कि भव-सागर से मुक्त होना है! अरे, भव-सागर में तैरना सीखो। मुक्त कहां होना है! जाओगे कहां? भव-सागर तो सभी जगह है! 'भव' का अर्थ समझते हो?—जो है। जो है, इसके बाहर कैसे जाओगे?

भव का अर्थ है अस्तित्व। इससे बाहर कहां जाओगे! तुम जब पूछते हो—'भव-सागर से मुक्त होना है'—तो तुम यह कह रहे हो कि हमें मरना बता दो; आत्महत्या करनी है।

तुम जीवन से इतने उदास क्यों हो? कौन ने तुम्हारे जीवन को विषाक्त किया? और तुम उन्हीं के शिकंजे में हो अब भी। जो तुम्हारी गर्दन दबा रहे हैं, तुम सोचते हो; तुम्हारे प्राण-रक्षक हैं!

तुम जीवन को जान ही नहीं पाये। नहीं तो यह कभी भाषा न बोलते—भव-सागर से मुक्त होने की। तुम पूछते—भव-सागर में कैसे लीन हो जाऊं? तुम पूछते : कैसे तल्लीन हो जाऊं? जैसे बूंद सागर में उतर जाती है और एक हो जाती है, ऐसे मैं भी कैसे एक हो जाऊं। तब तुम्हारा प्रश्न सच में धार्मिक होता! उसके बिना कोई जीवन नहीं, कोई प्राण नहीं।

'यदेष आकाश आनन्दो न स्यात्।' वह है आकाश जैसा विराट।

'यदेष आकाश आनन्दो न स्यात्।' और उसमें आनन्द ही आनन्द का विस्तार है। आनन्द का कोई अन्त नहीं। अनंत आनन्द है।

और तुम दुख के पूजक हो! जो आदमी अपने को दुख देता है सब तरह से, तुम उसको कहते हो—त्यागी-तपस्वी! मैं तुम्हें सुख का सम्मान सिखाना चाहता हूं; सुख का सत्कार सिखाना चाहता हूं। कहता हूं : खोलो अपने द्वार। बांधो बंदनवार। करो, स्वागत सुख का। क्योंकि परमात्मा महासुखरूप है। आनन्द ही आनन्द है।

'एष ह्येवानन्दयाति।' और वह इसलिए तो आनन्द है, क्योंकि अनंत आकाश जैसा है; कभी चुकता नहीं। तुम छोटे-मोटे सुखों में सोचते हो—सुख पा लिया। तुम गलती में हो। इस बात को थोड़ा गौर से समझना।

तुम्हारे छोटे-छोटे सुख एक उपद्रव कर रहे हैं। ये तुम्हें पण्डितों, पुरोहितों, और साधु-महात्माओं के जाल में गिरा देते हैं। क्योंकि वे कहते हैं, 'तुम्हारे छोटे-छोटे सुख—कहां मिला सुख? बताओ—कहां मिला सुख?' और तुम बता भी नहीं सकते। उनका तर्क ठीक लगता है। वे कहते हैं, 'ये क्षण-भंगुर सुख हैं। छोड़ो इनको! चलो हमारे साथ। भजन-कीर्तन करो। त्याग तपश्चर्या करो। सिर के बल खड़े होओ। उपवास करो। भूखे रहो। शरीर को गलाओ। तब कहीं जन्मों-जन्मों में असली सुख मिलेगा!'

तुम उनसे तर्क नहीं कर सकते। क्योंकि तुम भी जानते हो कि तुम्हारे सुखों में तुम्हें सुख नहीं मिला। लेकिन मैं तुमसे कहता हूं : वे तुमसे जो कह रहे हैं, गलत कह रहे हैं। तुम्हारे सुखों में सुख उतना ही मिला, जितना मिल सकता था। उससे ज्यादा तुम चाहते थे, वह नहीं मिला। और उसी का वे फायदा उठा रहे हैं।

अब तुम चाहते थे कि भोजन से शाश्वत सुख मिल जाए! तो तुम मूरख हो। भोजन से कैसे शाश्वत सुख मिल सकता है? कल फिर भूख लगेगी। फिर तो एक दफे भोजन कर लिया, सो कर लिया फिर दुबारा भोजन न करना पड़े! यह तुम चाहते थे! तो तुम्हारे चाह की गलती थी। भोजन का कोई कसूर नहीं है। तुमने चाह ही असंभव बना ली थी।

अब तुम सोचते हो कि इस शरीर में रहने से शाश्वत जीवन मिल जाए! कैसे मिलेगा! यह शरीर ही बना है—तो मिटेगा। इसमें तो उतना ही मिल सकता है, जितना मिल सकता है। इससे ज्यादा मांगते हो, वह मिलता नहीं। नहीं मिलता—विषाद पैदा होता है! विषाद होता है—महात्मा का जाल पड़ा। उसने तुम्हारी गर्दन दबाई। उसने कहा कि मैं पहले ही कह रहा था कि यहां दुख ही दुख है।

फिर भी मैं तुमसे कहता हूं: उसका तर्क गलत है। यहां उतना ही सुख है, जितना किसी वस्तु में हो सकता है। अब कोई रेत में से तेल निचोड़ना चाहे और न निचुड़े; तो इसमें रेत का कसूर है? इसमें तुम्हारी मूढ़ता है—और कुछ भी नहीं।

अब लोग चाहते हों कि धन से ध्यान मिल जाए, तो गलती में हैं। धन से अच्छा मकान मिल सकता है। धन से सुंदर बगीचा बन सकता है—जरूर बनाओ। मगर धन से ध्यान नहीं मिल सकता। तुम धन से चाहते हो ध्यान मिल जाए! महात्मा तुम्हारी गर्दन पकड़ लेता है। वह कहता है—मिला ध्यान?—नहीं मिला। छोड़ो धन।

मैं तुमसे कहता हूं: धन से जो मिल सकता है, वह धन से लो। बुद्धिमानी इसमें है। और जो ध्यान है, वह न तो धन से मिलता है, न धन छोड़ने से मिलता है। जरा मेरी बात पर खयाल कर लेना। क्योंकि वह जड़ की बात है। मूल की बात है।

न धन से ध्यान मिलता है, न धन को छोड़ने से मिलता है।

तुम जरा अपने महात्माओं से तो पूछो कि धन छोड़ने से ध्यान मिला? मैंने पूछा है। और तुम्हारा एक महात्मा जवाब नहीं दे सका। मैंने महात्माओं पर वे सब तरकीबें अपनायीं, जो तरकीबें वे तुम पर अपनाते हैं। और मैं बड़ा हैरान हुआ। पता नहीं तुमने क्यों नहीं ये तरकीबें उन पर अपनायीं अब तक!

वे तुमसे कहते हैं, भोजन से शाश्वत सुख मिला? तुम उनसे पूछो, 'तुमको उपवास से शाश्वत सुख मिला?' तुम कम से कम भोजन पाकर स्वस्थ तो हो! कम से कम शरीर में बल तो है! उठ-बैठ तो सकते हो!

पश्चिम में भोजन की सुविधा है, तो लोग ज्यादा जी रहे हैं। आज रूस में डेढ़ सौ साल की उम्र के हजारों लोग हैं। थोड़े-बहुत नहीं, हजारों की संख्या में। कोई आदमी डेढ़ सौ साल का हो जाए, तो रूस में अखबार में खबर नहीं छपती। अभी एक खबर छपी, जब एक आदमी दो सौ वर्ष का हो गया। डेढ़ सौ वर्ष के तो बहुत लोग हैं।

और यहां तुम्हारे? अगर कोई सौ वर्ष का हो जाए, तो हम कहते हैं—है सतयुगी! क्या गजब का आदमी है! सौ वर्ष का हो गया!

महात्मा गांधी सोचते थे कि एक सौ पच्चीस वर्ष जीना है। यह तो पूना के लोगों की कृपा हो गयी उन पर, कि उनको नहीं जीने दिया! नाथूराम गोडसे ने उनको जल्दी खतम कर दिया, कि काहे को इतनी देर परेशान होते हो! छुटकारा दिला दिया जीवन से जल्दी! भव-सागर से मुक्ति करवा दी उनकी! पूना के लोग गजब के हैं! ये भव-सागर से मुक्ति करवाते हैं! एक सज्जन मुझे भव-सागर से मुक्ति करवा रहे थे!—अभी कुछ दिन पहले, छुरा फेंककर! क्या-क्या समाज सेवी पड़े हुए हैं! अब मुझे अभी भव-सागर से छूटना भी नहीं है, तो भी छुड़वा रहे हैं!

गांधीजी को छुड़वाया, तो ठीक भी; उनको तो छूटना भी था। मैं तो भव-सागर में बिलकुल मजे से तैर रहा हूं! मगर इनके कष्ट देखो! बेचारे कितना कष्ट उठाते हैं! अब अगर इन पर झंझट पड़ेगी, अब मुकदमा चलेगा; सात साल, दस साल; सजा भुगतेंगे! आये थे सेवा करने!

यह दुनिया बड़ी बुरी है। करो नेकी—बदी हाथ लगती है! क्या गजब की दुनिया है! यहां भला करने जाओ, बुरा हो जाता है! आए तो थे बेचारे सेवा करने मेरी, अब दस साल उनको जेलखाने में कहीं सेवा न करनी पड़े! मुझे यही चिंता होती है कि इस आदमी को, बेचारे को दस साल खराब न हो जायें और!

एक सौ पच्चीस व्रर्ष जीने का जो इरादा महात्मा गांधी का था, वे सोचते थे, यह आखिरी कल्पना है। इससे ज्यादा कौन जी सकता है! और उनकी धारणा यह थी कि एक सौ पच्चीस वर्ष जियेंगे वे—अपने उपवास, अपने ब्रह्मचर्य के बल पर! वह तो अच्छा हुआ, भला हो नाथूराम का! रामजी के ही रूप समझो—नाथू-राम! तभी तो महात्मा गांधी ने, जब गोली लगी तो कहा, 'हे राम!' नाथूराम कहने लायक समय नहीं मिला, नहीं तो पूरा नाम लेते! तो अंग्रेजी-हिसाब से आखिरी हिस्सा बोल दिया, कि 'हे राम!' नाम पूरा था—नाथू-राम!

राम का ही रूप समझो इनको, कि आ गए, और छुटकारा करवा दिया!

लेकिन अगर गांधी को खुद मरना पड़ता—और मरना ही पड़ता...। और एक सौ पच्चीस वर्ष...मैं नहीं सोचता कि वे जी सकते थे। भारत की भोजन व्यवस्था इतनी स्वस्थ नहीं है कि यहां एक सौ पच्चीस वर्ष जीना आसान हो जाए।

अगर पहले मरना पड़ता, तो वे बड़े दुखी मरते। उस दुख से नाथूराम ने बचा दिया। वे दुखी मरते कि मेरी तपश्चर्या में कमी रह गयी! वे तो हर छोटी-मोटी बात में समझ लेते थे कि मेरी तपश्चर्या में कमी रह गयी! जैसे तपश्चर्या से कोई उम्र का संबंध है! तपश्चर्या से उम्र का कोई संबंध नहीं है।

शंकराचार्य तैंतीस साल की उम्र में मर गए। अगर तपश्चर्या से संबंध है, तो जाहिर है कि तपश्चर्या इनकी गड़बड़ थी! और विवेकानंद चौंतीस साल में मर गए। अगर तपश्चर्या से संबंध है; तो जाहिर है कि तपश्चर्या गड़बड़ थी। तपश्चर्या से कोई संबंध नहीं हैं।

आज योरोप के देशों में अस्सी वर्ष, पच्यासी वर्ष, नब्बे वर्ष औसत उम्र है। स्वीडन की औसत उम्र नब्बे वर्ष है। अभी भारत की औसत उम्र छत्तीस वर्ष है! तो अगर स्वीडन में डेढ़ सौ साल का आदमी मिल जाए, तो क्या अड़चन है! भारत में भी नब्बे साल का आदमी मिल जाता है। छत्तीस वर्ष औसत उम्र है तब।

ये जो हमारी आकांक्षाएं हैं...। शरीर तो मिटेगा ही—सौ साल में मिटे, डेढ़ सौ साल में मिटे। वैज्ञानिक कहते हैं कि तीन सौ साल जिंदा रह सकता है—कम से कम—अगर पूरी व्यवस्था दी जाए तो। समझो, तीन सौ साल भी जिंदा रह गया, तो भी मिटेगा तो ही, जायेगा तो ही। जो चीज पैदा हुई है, वह जायेगी। इससे तुम अगर शाश्वत की आकांक्षा कर रहे हो, तो भूल तुम्हारी है। इससे उतना ही मांगो, जितना यह दे सकता है। उससे तुम ज्यादा मांगते हो, फिर वह मिलता नहीं, तो फिर तुम्हारे साधु-महात्मा कहते हैं कि 'देखो, नहीं मिला न! कहा था न! छोड़ो-छोड़ो!'

मैं उनके तर्क को गलत मानता हूं। मैं तुमसे कहता हूं कि तुमने ज्यादा मांगा, वह तुम्हारी गलती थी। ज्यादा मत मांगो। जो मिल सकता है, वह मांगो। और जो नहीं मिल सकता, उसके लिए और रास्ते खोजो। इसको छोड़ने से वह नहीं मिल जाएगा।

न तो धन को पकड़ने से, धन को भोगने से ध्यान मिलता है, न छोड़ने से ध्यान मिलता है। मैं ऐसे मुनियों को जानता हूं, जिनको सत्तर साल घर छोड़े हो गए; नब्बे-नब्बे साल की उम्र के हो गए हैं; और उनसे मैंने पूछा कि 'ध्यान मिला कि नहीं?' वे कहते कि अभी नहीं मिला! क्या करें? कैसे ध्यान करें? चित्त तो अभी भी काम करता है! मन तो अभी भी विचारों से भरा हुआ है!'

तो मैंने कहा, 'एक बात तो साफ हुई तुम्हें कि नहीं—कि घर-द्वार छोड़ने देने से मन नहीं छूट जाता! मन का घर-द्वार छोड़ने से क्या संबंध है! मन को छोड़ने की प्रक्रिया अलग है। विधि अलग है, विज्ञान अलग है।' इसलिए मैं अपने संन्यासी को कहता हूं कि तुम विज्ञान समझो जीवन का।

शरीर को स्वस्थ रखना है—भोजन। लेकिन भोजन से कुछ आत्मवान नहीं हो जाओगे। हां आत्मा को स्वस्थ रखना है, तो तुम्हें दूसरा भोजन तलाशना होगा—ध्यान, प्रेम, मौन, शून्य—तो तुम्हारी आत्मा स्वस्थ होगी। और दोनों स्वस्थ होने चाहिए। इनमें कुछ विरोध नहीं है—कि स्वस्थ शरीर में स्वस्थ आत्मा नहीं हो सकती! कि ठीक भोजन करते ध्यान नहीं हो सकता। मैं तो मानता हूं, बिलकुल उलटी बात है।

ठीक भोजन करो, तो ही ध्यान कर पाओगे, नहीं तो ध्याम नहीं कर पाओगे। 'भूखे भजन न होंहि गोपाला!' तो जरा भूखे होंकर भजन तो करो! ऊपर-ऊपर भजन निकलेगा, भीतर-भीतर भूख लगी रहेगी! भीतर-भीतर खयाल चलता रहेगा कि कब भोजन मिले! यह भजन कब खत्म हो! भजन कर ही इसीलिए रहे हो, कि भोजन मिले!

लेकिन जब पेट भरा हो, तो स्वभावतः सरलता से, सहजता से भजन का आनंद हो सकता है; ध्यान का आनंद हो सकता है।

जीवन का एक क्रमिक क्रम है। शरीर की जरूरतें पहले पूरी होनी चाहिए। फिर मन की जरूरतें पूरी होनी चाहिए। फिर आत्मा की जरूरतें पूरी होनी चाहिए। जब तीनों की जरूरतों में एक तालमेल बन जाता है, तब—*रसो वै सः!* तब चौथी, तुरीय अवस्था पैदा होती है। तब तुम जान पाओगे, वह रस-रूप क्या है; वह आनंद क्या है! वह आकाश क्या है!

'वह आकाश की भांति सर्व-व्यापक आनंदमय तत्व न होता, तो कौन जीवित रहता! और कौन प्राणों की चेष्टा करता? वास्तव में वही तत्व सबके आनंद का मूलस्रोत है।'

जीवन को चाहो; जीवन को जीयो—समग्रता से, सम्पूर्णता से। भगोड़ापन नहीं, भय नहीं; क्योंकि जीवन परमात्मा का पर्यायवाची है। जीवन ही वह रस है।

'जो बोलैं तो हरिकथा' प्रवचन 4 से
'मेरा स्वर्णिम भारत' में संकलित सोलहवां प्रवचन

।।८।।

तप, ब्रह्मचर्य और सम्यक् ज्ञान

प्यारे ओशो!

सत्येन लभ्यस्तपसा ह्येष आत्मा
सम्यग्ज्ञानेन ब्रह्मचर्येण नित्यम्।
अन्तः शरीरे ज्योतिर्मयो हि शुभ्रो।
यं पश्यंति यतयः क्षीणदोषाः।।

यह आत्मा सत्य, तप, सम्यक् ज्ञान, और ब्रह्मचर्य से ही प्राप्त किया जा सकता है। जिसे दोषहीन यति देखते हैं, वह शुभ्र आत्मा इस शरीर के अंदर वर्तमान है।

प्यारे ओशो! मुण्डकोपनिषद् के इस सूत्र को हमारे लिए बोधगम्य बनाने की कृपा करें।

शरणानंद! यह सूत्र तो सरल है, पर हजारों वर्षों की व्याख्याओं ने इसे बहुत जटिल कर दिया है। नासमझ सुलझाने चलते हैं, तो और उलझा देते हैं! नीम-हकीम से सावधान रहना जरूरी है। बीमारी इतनी खतरनाक नहीं जितना नीम-हकीम खतरनाक सिद्ध हो सकता है। बीमारी का तो इलाज है, लेकिन नीम-हकीम के चक्कर में पड़ जाओ, तो इलाज नहीं है। और नीम-हकीमों से दुनिया भरी हुई है।

एक आदमी को सर्दी-जुकाम था, बहुत दिनों से था। और बार-बार लौट आता था। बड़े-बड़े चिकित्सकों के पास गया, कोई इलाज न कर पाया। फिर एक नीम-हकीम मिल गया। उसने कहा, 'यह भी कोई बड़ी बात है! यह तो बायें हाथ का खेल है! चुटकी बजाते दूर कर दूंगा! इतना करो : सर्दी की रातें हैं, आधी रात में उठो। झील पर जाकर नग्न स्नान करो। झील के किनारे खड़े होकर ठंडी हवा का सेवन करो!'

वह आदमी बोला, 'आप होश में हैं या पागल हैं! सर्द रातें हैं; बर्फीली हवाएं हैं। आधी रात को नंग-धड़ंग झील में स्नान करके खड़ा होऊंगा—हड्डी-हड्डी बज जायेगी! इससे मेरा सर्दी-जुकाम दूर होगा?

नीम हकीम ने कहा, 'यह मैंने कब कहा कि इससे सर्दी-जुकाम दूर होगा! इससे तुम्हें डबल निमोनिया हो जायेगा! और डबल निमोनिया का इलाज मुझे मालूम है! फिर मैं निपट लूंगा!'

इस दुनिया में जीवन जटिल न होता, अगर जीवन के व्याख्याकार तुम्हें न मिल गये होते। उन्होंने सर्दी-जुकाम को डबल निमोनिया में बदल दिया है!

यह सूत्र बिलकुल सीधा-साफ है। लेकिन जब तुम इस सूत्र को पढ़ोगे, तो तुम सूत्र नहीं पढ़ रहे हो। सूत्रों के सुंदर शब्द आच्छादित हो गये हैं—न मालूम कितनी व्याख्याओं से! जैसे जब तुम पढ़ोगे, 'सत्य'—क्या समझोगे? पढ़ोगे, 'तप'—क्या समझोगे? पढ़ोगे, 'सम्यक् ज्ञान'—क्या समझोगे? पढ़ोगे, 'ब्रह्मचर्य'—क्या समझोगे? शब्द तो बहुत दूर खो गये हैं—जंगलों में व्याख्याओं के। तुम्हारे हाथ में व्याख्याएं रह गई हैं।

'सत्य' शब्द तुम्हें याद दिलायेगा शास्त्रों की—और शास्त्रों में सत्य नहीं है। क्योंकि शब्दों में ही सत्य नहीं है। सत्य है शून्य में। और तुमसे सदा कहा गया है कि सत्य बोलो। तुम्हारे भीतर 'सत्य' में और 'बोलने' में एक संयोग बन गया है। सत्य बोला नहीं जाता—जीया जाता है, अनुभव किया जाता है। यद्यपि जिसने सत्य का अनुभव किया, उसके आचरण में, उसके उठने-बैठने में, उसके हलन-चलन में, उसकी हर गतिविधि में सत्य की आभा होती है। उसके शब्दों में भी सत्य की प्रतिध्वनि होती है। सत्य नहीं—प्रतिध्वनि। और उस प्रतिध्वनि को वही समझ पायेगा, जिसने अपने भीतर का सत्य जाना हो।

गीता जिन्हें कंठस्थ है, कि रामायण की चौपाइयां याद किये बैठे हैं, कि बाइबिल या कुरान या धम्मपद सिर पर ढो रहे हैं—इनसे तो सत्य बहुत दूर हो गया।

सत्य तो तुम्हारे जीवन का सार है। सत्य बाहर नहीं है, भीतर है। वेदों में नहीं है, पुराणों में नहीं है; तुम्हारी चेतना की सुगंध है। सत्य ध्यान में है।

लेकिन जब भी तुम 'सत्य' शब्द को सुनते हो, तो तुम्हें लगता है—शास्त्र। याद आते हैं—वेद, कुरान, बाइबिल। याद आते हैं—बुद्ध, महावीर, कृष्ण, क्राइस्ट, मोहम्मद!

'सत्य' शब्द सुनकर तुम्हें कभी अपनी याद आती है? आनी वही चाहिए। न बुद्ध से सत्य मिलेगा, न कृष्ण से। सत्य मिलेगा तो अपने स्मरण से। मगर व्याख्याओं का घनघोर जंगल है! इतनी सदियां बीत गई हैं तुम्हें संस्कारित होते-होते कि अब सीधी-सादी बात भी बोध में नहीं आती—विकृत हो जाती है; खंडित हो जाती है; टूट-फूट जाती है; कुछ की कुछ हो जाती है!

सत्य है—ध्यान की, शून्य की, निर्विचार की अनुभूति। उस अनुभूति में न विचार होते, न कल्पना होती, न तुम होते हो। क्योंकि तुम स्वयं भी एक कल्पना हो, एक विचार हो। अहंकार विचार की एक तरंग-मात्र है—एक लहर। जहां सारी लहरें खो गईं, वहां अहंकार भी खो गया।

सत्य है निरअहंकारिता की प्रतीति, उसका साक्षात्कार।

लेकिन क्या ऐसा स्मरण आता है 'सत्य' शब्द को पढ़कर? जब पढ़ोगे—*'सत्येन लभ्यस्तपसा ह्येष आत्मा'*—यह आत्मा सत्य है, तप है, सम्यक् ज्ञान है, ब्रह्मचर्य है, तो क्या तुम्हारे मन में विचार उठते हैं?

तप से विचार उठता है— सिर के बल खड़े हुए लोग! उपवास करते हुए लोग! सूरज से आग बरस रही है, और वे अपने चारों तरफ धूनी रमाये बैठे हुए हैं! 'तप' से तुम्हें क्या याद आता है? कांटों पर लेटे हुए लोग! सर्दियों में बर्फीली नदियों में नग्न खड़े लोग! कि गर्मियों में जलती हुई रेत पर पालथी मारे हुए बैठे लोग! जटाजूटधारी—शरीर के दुश्मन—अपने को गलाने में लगे, सड़ाने में लगे— इस तरह के आत्महंताओं की याद आती है।

'तप' शब्द को सुनकर ही याद आती है उन लोगों की जो अपने को कष्ट देने में कुशल हैं।

दुनिया में दो तरह के हिंसक हैं। एक वे जो दूसरों को सताते हैं। ये छोटे हिंसक हैं। क्योंकि दूसरे को तुम सताओगे, तो दूसरा कम से कम आत्मरक्षा तो कर सकता है। प्रत्युत्तर तो दे सकता है। भाग तो सकता है! पैरों पर गिरकर गिड़गिड़ा तो सकता है! कोई उपाय खोज सकता है। रिश्वत दे सकता है। चापलूसी कर सकता है। सेवा कर सकता है। गुलाम हो सकता है।

और दूसरे तरह के वे आत्म-हिंसक हैं, जो खुद को सताते हैं। वहां कोई बचाव नहीं है। वह

हिंसा बड़ी है। अब तुम खुद ही अपने को सताओगे, तो कौन तुम्हें बचायेगा! कौन प्रतिकार करे? अपना ही हाथ अगर आग में जलाना हो; तुमने ही अगर तय किया हो आग में जल जाने का—तो फिर बचना मुश्किल है!

आत्महत्या करनेवाले व्यक्ति को कैसे बचाओगे? कानून नियम बनाता है, मगर बचा पाता है क्या? कानून बड़ा मूढ़तापूर्ण मालूम पड़ता है। कानून कहता है : जो आदमी आत्महत्या करेगा, उसको सजा मिलेगी।' अब यह बड़े मजे की बात है! उसने तो आत्महत्या कर ही ली, अब तुम क्या खाक सजा दोगे? सजा तुम उसको दे सकते हो, जो आत्महत्या कर रहा हो और कर न पाया हो। और जो आत्महत्या करना चाहता है, क्या इस दुनिया में उसे कुछ कमी है! इतने सरदार इतनी बसें चला रहे हैं, ट्रकें चला रहे हैं। देशी ठर्रा पिये हुए-ट्रेनें चल रही हैं! मालगाड़ियां दौड़ रही हैं! झाड़ हैं, पहाड़ हैं, नदी हैं, समुद्र हैं! जिसको आत्महत्या करनी है, इस बड़े जगत में, कोई उसे बचा सकता है! कैसे बचाओगे? कोई नहीं बचा सकता।

हां, पकड़ा जाता है वह व्यक्ति जो करना नहीं चाहता था, यूं ही करने का बहाना कर रहा था! करने की तरकीब कर रहा था, कि उसका कुछ प्रभाव पड़ जाये। धमका रहा था।

स्त्रियां आत्महत्या के बहुत उपाय करती हैं। दो-चार गोली खा लेंगी नींद की। मगर इतनी कभी नहीं खातीं कि मर जायें! इतनी ही खाती हैं कि तुमको थोड़ी मुसीबत में डाल दें। कि अब डाक्टर को बुलाओ; कि अब पुलिस से छिपाओ! कि अब डरो उनसे! कि अब दुबारा तुमने जो भूल की थी—अब न करना! अब उनकी मानकर चलना! यह उनकी तरकीब है। यह गांधीवादी तरकीब है! अपने को सताकर तुम पर कब्जा पाने की।

'तप' से तुम्हारे मन में क्या खयाल उठता है? 'तप' शब्द तुम्हारे भीतर कौन-सी आकृतियां उभारता है?—आत्म-दमन, आत्म-पीड़न। लेकिन तप से इसका कोई संबंध नहीं है।

तप का ठीक-ठीक अर्थ इतना ही होता है कि जीवन में बहुत दुख हैं, इन दुखों को सहजता से, धैर्य से, संतोष से, अहोभाव से अंगीकार करना। और दुख पैदा करने की जरूरत नहीं है; दुख क्या कुछ कम है! पांव-पांव पर तो पटे पड़े हैं। दुख ही दुख ही तो हैं चारों तरफ। लेकिन इन दुखों को भी वरदान की तरह स्वीकार करने का नाम तप है।

सुख को तो कोई भी वरदान समझ लेता है। दुख को जो वरदान समझे, वह तपस्वी है। जब बीमारी आये, उसे भी प्रभु की अनुकम्पा समझे; उससे भी कुछ सीखे। जब दुर्दिन आयें, तो उनमें भी सुदिन की संभावना पाये। जब अंधेरी रात हो, तब भी सुबह को न भूले। अंधेरी से अंधेरी बदली में भी वह जो शुभ्र बिजली कौंध जाती है, उसका विस्मरण न हो।

कुछ दुख आरोपित करने की जरूरत नहीं है; दुख क्या कम हैं?

इसलिए मैं अपने संन्यासी को नहीं कहता कि 'संसार को छोड़ो; जंगल में जाओ; अपने को सताओ।' संसार में कोई दुखों की कमी है, कि तुम्हें जंगल जाना पड़े! यहां तरह-तरह के दुख हैं। जीवन चारों तरफ संघर्ष, प्रतियोगिता, वैमनस्य, ईर्ष्या, जलन, द्वेष—इन सबसे भरा है। एक दुश्मन नहीं—हजार दुश्मन हैं। जिनको तुम दोस्त कहते हो, वे भी दुश्मन हैं। कब दुश्मन हो जायेंगे—कहना मुश्किल है।

मैक्यावेली ने अपनी अद्‌भुत किताब 'प्रिंस' में लिखा है कि अपने दोस्तों से भी वह बात

मत कहना, जो तुम अपने दुश्मनों से न कहना चाहो। क्यों? क्योंकि तुम्हारा जो आज दोस्त है, वह कल दुश्मन हो सकता है।

मैक्यावेली पश्चिम का चाणक्य है। दोस्त से भी मत उघाड़ना अपने हृदय को, क्योंकि वह भी नाजायज लाभ उठायेगा किसी दिन। फिर तुम पछताओगे।

यहां तो सब तरफ कांटे ही कांटे हैं, अब और कांटों की शैया बनाने की जरूरत क्या है? तुम जिस शैया पर सोते हो रोज, वह कांटों की नहीं? उतने से मन नहीं भरता?

पत्नी और पति तुम्हें कम दुख दे रहे हैं?

मैंने सुना: पति पत्नी में पति के देर से घर लौटने पर झगड़ा हो रहा था। पत्नी बोली, 'अगर आप आइंदा रात नौ बजे के बाद आयेंगे, तो मैं आपको छोड़कर किसी और से शादी कर लूंगी।'

पति ने कहा, 'तब तो पड़ोसवाले गुप्ताजी से ही कर लेना!'

पत्नी ने आश्चर्यचकित होते हुए पूछा, 'गुप्ताजी से ही क्यों?'

पति ने शांति से उत्तर दिया, 'मैं उनसे बदला लेना चाहता हूं।'

यहां कुछ कमी है!

एक दोस्त अपने संगी-साथी से कह रहा था, 'बारिश आनेवाली है, मुझे बड़ा डर लग रहा है; मेरी पत्नी बाजार गयी हुई है।

उसके मित्र ने कहा, 'इसमें डरने की क्या बात है! अरे, बारिश उसे कुछ गला तो न देगी? कोई मिट्टी की तो बनी नहीं! बहुत बारिश आ जायेगी, तो किसी दुकान में घुसकर खड़ी हो जायेगी।'

मित्र ने कहा, 'इसी का तो डर है। जिस दुकान में घुस जाती है, वहीं उधारी करके आ जाती है!'

इस जिंदगी में तुम दुख तो देखो—कुछ कमी है! तप करने कहां जा रहे हो!

डाक्टर चंदूलाल से कह रहे थे, 'चंदूलाल, यह कोई पुरानी बीमारी है, जो आपका सुख-चैन नष्ट कर रही है।'

चंदूलाल मुंह पर हाथ रखकर अपनी पत्नी की तरफ इशारा करके डाक्टर से बोले, 'जरा धीरे डाक्टर साहब! वह इधर ही खड़ी हुई है!'

एक पुरुष और एक स्त्री पार्क में बैठे बहुत जोर-जोर से बातें कर रहे थे। अचानक स्त्री उठी और पुरुष को एक चांटा मारकर गुस्से में वहां से चली गई। इतने में पास से गुजरनेवाले व्यक्ति ने वहां बैठे पुरुष से पूछा, 'वह स्त्री क्या आपकी पत्नी थी?'

इस पर पुरुष ने बड़े तैश में आकर जवाब देते हुए कहा, 'और नहीं तो क्या, तुम मुझे इतना बे-गैरत इनसान समझते हो कि मैं किसी ऐरी-गैरी स्त्री से चांटा खा लूंगा?'

कई वर्षों के बाद कालेज के दो साथियों की मुलाकात हो गई। और बातचीत का सिलसिला हुआ। 'कैसे रहे इतने वर्षों तक?'

'कोई खास बात नहीं हुई। कालेज छोड़ने के फौरन बाद शादी कर ली थी।'

'यह तो बड़ा अच्छा किया।'

'नहीं। मेरी पत्नी बहुत लड़ाकू थी।'

'ओह! इससे जीवन जहर हो गया होगा?'

'नहीं। इतना बुरा भी नहीं हुआ। दहेज में पांच हजार रुपये मिले थे।'

'उससे तो बड़ा फायदा हुआ होगा।'

'नहीं। उस रकम से मैंने दुकान कर ली। लेकिन बिक्री ही नहीं होती थी।'

'तब तो बड़ी मुसीबत रही होगी?'

'नहीं। बुरा भी नहीं हुआ। युद्धकाल में दुकान बड़े भाव में बेच दी। दस हजार का नगद फायदा हो गया।'

'यह बहुत अच्छा किया तुमने!'

'नहीं। इतना अच्छा भी नहीं हुआ। उस रकम से मैंने एक मकान खरीद लिया और मकान में आग लग गई!'

'यह तो बड़ी बदकिस्मती रही।'

'नहीं, इतनी बदकिस्मती भी नहीं रही। मेरी पत्नी भी उसमें जल गई!'

यहां जिन्दगी में क्या कमी है!

तप का मेरी दृष्टि में एक ही अर्थ है : जीवन में कांटे भी हैं, फूल भी हैं; फूलों का स्वागत तो कोई भी कर लेता है; कांटों का भी जो स्वागत कर ले, वह तपस्वी है। कुछ तुम्हें कांटे ईजाद करने की आवश्यकता नहीं है।

यहां दिन भी हैं और रातें भी हैं। कुछ दीये बुझाने की तुम्हें जरूरत नहीं है। दिन को तो स्वभावतः तुम प्रसन्न हो। रात का अंधेरा भी अंगीकार कर लो।

परितोष का नाम तप है। संतोष का नाम तप है।

तप आत्म-हिंसा नहीं है—अपने को सताना नहीं है। सताना तो हर हाल बुरा है—किसी को भी सताओ—तुम भी उसमें सम्मिलित हो। लेकिन जो भी जीवन में आ जाये—सुख हो कि दुख, सफलता हो कि विफलता, हार मिले कि जीत—तुम्हारे भीतर कोई अन्तर ही न पड़े; तुम अडिग-अकम्प बने रहो—यह तपश्चर्या है।

इसलिए तप के लिए किसी हिमालय की गुफा में बैठने की जरूरत नहीं; वह तो तप से भागना है। हिमालय की गुफा में क्या खाक तप होगा? जीवन चुनौती है—प्रतिपल। और हर चुनौती छिद जाती है कटार की तरह। उसे फूल की तरह स्वीकार कर लेना तपश्चर्या है।

इसलिए न तो सिर के बल खड़े होओ, न धूनी रमाओ, न भभूत लगाओ, न जटाजूट बढ़ाओ, न उपवासे मरो। इस सब की कोई जरूरत नहीं है। परमात्मा ने जीवन में सुख और दुख को बिलकुल समतुल बनाया है। जीवन में हर चीज समतुल है। नहीं तो अस्तित्व बिखर जायेगा। इसमें समतुलता होनी ही चाहिए; जितना सुख—उतना दुख; जितनी रात—उतने दिन; जितनी सफलताएं—उतनी असफलताएं। तुम दोनों को सम-भाव से ले सको—तो तप।

लेकिन तुम्हारी व्याख्याओं ने बड़ी मुश्किल कर दी है! तुम्हारी व्याख्याओं ने तुम्हें न मालूम क्या-क्या सिखा रखा है।

मेरे हिसाब से तप तो जीवन की सहज साधना है; असहज नहीं। प्रत्येक वस्तु को जिस दिन तुम आशीष की तरह स्वीकार करने को राजी हो जाओगे, अहोभाव से; जीवन के लिए भी

धन्यवाद दोगे परमात्मा को—मृत्यु के लिए भी; बस, उस दिन जानना कि तुम्हारे भीतर तप का आविर्भाव हुआ है।

सत्य है अपने स्वयं की शून्यता का, मौन का, निर्विचार का, निर्बीज अवस्था का अनुभव। और तप है : बाहर जो जीवन फैला है, उसे सम-भाव से देखने की दृष्टि।

फिर तीसरा शब्द है—'सम्यक् ज्ञान'। यह शब्द यूं तो हिंदू शास्त्रों में पाया जाता है, मुण्डकोपनिषद् में है; बौद्ध शास्त्रों में पाया जाता है; जैन शास्त्रों में पाया जाता है—लेकिन जैनों ने इस शब्द पर अपनी आधारशिला रखी है; उन्होंने इसे बहुमूल्य माना है। लेकिन अगर जैन पण्डित से पूछोगे, तो सम्यक् ज्ञान का अर्थ होता है—जो ज्ञान जैन शास्त्र में है! वह सम्यक् ज्ञान! जो ज्ञान जैन शास्त्र में नहीं, किसी और शास्त्र में है—वह असम्यक् ज्ञान! जैन शास्त्र—शास्त्र; अजैन शास्त्र—कुशास्त्र! जैन गुरु—गुरु; अजैन गुरु—कुगुरु! जैन मंदिर में बैठी प्रतिमा—सुदेव; किसी और मंदिर में बैठी प्रतिमा—कुदेव!

इतने अद्भुत शब्द को, इतने प्यारे शब्द को ऐसा बिगाड़ा, ऐसा गंदा किया! सम्यक् ज्ञान का अर्थ होता है : ठीक-ठीक जानना। 'सम्यक्' शब्द का अर्थ होता है—ठीक; जैसा है वैसा जानना। एक ही शर्त पूरी करनी जरूरी है...। जैन होना जरूरी नहीं है। हिंदू या मुसलमान होना जरूरी नहीं है। एक शर्त पूरी करनी जरूरी है। और उस शर्त में, तुम बड़े चकित होओगे, तुम्हें जैन होना, बौद्ध होना, हिंदू होना, मुसलमान होना छोड़ना होगा। अगर सम्यक् ज्ञान को पाना है, तो तुम्हें वे सारी धारणाएं छोड़ देनी होंगी, जो तुम्हारे ज्ञान को सम्यक् नहीं होने देतीं।

जब तुम पहले से ही कोई धारणा लेकर चलते हो, तो तुम उसे कैसे देखोगे—जो है! तुम तो वही देखोगे, जो तुम देखना चाहते हो। तुम्हारी आंखों पर तो एक परदा है। तुम्हारी आंखों में तो एक चित्र रमा है, एक चित्र बसा है, उसी चित्र के आधार से तुम यथार्थ को देखोगे। ऐसा देखना—असम्यक् ज्ञान। अगर कुरान बीच में आ जाये, या गीता—महावीर या बुद्ध—तो तुम जो जानोगे—वह असम्यक् ज्ञान।

कोई बीच में न आये; तुम सीधा-सीधा जानो। जानने की क्षमता तुम्हारी निर्मल हो, स्वच्छ हो—किसी पूर्वाग्रह से आच्छादित नहीं, किसी पूर्व-धारणा से भरी नहीं; दर्पण की तरह हो; जो सामने आये, उसे झलका दे; जैसा है वैसा झलका दे। यूं न कहे कि इस शक्ल को मैं न दिखाऊंगा, क्योंकि यह शक्ल सुंदर नहीं!

कहते हैं, बाबा तुलसीदास को कृष्ण के मंदिर में ले जाया गया, तो उन्होंने झुकने से इनकार कर दिया। उन्होंने कहा, 'मैं नहीं झुकूंगा। मैं तो धनुर्धारी राम के सामने ही झुकता हूं।' कहा उन्होंने कृष्ण से—तुलसी माथा तब नवै...। शर्त लगा दी कि यह तुलसीदास का जो माथा है, तब झुकेगा—'धनुष-बाण लेउ हाथ!' जब हाथ में धनुष-बाण लोगे, तो यह माथा झुकेगा!

इसमें छुपे हुए अहंकार को देखते हैं! यह माथा भी सशर्त झुकेगा। पहले मेरी शर्त पूरी करो। तुम्हारे लिए नहीं झुकूंगा; मेरी शर्त पूरी होगी, तो झुकूंगा। और मेरी शर्त है कि धनुष-बाण हाथ लो।

कृष्ण में क्या खराबी थी! बांसुरी में क्या बुराई! धनुष-बाण से तो बेहतर है। धनुष-बाण से तो ज्यादा विकसित है! धनुष-बाण से तो बहुत प्यारी। मगर नहीं, अपनी धारणा है!

और यह तुलसीदास का ही रोग नहीं है। यह पीलिया सभी की आंखों पर छाया हुआ है।

मैं छोटा था। जैन घर में मैं पैदा हुआ। मेरे संगी-साथी तो हिंदू थे। उनके साथ मैं मंदिर जाता। तो मुझसे उम्र में जो बड़े जैन लड़के थे, वे मुझसे कहते—'माथा मत झुकाना! ये अपने भगवान नहीं हैं! यह हिंदू मंदिर है। यह कोई जैन मंदिर नहीं।' और जब हिंदू बच्चों के साथ मैं कभी जैन मंदिर पहुंच जाता, तो वे कोई भी सिर न झुकाते! वे कहते,'ये नागा बाबा! नंग-धड़ंग बैठे हैं। इनके सामने क्या सिर झुकाना!' वे हंसी-मजाक उड़ाते।

यह छोटे बच्चों की ही बात होती, तो क्षम्य थी; बड़े बच्चों में भी कुछ फर्क नहीं। उम्र ही ज्यादा है; बच्चे वही के वही!

तुम किसी जैन मुनि को ले जाओ कृष्ण के मंदिर में—सिर नहीं झुकायेगा। कुदेव के सामने सिर झुके! तुम ले जाओ किसी हिंदू संन्यासी को वह महावीर के सामने सिर नहीं झुकायेगा। क्योंकि महावीर तो नास्तिक! बुद्ध के सामने सिर नहीं झुकायेगा। बुद्ध तो भ्रष्ट करनेवाले! इन्होंने ही तो देश को बरबाद कर दिया। इन्होंने ही तो भ्रष्टाचार के बीज बोये!

तुम मस्जिद के सामने से गुजरते हो, तुम्हारे मन में कभी भाव उठता है कि झुंक जाओ, कि जाकर दो क्षण भीतर आराधना कर लो, प्रार्थना कर लो! सवाल ही नहीं उठता। और झाड़ के नीचे किसी ने पत्थर पर लाल रंग पोत दिया है, दो फूल रख दिये हैं—एकदम घुटने टेककर हनुमानजी का चालीसा शुरू! मुसलमान को कुछ नहीं होता वहां।

तुम्हारी अपनी धारणाएं आंखों पर छायी रहती हैं, उन्हीं से तुम देखते हो; इसलिए कुछ का कुछ देखते हो; जो है वैसा ही नहीं देखते। दर्पण की तरह जो हो जाये, वह सम्यक् ज्ञान को उपलब्ध होता है। दर्पण का कोई आग्रह नहीं होता; निराग्रही होता है। दर्पण के सामने सुंदर चेहरे वाला व्यक्ति खड़ा हो तो, असुंदर खड़ा हो तो—धनुष-बाण लिए राम खड़े हों तो, और बांसुरी बजाते कृष्ण खड़े हों तो—और नग्न महावीर खड़े हों तो—कोई भेद न पड़ेगा। दर्पण तीनों को झलकायेगा; समभाव से झलकायेगा।

सम्यक् ज्ञान का अर्थ होता है—ठीक-ठीक जानना। और ठीक-ठीक जानने के लिए जरूरी है—शास्त्रों से मुक्ति, सिद्धांतों से मुक्ति, धारणाओं से मुक्ति, पूर्वाग्रहों से मुक्ति। जब तुम यह सारा कचरा अलग कर दोगे—न हिंदू, न मुसलमान, न ईसाई, न जैन—तब तुम सम्यक् ज्ञान को उपलब्ध हो सकोगे।

लेकिन सारी दुनिया अपने-अपने कचरे को पकड़े हुए है—जोर से पकड़े हुए है। मेरा कचरा सोना; तुम्हारा सोना—कचरा! मेरा है—इसलिए सोना होना ही चाहिए!

'सम्यक् ज्ञान' जैसा प्यारा शब्द—अपनी सारी गरिमा खो दिया।

और 'ब्रह्मचर्य' से तुम क्या अर्थ लेते हो, जब यह शब्द तुम्हारे कान में पड़ता है? तो तुम्हारे भीतर क्या अर्थ उमगते हैं? तो ब्रह्मचर्य से तुम्हारी धारणाएं बड़ी अजीब हैं।

मेरे एक मित्र थे—लाला सुंदरलाल। उनके लिए ब्रह्मचर्य का अर्थ था—लंगोट के पक्के! वही अधिकतम लोगों का अर्थ है—लंगोट के पक्के! कसकर लंगोट बांधा—तो ब्रह्मचर्य!

तुम कितने ही कसकर लंगोट बांध लो, इससे कुछ ब्रह्मचर्य नहीं हो जायेगा!

ब्रह्मचर्य सिर्फ कामवासना का दमन नहीं है। कामवासना का रूपांतरण है। और दोनों में

जमीन-आसमान का भेद है। जो कामवासना को दबायेगा, वह तो रुग्ण हो जायेगा। ब्रह्मचर्य को तो क्या उपलब्ध होगा; वह तो सामान्य, नैसर्गिक वासना से भी नीचे गिर जायेगा। वह तो और भी विकृत हो जायेगा। उसके जीवन में तो हजार तरह की विकृतियां आ जायेंगी। हां यह भी हो सकता है कि तुम उन विकृतियों को भी पूजा देने लगो!

विकृतियां भी पूजी जा रही हैं! दबाया अगर तुमने अपनी कामवासना को, तो वह उभरकर निकलेगी। हां, नये-नये ढंग से निकलेगी कि तुम पहचान न सको। नई शक्लें लेगी, नये वस्त्र पहनेगी कि तुम पहचान न सको।

अभी मोरारजी देसाई ने चार-छह दिन पहले ही एक वक्तव्य में कहा कि जब मैं प्रधानमंत्री था और कैनेडा गया, तो उनकी उम्र करीब तेरासी वर्ष थी तब। तेरासी वर्ष की उम्र में भी उनको कैनेडा में देखने योग्य चीज क्या अनुभव में आयी? वह था नाइट क्लब—जहां कैबरे नृत्य होता है। स्त्रियां अपने वस्त्र उघाड़-उघाड़कर फेंक देती हैं; धीरे-धीरे नग्न हो जाती हैं!

कारण क्या देते हैं वे—कि मैं जानना चाहता था कि नाइट क्लब में होता क्या है! मगर जानकर तुम्हें जरूरत क्या? तेरासी वर्ष की उम्र में तुम्हें यह उत्सुकता क्या? कि वहां क्या होता है! होने दो। इतनी बड़ी दुनिया है, इतनी चीजें हो रही हैं! कैनेडा में और कुछ नहीं हो रहा था! सिर्फ नाइट क्लब ही हो रहे थे! कैनेडा में और कुछ देखने योग्य न लगा? नाइट क्लब! और वह भी चोरी से गये! चोरी से भी जाने योग्य लगा! क्योंकि पता चल जाये कि नाइट क्लब में गए हैं, कैबरे नृत्य देखने गए हैं, तो बदनामी होगी। और मोरारजी देसाई—तो महात्मा समझो! ऋषि-मुनि हैं!

मगर उन्होंने यह बात अब क्यों कही? अब कही, उसके पीछे और कारण है। गुजरात विद्यापीठ के विद्यार्थियों के सामने वे अपने ब्रह्मचर्य की घोषणा कर रहे थे, उसमें यह बात भी कह गये! कि मेरा ब्रह्मचर्य वहां भी डिगा-मगा नहीं! तेरासी वर्ष की उम्र में कैबरे नृत्य देखने गए—ब्रह्मचर्य डिगा नहीं उनका! यह तो यूं हुआ कि कब्र में कोई पड़ा हो, और चारों तरफ कैबरे नृत्य होता रहे! और कब्र में पड़ा हुआ महात्मा कहे, 'अरे नाचते रहो। मैं अपने ब्रह्मचर्य में पक्का! लंगोट का पक्का, ऐसा कसकर लंगोट बांधा है कि क्या तुम मुझे हिलाओगे।'

तो उन्होंने बड़े रस लेकर वर्णन किया है! कि जैसे ही मैं अंदर गया, चार सुंदर स्त्रियां जो मुझे पहचान गयीं, क्योंकि अखबारों में उन्होंने मेरी तस्वीर देखी होगी—आकर मेरे पास नाचने लगीं; हाव-भाव प्रकट करने लगीं। मगर मैं भी बिलकुल संयम साधे, नियंत्रण किये अडिग खड़ा रहा!

अब यह संयम साधना, और यह अडिग खड़े होना और यह नियंत्रण को बनाये रखना, यह किस बात का सबूत है?

अभी भी वे ही सब रोग भीतर छाये हुए हैं—अभी भी! कहीं कुछ भेद नहीं पड़ा है! नहीं तो नियंत्रण की भी क्या जरूरत थी? यह इतना संयम बांधने की क्या जरूरत थी! अरे, नाचती थीं, तो नाचने देना था! बैठते, और प्रसन्न होते। अगर नाच अच्छा था, तो प्रशंसा करनी थी। या कम से कम कुछ न बनता तो थोड़ा नाचते! मगर बिलकुल खड़े रहे अपने को सम्हाले हुए! कि कहीं पैर फिसल न जायें!

पैर फिसलने का डर! ये विकृतियां हैं। फिर आदमी विकृतियों से निकलता है...।

मुल्ला नसरुद्दीन ने अपने बेटे एक फजलू से कहा कि 'देख, गांव में गंदी फिल्म लगी हुई है। अश्लील है। कभी देखने मत जाना। ऐसे गंदे स्थान में कभी जाना ही मत। जायेगा, तो बहुत पछतायेगा!'

फिर फजलू मुझसे कह रहा था कि 'मैं गया और बहुत पछताया। पिताजी ने ठीक कहा था कि बहुत पछताएगा।' मैंने कहा, 'हुआ क्या?'

उसने कहा, 'हुआ यह कि पिताजी ने जो कहा था, सब ठीक निकला। उन्होंने दो बातें कहीं थीं। एक तो : ऐसी चीजें देखने को मिलेंगी, जो नहीं देखनी चाहिए। और दूसरा कि बहुत पछतायेगा। दोनों बातें हुईं।'

मैंने कहा, 'फिर भी मैं समझूं कि क्या-क्या हुआ!'

उसने कहा, 'पहली बात तो यह हुई कि पिताजी वहां देखने को मिले! उन्होंने कहा था कि ऐसी चीजें देखने को मिलेंगी, जो नहीं देखनी चाहिए! और दूसरा—मुझे देखते ही उन्होंने पिटाई की! कि तू यहां क्यों आया! सो बहुत पछताया भी। हालांकि पिटते हुए मैंने इतना जरूर पिताजी से पूछा कि आप क्यों यहां आये? उन्होंने कहा, मैं तुझे देखने आया! कि कहीं फजलू गया तो नहीं है!'

क्या-क्या मजे दुनिया में चलते हैं! फजलू को देखने गये थे! ये फिल्म में बैठे हुए लोग फिर बहाने खोजेंगे। फिर क्या-क्या बहाने नहीं खोजते हैं!

जैसे ही व्यक्ति दमन करेगा, वैसे ही उसके भीतर जो दमित वेग हैं, वे पीछे के दरवाजों से रास्ते बनाने लगेंगे। उस व्यक्ति के जीवन में दोहरापन पैदा हो जायेगा; या अनेकता पैदा हो जायेगी। उसके बहुत चेहरे हो जायेंगे। वह खण्ड-खण्ड हो जायेगा। कहेगा कुछ—करेगा कुछ—सोचेगा कुछ—सपने कुछ देखेगा। उसके जीवन में विकृति हो जायेगी। उसके जीवन की एकता खंडित हो जायेगी।

ब्रह्मचर्य का यह अर्थ नहीं है। 'ब्रह्मचर्य' शब्द में ही अर्थ छिपा हुआ है। ब्रह्म जैसी चर्या; ईश्वरीय आचरण; दिव्य आचरण।

दमित व्यक्ति का आचरण तो दिव्य हो ही नहीं सकता। अदिव्य हो जायेगा; पाश्विक हो जायेगा। पशु से भी नीचे गिर जाएगा।

दिव्य आचरण तो एक ढंग से हो सकता है कि तुम्हारे भीतर जो काम की ऊर्जा है, वह ध्यान से जुड़ जाए। ध्यान और काम तुम्हारे भीतर जब जुड़ते हैं, तो ब्रह्मचर्य फलित होता है। ब्रह्मचर्य फूल है—ध्यान और काम की ऊर्जा के जुड़ जाने का। ध्यान अगर अकेला हो, उसमें काम की ऊर्जा न हो, तो फूल कुम्हलाया हुआ होगा; उसमें शक्ति न होगी। और अगर काम अकेला हो उसमें ध्यान न हो—तो वह तुम्हें पतन के गर्त में ले जाएगा।

काश! ये दोनों जुड़ जायें—ध्यान और काम! काम है शरीर की शक्ति और ध्यान है आत्मा की शक्ति। और जहां ध्यान और काम जुड़े, वहां आत्मा और शरीर की शक्ति जुड़ गई। फिर तुम इस महान ऊर्जा के आधार पर उस अंतिम यात्रा पर निकल सकते हो, जो ब्रह्म की यात्रा है। तब तुम्हारे जीवन में ब्रह्मचर्य होगा।

खंडित व्यक्ति की तो प्रतिभा भी नष्ट हो जाती है। इसलिए तो मोरारजी भाई देसाई जैसे लोगों के पास प्रतिभा नाम-मात्र को नहीं है! हो ही नहीं सकती। बुद्धि से तो इनकी दुश्मनी हो जाती है!

तुम्हारे तथाकथित महात्माओं को तुम देखो—इनके भीतर तुम बुद्धि न पाओगे! इनको तुम बिलकुल बुद्धू पाओगे! मगर ये तुम्हें बुद्धू दिखाई नहीं पड़ते, क्योंकि तुम्हारी धारणा यह है कि देखो, उपवास कर रहे हैं! अब उपवास से बुद्धि का क्या संबंध ? बुद्धिमान आदमी उपवास करेगा ही क्यों? जितनी जरूरत होगी, उतना भोजन करेगा। न ज्यादा भोजन करेगा—न कम भोजन करेगा। बुद्धिमान आदमी तो हमेशा समता से जियेगा। शरीर की जरूरत है, उतना भोजन देगा। ज्यादा नहीं देगा, क्योंकि ज्यादा भोजन शरीर पर बोझ होता है। कम भी नहीं देगा, क्योंकि कम शरीर की हत्या करना है। बुद्धिमान व्यक्ति उतना देगा, जितना आवश्यक है। उतना सोयेगा, जितना आवश्यक है। उतना श्रम करेगा, जितना आवश्यक है। ये तो बुद्धुओं के लक्षण हैं—या तो कम खायेंगे—या ज्यादा खायेंगे! या तो कम सोयेंगे—या ज्यादा सोयेंगे! या तो कम श्रम करेंगे—या ज्यादा श्रम करेंगे, कभी मध्य में न हो पायेंगे।

गांव में एक प्रसिद्ध नेताजी का भाषण होनेवाला था। वे सभा-स्थल पर पहुंचे, तो देखा, वहां सिर्फ एक ही श्रोता बैठा था! नेताजी ने उससे पूछा, 'अब क्या करना चाहिए?'

'जैसा आप ठीक समझें,' उसने उत्तर दिया—'मैं एक मामूली किसान हूं और यह जानता हूं कि जब मैं बीस गायों का चारा डालने जाता हूं, और यदि वहां सिर्फ एक गाय भी हो, तो मैं उसे बिना चारा दिये लौट नहीं आता!'

उसके उत्तर से प्रभावित हो नेताजी ने भाषण दिया। एक घंटे बाद जब उनका धुआंधार भाषण समाप्त हुआ, तो नेताजी ने ग्रामीण से पूछा, 'कहो भाई, कैसा रहा?'

'बहुत सुंदर', किसान बोला, 'लेकिन मैं तो एक मामूली किसान हूं, और सिर्फ यह जानता हूं कि बीस गायों की जगह मुझे यदि एक गाय मिले तो मुझे उसको सब का चारा नहीं खिला देना चाहिए! और आपने यही किया कि गाय तो एक, और बीस गाय का चारा मुझ गरीब को खिला दिया! बस, भागी-भागी तबीयत रही कि कब भागूं! मगर अकेला हूं, भाग भी नहीं सकता! अब आपकी आंखें भी मुझ पर गड़ी हुई हैं! कई बहाने खोजे, मगर कोई बहाना हाथ न आये! अच्छा भी न लगे कि अब अकेला ही आदमी। मैं भी भाग जाऊं, तो फिर भाषण कैसे चलेगा! और नेताजी क्या सोचेंगे! बुरा इनके मन को न लग जाये। मगर इतना कहता हूं कि आगे जरा खयाल रखें। जब गाय एक हो, तो बीस गाय का घास उसके सामने न डालें!'

एक साधारण किसान में भी ज्यादा बुद्धि होती है—तुम्हारे नेताओं से। फिर चाहे वे नेता धार्मिक हों—और चाहे राजनैतिक, कुछ भेद नहीं है उनमें।

तुम उनको 'नेता' ही किसलिए कहते हो! तुम्हारे नेता कहने के भी कारण बड़े अजीब होते हैं! कोई चरखा चलाता है, हाथ की बनाई हुई खादी पहनता है—नेता हो गया! कोई उपवास करता है; दो-तीन घंटे शीर्षासन करता है—महात्मा हो गया! इसमें बुद्धिमत्ता का कहीं भी कोई संबंध है? चरखा चलाने में कोई बहुत बुद्धिमत्ता की जरूरत है? थोड़ी बहुत पहले रही भी हो, तो चरखा चलाते-चलाते नष्ट हो जायेगी। चरखा चलाओगे—चरखा ही हो जाओगे! बस,

खोपड़ी में वही चरखा ही घूमता रहेगा! और कुछ तो और भी पहुंचे हुए—तकली चला रहे हैं! बैठे-बैठे तकली ही घुमाते रहते हैं!

तुम जिनको धार्मिक कहते हो, जिनको तुम महात्मा कहते हो, कभी सोचो भी—इनके भीतर कहीं भी कोई प्रतिभा का लक्षण दिखाई पड़ता है? कोई मेधा दिखाई पड़ती है? और अगर मेधा ही न हो, तो ब्रह्मचर्य नहीं है—यह समझ लेना। क्योंकि ब्रह्मचर्य का और क्या सबूत हो सकता है! सबसे बड़ा सबूत होगा—प्रतिभा की अभिव्यक्ति; प्रतिभा के हजार-हजार फूल खिल जाना; प्रतिभा के कमल खुल जाना; प्रतिभा की सुगंध का उड़ जाना। उनके कृत्य में भी प्रतिभा होगी—उनके उठने-बैठने में, चलने-फिरने में भी। इसलिए—'चर्या'। चलना-फिरना, उठना-बैठना—उनके जीवन के हर एक कृत्य में तुम एक धार पाओगे, एक चमक पाओगे, एक ओज पाओगे।

लेकिन तुम्हारे धार्मिक नेताओं की जिंदगी में तुम एक जंग लगी पाओगे। और जितनी ज्यादा जंग चढ़ी हो उन पर, उतने ही वे तुमको जंचेंगे! क्योंकि तुम्हारी धारणाएं, तुम्हारी मान्यताएं...

अब कोई आदमी खड़ा है दस साल से। खड़ेश्री बाबा हो गये वे! अब दस साल से खड़े हो, इससे क्या प्रतिभा का लेना-देना है! दुनिया में कौन-सा सौंदर्य बढ़ रहा है तुम्हारे खड़े होने से? कौन-सी संपदा बढ़ रही है? कौन-सा सुख बढ़ रहा है? कौन-सी शांति बढ़ रही है? मगर भक्तगणों की भीड़ लगी हुई है! भजन-कीर्तन चल रहा है। क्योंकि खड़ेश्री बाबा दस साल से खड़े हैं! दस साल से नहीं, दस हजार साल से खड़े हों, इनके खड़े होने से क्या होता है! ये खड़े-खडे ठूंठ हो गए हों, तो भी क्या होता है!

या कोई मौन हो गया!...

मेरे एक मित्र हैं, मेरे साथ एक बार कलकत्ता यात्रा पर गये। रास्ते में यूं बात कर रहे थे। एक मौनी बाबा थे, उनके वे भक्त थे। मैंने उनसे पूछा कि 'मौनी बाबा में तुम्हें क्या खास बात दिखाई पड़ती है?'

'अरे,' उन्होंने कहा, 'खास बात! आज बीस साल से मौन हैं!'

मैंने कहा, 'इसमें तो कुछ खास बात नहीं! मौन होने से क्या होना है? मौन होने से उनकी प्रतिभा में क्या निखार आ गया है? मौन होने से उनके जीवन में कौन-से दीये जल गए हैं? अगर वे बुद्धू थे बीस साल पहले, तो मौन होने से और बुद्धू हो गए होंगे!'

उन्होंने कहा, 'अरे, आप भी कैसी बात करते हैं! अगर वे बुद्धू होते, तो इतने लोग उनको कैसे पूजते? कोई मैं अकेले ही पूजता हूं। कितने लोग पूजते हैं!'

'अब', मैंने कहा, 'यह दूसरी बात तुम उठा रहे हो। उन दूसरों से मैं पूछूंगा तो वे कहेंगे कि कितने लोग पूजते हैं। उसमें तुम्हारी गिनती करेंगे। तो तुम दूसरों को देखकर पूज रहे हो!'

मैंने कहा, 'तुम एक काम करो। मेरे साथ तुम कलकत्ता चल ही रहे हो...तुम तीन दिन मौन रह जाओ। और मैं, देखो, तुम्हारी पूजा करवा दूंगा।'

उन्होंने कहा, 'आप क्या कहते है! मेरी कौन पूजा करेगा? मुझमें कुछ है ही नहीं!'

मैंने कहा, 'तुम चुप तो रहो। तीन दिन चुप रहना। और पूरा भी नहीं कहता, रात जब सब चले जायें—दरवाजा बंद करके तुम्हें जो भी मुझसे कहना हो, कह लेना। क्योंकि दिनभर रुके

रहोगे—घबड़ा जाओगे। दुकानदार आदमी हो, चौबीस घंटे बात करते हो। तो रात एकांत में तुम मुझसे बोलने की स्वतंत्रता रखना। मगर दिन में लाख कुछ हो जाए, अपने को बिलकुल बांधे ही रखना, बोलना ही मत। कुछ अगर बोलना ही होगा तुम्हारे लिए, तो मैं बोल दूंगा।'

कहा, 'जैसी आपकी मरजी।' उनको बात जंची, कि करके देख लेने जैसी है।

कलकत्ते में मैं ठहरता था सोहनलाल दूगड़ के घर पर। वे कलकत्ता के एक बड़े करोड़पति थे। जब मैं उनके घर पहुंचा, वे मुझे लेने आये, तो उन्होंने पूछा कि 'आपके साथ कौन हैं?'

मैंने कहा, 'ये मौनी बाबा हैं।'

'मौनी बाबा! इनकी क्या खूबी है?'

मैंने कहा, 'ये तीस साल से मौन हैं!'

वे एकदम उनके पैरों पर गिरे! वे बेचारे सज्जन जो दुकानदारी करते थे, कपड़ा बेचते थे, और कपड़ा भी कुछ खास नहीं—कटपीस की एक छोटी-सी दुकान थी। सोहनलाल दूगड़ जैसा करोड़पति उनके पैरों पर गिरे! सकुचाये भी। मैंने उनको इशारा किया कि 'सकुचाना मत। अब जब मौनी बाबा बन गए, तो अब डरना मत। अभी बहुत कुछ होगा; यह तो शुरुआत है। जब सोहनलाल दूगड़ तुम्हारे पैर में गिरेंगे, तो अभी तुम कलकत्ते के सब मारवाड़ियों को गिरते देखोगे। तुम घबड़ाते क्या हो; तुम रुको जरा।'

वे तो इतने घबड़ा गये कि वे मुझे हाथ से धक्का मारें कि 'भैया, यह बात ठीक नहीं!'

घर पहुंचे। सोहनलाल ने जल्दी से अपनी पत्नी को बुलाया कि मौनी बाबा...! मोहल्ले के लोग इकट्ठे हो गए कि 'मौनी बाबा आये हैं! तीस साल से मौन हैं!' और मौनी पर जो गुजर रही है, वह मैं जानूं! कि वे रात का वक्त देख रहे हैं कि कब रात आये, कि अपने दिल की मुझसे कहें! जैसे ही रात आई, दरवाजा जल्दी से बन्द करके मेरे पैरों पर गिर पड़े और कहा कि 'मुझे माफ करो। मुझे यह काम करना ही नहीं! मुझे जाने दो! मैं तो अभी भागे जाता हूं; रात को ही चुपचाप निकल जाऊंगा! यह क्या झंझट मेरे पीछे लगा दी! इतने-इतने बड़े लोग, जिनके घर मुझे अगर मिलने भी जाना होता, तो कोई मिलने नहीं देता। चपरासी भीतर घुसने नहीं देता! और वे मेरे पैर पर गिरते हैं; तो मुझको बड़ा संकोच लगता है! और स्त्रियां, उनकी सुन्दर से सुन्दर स्त्रियां मेरे पैर छू रही हैं! यह क्या करवा रहे हो आप?'

मैंने कहा, 'मैं कुछ नहीं करवा रहा हूं। यह मैं तुमको बता रहा हूं कि कैसी-कैसी बेवकूफियां इस देश में हैं। तुम भी बेवकूफों में हो जिसकी तुम बीस साल से पूजा कर रहे हो...। और तुम तो अभी सिर्फ पांच-छह घंटे ही मौन रहे हो—तो यह चमत्कार! अभी तुम तीन दिन रुको तो! अभी तुम देखना: इलाज शुरू हो जायेंगे, बीमारियां ठीक होने लगेंगी।'

'अरे,' उन्होंने कहा, 'आप क्या कह रहे हैं! मुझमें कुछ चमत्कार नहीं, कोई शक्ति नहीं!'

'तुम', मैंने कहा, 'फिक्र ही मत करो। सब आ जायेगा। मौन भर रहो। और दिनभर रहो मौन। मगर दिन में बोलना मत। और मुझ पर धक्के वगैरह भी मत मारना। क्योंकि लोगों को शक पैदा हो जायेगा कि बात क्या है! तुम तो अपने आंखें बंद कर लिए। अगर बिलकुल सहने के बाहर हो जाए, आंख बंद कर लिए। अपने भीतर ही भीतर नमोकार मंत्र पढ़ने लगे कि होने दो, जो हो रहा है।'

तीन दिन में तो उनकी डुण्डी पिट गई! अखबारों में फोटो आ गये! रात को वे मुझे फोटो दिखायें कि 'यह क्या करवा रहे हो? अगर मेरे घर पता चल गया; अगर मेरे पत्नी-बच्चों को पता चल गया—तुम तो मेरा घर लौटना तक बंद कर दोगे! ये अखबार अगर वहां पहुंच गये, तो मेरी मुसीबत हो जायेगी। और फिर मेरी दुकान की भी तो सोचो! और इधर मैं कटपीस खरीदने आया हूं; तुम नाहक रास्ते में मिल गये! अब मैं कटपीस कहां खरीदूंगा? यह तो कलकत्ते का बाजार तो खत्म! क्योंकि जिनके यहां से मैं कटपीस खरीदता था, वे लोग भी मेरे पैर छू रहे हैं! और कई तो मुझे गौर से देखते ही हैं कि यह शकल कुछ पहचानी हुई मालूम होती है! एक-दो आदमियों ने प्रश्न भी किया कि ये तीस साल से मौन हैं? यह शकल कुछ पहचानी मालूम होती है!'

मैंने कहा, 'देखा होगा किसी पिछले जन्म में! अरे, यह जनम-जनम का नाता है।'

उन्होंने कहा, 'यह बात ठीक!'

'ये कोई साधारण साधक हैं! ये तो जन्मों से साधना कर रहे हैं। कई बार तुम मिले होओगे पिछले जन्मों में, इसलिए शकल पहचानी लगती है।'

उन्होंने कहा, 'हां, लगती तो पहचानी सी है शकल, मतलब कहीं देखा है। और ऐसा भी नहीं लगता कि पिछले जन्म में देखा है; इसी जन्म में देखा है!

मैंने कहा, 'ये बड़े पहुंचे हुए पुरुष हैं। ये एक ही साथ कई नगरों में एक साथ प्रगट हो जाते हैं!'

वे मुझे हुद्दे मारें कि 'मत ऐसी बातें कहो!' मेरी कमीज खींचें! कि 'मत कहो भैया; ऐसी बातें मत कहो। ये बिलकुल झूठ बातें हैं।

मगर लोग मान रहे हैं! मिठाइयां आने लगीं; फल आने लगे। वे रात मुझको कहें कि 'क्या करवा रहे हो? इतनी मिठाइयां-फल मैं कहां ले जाऊंगा?'

मैंने कहा, 'तुम ले जाना घर, बाल-बच्चों को, मोहल्ले में बंटवा देना।'

स्टेशन पर जब लोग उनको छोड़ने आये...। कटपीस तो वे खरीद ही नहीं पाये। क्योंकि अब कहां कटपीस खरीदें! और कोई देख ले कटपीस खरीदता—कि मौनी बाबा कटपीस खरीद रहे हैं...!

रास्ते भर मुझ पर नाराज रहे कि 'और सब तो ठीक, मगर कलकत्ते का बाजार खराब करवा दिया! अब मैं कलकत्ता कभी न जा सकूंगा!'

मैंने उनसे कहा, 'तुम घबड़ाओ मत। तुम एक काम करो। दाढ़ी बढ़ा लो। अगली बार जब कलकत्ता जाओ—दाढ़ी-मूंछ बढ़ाकर चले जाना।'

'हां', उन्होंने कहा, 'यह बात जंचती है।'

मैंने कहा, 'फिर वे लोग कहेंगे कि देखा है कहीं! तो कहना—अरे, देखना वगैरह तो चलता रहता है। कई लोगों की शकलें एक जैसी होती हैं। और न हो, तो मैं साथ आ जाऊं।'

उन्होंने कहा, 'नहीं, आपको तो साथ आने की कोई जरूरत ही नहीं। आपके साथ तो मैं कभी जाऊंगा नहीं! अगर ट्रेन में मुझे पता भी चल गया कि आप सफर कर रहे हो, तो उस ट्रेन से उतर जाऊंगा।'

और मेरे पैर पकड़कर कहने लगे, 'इतनी कृपा करो कि ट्रेन में किसी को खबर न हो! मतलब यह कि ट्रेन के लोग जबलपुर भी जायेंगे मेरे साथ ही। अगर वहां तक खबर पहुंच गई, तो चौपट ही समझो! मेरी पत्नी मुझे मुश्किल में डाल देगी कि तुमसे किसने कहा था कि तुम मौनी बाबा बनो? और तुम कहां से तीस साल मौनी बाबा रहे? तीन दिन के लिए घर से गये—और तीस साल से मौनी बाबा हो गये!'

फिर दुबारा जब मैं कलकत्ता जाता था, तो लोग उनकी जरूर पूछते थे कि 'मौनी बाबा नहीं आये? कब आयेंगे?' मैंने कहा, 'आयेंगे—जरूर आयेंगे! उनको स्वागत-सत्कार ज्यादा पसंद नहीं है। वे बहुत नाराज हो गये हैं कलकत्ते से! इतना धूम-धड़ाका उनको बिलकुल पसंद नहीं। वे बहुत सीधे-सादे आदमी हैं; मौन, एकांतवास करते हैं।

तुम जिनकी पूजा करते हो, जिनको महात्मा कहते हो, उसमें तुम्हारी धारणाएं भर काम कर रही हैं। तुम आंख खोलकर देखते भी नहीं।

ब्रह्मचर्य घटित होगा, तो अपूर्व ज्योति प्रकट होगी। वही इस सूत्र का अर्थ है :

'सत्येन लभ्यस्तपसा ह्येष आत्मा
सम्यग्ज्ञानेन ब्रह्मचर्येण नित्यम्।'

यह आत्मा अभी मिल जाये—मिली ही हुई है। बस, इतना ही चाहिए कि तुम सत्य को जान लो शून्य में। जीवन के सुख-दुख में समभाव रखो। तप को पहचान लो। कूड़ा-कर्कट, उधार ज्ञान हटा दो, ताकि जो जैसा है, उसे वैसा ही देख सको। सम्यक् ज्ञान फलित हो। और तुम्हारे भीतर शरीर की जो ऊर्जा है, काम ऊर्जा और जो तुम्हारी आत्मा की ऊर्जा है—ध्यान ऊर्जा...काम और ध्यान का मिलन हो जाये, काम और राम का तुम्हारे भीतर मिलना हो जाए तो बस, यह आत्मा अभी मिली, इस क्षण मिली।

'अंतः शरीरे ज्योतिर्मयो हि शुभ्रो।' तत्क्षण तुम जान सकोगे कि इसी शरीर में, इसी शरीर के भीतर वह ज्योति छिपी है, जो परम शुभ्र है।

'यं पश्यंति यतयः क्षीणदोषाः।' ऐसा उन्होंने देखा है, जिन्होंने सारे दोषों से अपने को मुक्त कर लिया है। और ये ही वे दोष हैं : विचार दोष हैं; इसके कारण तुम शून्य नहीं हो पाते। चुनाव दोष है; उसके कारण तुम सम नहीं हो पाते। उधार ज्ञान दोष है; उसके कारण तुम्हारी दृष्टि ठीक-ठीक निर्मल नहीं हो पाती। और दमन दोष है। उसके कारण तुम शरीर में छिपी हुई ऊर्जा को आत्मा का वाहन नहीं बना पाते। नहीं तो शरीर की ऊर्जा अश्व की भांति है। तुम उस पर सवार हो जाओ। उसके मालिक हो जाओ और तुम जान लोगे अपने भीतर छिपे हुए उस परम आलोक को जिसका न कोई प्रारंभ है और न कोई अंत; जो शाश्वत है। उसे जिसने जाना—सब जाना। उसे जिसने जीता, उसने सब जीता।

'अनहद में बिसराम' प्रवचन 3 से
'मेरा स्वर्णिम भारत' में संकलित सत्रहवां प्रवचन

ओशो—एक परिचय

बुद्धपुरुषों की महान धारा में ओशो एक नया प्रारंभ है, वे अतीत की किसी भी धार्मिक परंपरा या शृंखला की कड़ी नहीं है। ओशो से एक नये युग का शुभारंभ होता है और उनके साथ ही समय दो सुस्पष्ट खंडों में विभाजित होता है : ओशो-पूर्व तथा ओशो-पश्चात।

ओशो के आगमन से एक नये मनुष्य का, एक नये जगत का, एक नये युग का सूत्रपात हुआ है, जिसकी आधारशिला अतीत के किसी धर्म में नहीं है, किसी दार्शनिक विचार-पद्धति में नहीं है। ओशो सद्यःस्नात धार्मिकता के प्रथम पुरुष हैं, सर्वथा अनूठे संबुद्ध रहस्यदर्शी हैं।

ओशो एक नवोन्मेष है नये मनुष्य के, नयी मनुष्यता के।

ओशो का यह नया मनुष्य 'ज़ोरबा दि बुद्धा' एक ऐसा मनुष्य है जो ज़ोरबा की भांति भौतिक जीवन का पूरा आनंद मनाना जानता है और जो गौतम बुद्ध की भांति मौन होकर ध्यान में उतरने में भी सक्षम है—ऐसा मनुष्य जो भौतिक और आध्यात्मिक, दोनों तरह से समृद्ध है। 'ज़ोरबा दि बुद्धा' एक समग्र व अविभाजित मनुष्य है। इस नये मनुष्य के बिना पृथ्वी का कोई भविष्य शेष नहीं है।

अपने प्रवचनों के द्वारा ओशो ने मानव-चेतना के विकास के हर पहलू को उजागर किया। बुद्ध, महावीर, कृष्ण, शिव, शांडिल्य, नारद, जीसस के साथ ही साथ भारतीय अध्यात्म-आकाश के अनेक नक्षत्रों—आदिशंकराचार्य, गोरख, कबीर, नानक, मलूकदास, रैदास, दरियादास, मीरा आदि पर उनके हजारों प्रवचन उपलब्ध हैं।

जीवन का ऐसा कोई भी आयाम नहीं है जो उनके प्रवचनों से अस्पर्शित रहा हो। योग, तंत्र, ताओ, झेन, हसीद, सूफी जैसी विभिन्न साधना-परंपराओं के गूढ़ रहस्यों पर उन्होंने सविस्तार प्रकाश डाला है। साथ ही राजनीति, कला, विज्ञान, मनोविज्ञान, दर्शन, शिक्षा, परिवार, समाज, गरीबी, जनसंख्या-विस्फोट, पर्यावरण तथा संभावित परमाणु युद्ध के व उससे भी बढ़कर एड्स महामारी के विश्व-संकट जैसे अनेक विषयों पर भी उनकी क्रांतिकारी जीवन-दृष्टि उपलब्ध है।

शिष्यों और साधकों के बीच दिए गए उनके ये प्रवचन छह सौ पचास से भी अधिक पुस्तकों के रूप में प्रकाशित हो चुके हैं और तीस से अधिक भाषाओं में अनुवादित हो चुके हैं। वे कहते हैं, "मेरा संदेश कोई सिद्धांत, कोई चिंतन नहीं है। मेरा संदेश तो रूपांतरण की एक कीमिया, एक विज्ञान है।"

ओशो का जन्म मध्य प्रदेश के कुचवाड़ा गांव में 11 दिसम्बर 1931 में हुआ, 21 मार्च 1953 को उनके जीवन में परम संबोधि का विस्फोट हुआ, वे बुद्धत्व को उपलब्ध हुए और 19 जनवरी 1990 को, ओशो कम्यून इंटरनेशनल में देह-त्याग हुआ।

ओशो की समाधि पर स्वर्ण अक्षरों में अंकित है :

OSHO
Never Born
Never Died
Only Visited this
Planet Earth between
Dec 11 1931 – Jan 19 1990

ध्यान और सृजन का यह अनूठा नव-संन्यास उपवन, ओशो कम्यून, ओशो की विदेह-उपस्थिति में भी आज पूरी दुनिया के लिए एक ऐसा प्रबल चुंबकीय आकर्षण-केंद्र बना हुआ है कि यहां निरंतर नये,-नये लोग आत्म-रूपांतरण के लिए आ रहे हैं तथा ओशो की सघन-जीवंत उपस्थिति में अवगाहन कर रहे हैं।

ओशो का हिंदी साहित्य

उपनिषद
सर्वसार उपनिषद
कैवल्य उपनिषद
अध्यात्म उपनिषद
कठोपनिषद
ईशावास्य उपनिषद
निर्वाण उपनिषद
आत्म-पूजा उपनिषद
केनोपनिषद
मेरा स्वर्णिम भारत (विविध उपनिषद-सूत्र)
कृष्ण
गीता-दर्शन
(आठ भागों में अठारह अध्याय)
कृष्ण-स्मृति
महावीर
महावीर-वाणी (दो भागों में)
जिन-सूत्र (दो भागों में)
महावीर या महाविनाश
महावीर : मेरी दृष्टि में
ज्यों की त्यों धरि दीन्हीं चदरिया
बुद्ध
एस धम्मो सनतनो (बारह भागों में)
अष्टावक्र
अष्टावक्र महागीता (छह भागों में)
लाओत्से
ताओ उपनिषद (छह भागों में)
कबीर
सुनो भई साधो
कहै कबीर दीवाना
कहै कबीर मैं पूरा पाया
न कानों सुना न आंखों देखा (कबीर व फरीद)
शांडिल्य
अथातो भक्ति जिज्ञासा (दो भागों में)
अन्य रहस्यदर्शी
नाम सुमिर मन बावरे (जगजीवन)
अरी, मैं तो नाम के रंग छकी (जगजीवन)
कानों सुनी सो झूठ सब (दरिया)
अमी झरत बिगसत कंवल (दरिया)
हरि बोलौ हरि बोल (सुंदरदास)
ज्योति से ज्योति जले (सुंदरदास)
अजहूं चेत गंवार (पलटू)
सपना यह संसार (पलटू)
काहे होत अधीर (पलटू)
जस पनिहार धरे सिर गागर (धरमदास)
का सोवै दिन रैन (धरमदास)
सबै सयाने एक मत (दादू)
पिव पिव लागी प्यास (दादू)
कन थोरे कांकर घने (मलूकदास)
रामदुवारे जो मरे (मलूकदास)
भक्ति-सूत्र (नारद)
शिव-सूत्र (शिव)
भजगोविन्दम् मूढ़मते (आदिशंकराचार्य)
एक ओंकार सतनाम (नानक)
जगत तरैया भोर की (दयाबाई)
बिन घन परत फुहार (सहजोबाई)
पद घुंघरू बांध (मीरा)
नहीं सांझ नहीं भोर (चरणदास)
संतो, मगन भया मन मेरा (रज्जब)
कहै वाजिद पुकार (वाजिद)
मरौ हे जोगी मरौ (गोरख)
सहज-योग (सरहपा-तिलोपा)
बिरहिनी मंदिर दियना बार (यारी)
प्रेम-रंग-रस ओढ़ चदरिया (दूलन)

दरिया कहै सब्द निरबाना
(दरियादास बिहारवाले) हंसा तो मोती चुगैं (लाल)
गुरु-परताप साध की संगति (भीखा)
मन ही पूजा मन ही धूप (रैदास)
झरत दसहुं दिस मोती (गुलाल)
जरथुस्त्र: नाचता-गाता मसीहा (जरथुस्त्र)

प्रश्नोत्तर

नहिं राम बिन ठांव
प्रेम-पंथ ऐसो कठिन
उत्सव आमार जाति, आनंद आमार गोत्र
मृत्योर्मा अमृतं गमय
प्रीतम छवि नैनन बसी
रहिमन धागा प्रेम का
उड़ियो पंख पसार
सुमिरन मेरा हरि करैं
पिय को खोजन मैं चली
साहेब मिल साहेब भये
जो बोलैं तो हरिकथा
बहुरि न ऐसा दांव
ज्यूं था त्यूं ठहराया
ज्यूं मछली बिन नीर
दीपक बारा नाम का
अनहद में बिसराम
लगन महूरत झूठ सब
सहज आसिकी नाहिं
पीवत रामरस लगी खुमारी
रामनाम जान्यो नहीं
सांच सांच सो सांच
आपुई गई हिराय
बहुतेरे हैं घाट
कोंपलें फिर फूट आईं
फिर पत्तों की पांजेब बजी
फिर अमरित की बूंद पड़ी
क्या सोवै तू बावरी
चल हंसा उस देस
कहा कहूं उस देस की
पंथ प्रेम को अटपटो
माटी कहै कुम्हार सूं
मैं धार्मिकता सिखाता हूं, धर्म नहीं

झेन, सूफी और उपनिषद की कहानियां

बिन बाती बिन तेल
सहज समाधि भली
दीया तले अंधेरा

तंत्र

संभोग से समाधि की ओर
तंत्र-सूत्र (पांच भागों में)

योग

पतंजलि: योग-सूत्र (पांच भागों में)
योग: नये आयाम

विचार-पत्र

क्रांति-बीज
पथ के प्रदीप

पत्र-संकलन

अंतर्वीणा
प्रेम की झील में अनुग्रह के फूल
पाथेय

बोध-कथा

मिट्टी के दीये

ध्यान, साधना

ध्यानयोग: प्रथम और अंतिम मुक्ति
नेति-नेति
चेति सकै तो चेति
हसिबा, खेलिबा, धरिबा ध्यानम्
समाधि कमल
साक्षी की साधना
धर्म साधना के सूत्र
मैं कौन हूं
समाधि के द्वार पर
अपने माहिं टटोल
ध्यान दर्शन
तृषा गई एक बूंद से
ध्यान के कमल

पलटू
अजहूं चेत गंवार
सपना यह संसार
काहे होत अधीर

धरमदास
जस पनिहार धरे सिर गागर
का सोवै दिन रैन

दादू
सबै सयाने एक मत
पिव पिव लागी प्यास

मलूकदास
कन थोरे कांकर घने
रामदुवारे जो मरे

शांडिल्य
अथातो भक्ति जिज्ञासा (दो भागों में)

अन्य रहस्यदर्शी
भक्ति-सूत्र (नारद)
शिव-सूत्र (शिव)
भजगोविन्दम् मूढ़मते (आदिशंकराचार्य)
एक ओंकार सतनाम (नानक)
जगत तरैया भोर की (दयाबाई)
बिन घन परत फुहार (सहजोबाई)
पद घुंघरू बांध (मीरा)
नहीं सांझ नहीं भोर (चरणदास)
संतो, मगन भया मन मेरा (रज्जब)
कहै वाजिद पुकार (वाजिद)
मरौ हे जोगी मरौ (गोरख)
सहज-योग (सरहपा-तिलोपा)
बिरहिनी मंदिर दियना बार (यारी)
दरिया कहै सब्द निरबाना
(दरियादास बिहारवाले)
प्रेम-रंग-रस ओढ़ चदरिया (दूलन)
हंसा तो मोती चुगैं (लाल)
गुरु-परताप साध की संगति (भीखा)
मन ही पूजा मन ही धूप (रैदास)
झरत दसहुं दिस मोती (गुलाल)
जरथुस्त्र : नाचता-गाता मसीहा (जरथुस्त्र)

प्रश्नोत्तर
नहिं राम बिन ठांव
प्रेम-पंथ ऐसो कठिन
उत्सव आमार जाति, आनंद आमार गोत्र
मृत्योर्मा अमृतं गमय
प्रीतम छवि नैनन बसी
रहिमन धागा प्रेम का
उड़ियो पंख पसार
सुमिरन मेरा हरि करैं
पिय को खोजन मैं चली
साहेब मिल साहेब भये
जो बोलैं तो हरिकथा
बहुरि न ऐसा दांव
ज्यूं था त्यूं ठहराया
ज्यूं मछली बिन नीर
दीपक बारा नाम का
अनहद में बिसराम
लगन महूरत झूठ सब
सहज आसिकी नाहिं
पीवत रामरस लगी खुमारी
रामनाम जान्यो नहीं
सांच सांच सो सांच
आपुई गई हिराय
बहुतेरे हैं घाट
कोंपलें फिर फूट आईं
फिर पत्तों की पांजेब बजी
फिर अमरित की बूंद पड़ी
क्या सोवै तू बावरी
चल हंसा उस देस
कहा कहूं उस देस की
पंथ प्रेम को अटपटो

जीवन संगीत	जीवन रहस्य
जो घर बारे आपना	करुणा और क्रांति
प्रेम दर्शन	विज्ञान, धर्म और कला
साधना-शिविर	शून्य के पार
साधना-पथ	प्रभु मंदिर के द्वार पर
मैं मृत्यु सिखाता हूं	तमसो मा ज्योतिर्गमय
जिन खोजा तिन पाइयां	प्रेम है द्वार प्रभु का
समाधि के सप्त द्वार (ब्लावट्स्की)	अंतर की खोज
साधना-सूत्र (मेबिल कॉलिन्स)	अमृत की दिशा
ध्यान-सूत्र	अमृत वर्षा
जीवन ही है प्रभु	अमृत द्वार
रोम-रोम रस पीजिए	चित चकमक लागे नाहिं
राष्ट्रीय और सामाजिक समस्याएं	एक नया द्वार
देख कबीरा रोया	प्रेम गंगा
स्वर्ण पाखी था जो कभी और	समुंद समाना बुंद में
अब है भिखारी जगत का	सत्य की प्यास
शिक्षा में क्रांति	शून्य समाधि
नये समाज की खोज	व्यस्त जीवन में ईश्वर की खोज
नये भारत की खोज	अज्ञात की ओर
नये भारत का जन्म	धर्म और आनंद
नारी और क्रांति	जीवन-दर्शन
शिक्षा और धर्म	जीवन की खोज
भारत का भविष्य	क्या ईश्वर मर गया है
विविध	नये मनुष्य का धर्म
अमृत-कण	धर्म की यात्रा
मैं कहता आंखन देखी	स्वयं की सत्ता
एक एक कदम	सुख और शांति
जीवन क्रांति के सूत्र	अनंत की पुकार

ओशो के ऑडियो-वीडियो प्रवचन एवं साहित्य के संबंध में समस्त जानकारी हेतु संपर्क सूत्र :

साधना फाउंडेशन

17 कोरेगांव पार्क, पुणे 411001

फोन : 020-6136655 फैक्स : 020-6139955

E-mail: distrib@osho.net Website: www.osho.com

व्यक्तित्व विकास
अच्छा इंसान सफल विजेता कैसे बने
डेल कारनेगी
लोक व्यवहार
टॉपर्स के टॉप टिप्स
सफलता की नई तकनीक
कहानियाँ जो जीना सिखाएं
कहानियाँ जो राह दिखाएं
जे.पी.एस. जौली
मैनेजमेंट एवं कॉरपोरेट गुरु चाणक्य
सफल वक्ता सफल व्यक्ति
सफलता पाने की 8 शक्तियाँ
108 इनवेस्टमेंट मंत्र
टाइम मैनेजमेंट
आप और आपका व्यवहार
सूर्य सिन्हा
सोच बदलो सफलता पाओ
क्या है नेटवर्क मार्केटिंग जानिए
सूर्य सिन्हा
जीत लो ख्वाबों को
हार के बाद ही जीत है
डायमंड बुक्स
X-30, ओखला इंडस्ट्रियल एरिया, फेज-II नई दिल्ली-110020 फोन : 011-40712100
ई-मेल : sales@dpb.in Shop online at www.diamondbook.in